사춘기 부모로 사는법

앵그리 **영**
헝그리 **맘**

사춘기 부모로 사는법
앵그리 영 헝그리 맘

초판인쇄	2015년 6월 10일
초판발행	2015년 6월 15일
지은이	이준숙
발행인	방은순
펴낸곳	도서출판 프로방스
표지&편집 디자인	Design CREO
삽화	서설미
마케팅	조현수
ADD	경기도 고양시 일산동구 백석2동 1301-2
	넥스빌오피스텔 904호
전화	031-925-5366~7
팩스	031-925-5368
이메일	provence70@naver.com
등록번호	제396-2000-000052호
등록	2000년 5월 30일
ISBN	978-89-89239-97-0 03370

정가 15,000원

사춘기 부모로 사는법

앵그리 영
헝그리 맘

이준숙 지음

프로방스

당신은 지금도

충분히   ----------------------   부모이십니다.

행복 그리고 동행, 저자 이준숙 Dream

흔들리며 피는 꽃

도종환

흔들리지 않고 피는 꽃이 어디 있으랴

이 세상 그 어떤 아름다운 꽃들도

다 흔들리며 피나니

흔들리면서 줄기를 곧게 세우나니

흔들리지 않고 가는 사람이 어디 있으랴

젖지 않고 피는 꽃이 어디 있으랴

이 세상 그 어떤 빛나는 꽃들도

다 젖으며 젖으며 피었나니

바람과 비에 젖으며 꽃잎 따뜻하게 피었나니

젖지 않고 가는 삶이 어디 있으랴

신이시여, 제발
내 아이를 보살펴 주소서

"아 아가야, 미안하다.
너 혼자 얼마나 힘들었니? 미안하고 또 미안하다.",
"아아 사랑하는 내 아가야.
이제 걱정 말아라! 엄마 아빠가 너랑 함께할게"

중학교 1학년인 내 아이는 조용하지만 사람을 참 좋아하는 남학생입니다. 중학교에서도 초등학교 때 처럼 새롭게 만난 친구들과 어울리기를 좋아하며 성실하게 학교생활에 잘 적응했습니다. 그러나 가끔 학교 생활은 재미있지만 몇몇 거친 아이들의 장난이 부담스럽다는 말을 했습니다. 그래서 나는 담임선생님을 찾아가 상황을 말씀드리고 협조를 구했습니다. 담임선생님은 "당연하죠, 폭력은 가해자의 의도가 중요한 게 아니라 당하는 아이가 싫고 불편해 하면 그게 바로 폭력입니다. 제가 잘 지도하고 보살필테니 걱정 마세요"라는 말로 안심을 시켰고 저는 선생님을 믿고 내 아이를 타이르며 아이의 고통에 귀기울이지 않았습니다.

그렇게 엄마의 눈 먼 관심속에 아들은 긴 시간동안 마음속 상처가 곪아 핏물이 고였고, 고름투성이로 멍들어 갔는데도 엄마인 난 알아차리지도 못한 채 무사히 시간이 흘러가는 듯한 어느 날이었습니다. 학교 갔다귀가한 아이는 흥분

직감적으로 '앗! 뭔 일이 있구나' 하고
나는 알아차렸고, 정신이 번득 들어 겁이 났습니다. 바쁘다는 핑계로
그동안 미루어 왔던 대화를 시작했습니다.

"

된 모습으로 화를 내며 격한 분노와 욕설로 독이 가득 찬 눈을 질끈 감으며 소파에 풀썩 주저앉았습니다. 직감적으로 나는 '앗! 뭔 일이 있구나' 하고 느꼈고, 그 순간 정신이 번쩍 들어 겁이 났습니다.

"엄마, 그 놈들도 죽이고 나도 죽고 싶어요."

그렇게 쏟아져 나오는 그동안 내 아이가 당한 고통의 신음소리에 나는 흐느낄 수조차 없는 죄스러움에 한없이 흘러내리는 눈물만 연신 훔쳤습니다.

"아, 아들아 미안하다. 너 혼자 얼마나 힘들었니? 미안하고 또 미안하다",
"아아 사랑하는 내 아들아 이제 걱정 말아라! 엄마 아빠가 너랑 함께할게"
"오오 가엽은 내 아들아 고맙다. 그럼에도 불구하고 버텨줘서,"
"고맙고 또 고맙다, 이렇게 이야기해줘서 그리고 살아줘서 고맙다 아들아"

초등학교 때부터 문제아라고 낙인찍혔던 위기가정의 아이로 거친 입과 도에 넘치는 장난치기를 좋아하는 한 녀석의 입에서부터 시작된 "쟤, 찌질이야" 라는 말이 퍼져나가 아들과 같은 초등학교를 졸업한 친구들이 신입생 중 불과 7

명밖에 되지 않는 낯선 환경에서 아들이 혼자 감당하기에는 버거운 상황이 반복되면서 내 아들의 학교생활에는 먹구름이 드리워지기 시작했습니다. 떼로 모여 약을 올린 친구들이 있었고 심지어 툭툭치고 도망가는 아이가 있는가 하면, 때리는 아이들, 그런 광경을 지켜만 보고 있던 방관자 아이들, 물건을 감추고 돌려주지 않거나, 칼로 옷을 자르고, 자전거 바퀴를 찢어버리거나, 자기들이 하고도 선생님께는 아들이 했다고 뒤집어 씌워 혼나게도 했습니다. 아들의 억울한 상황에 대해 사실대로 설명해도 믿어주지 않는 선생님, 사이좋게 지내라며 영혼 없는 말만 남기고 멀어져가는 선생님, 싸운다고 대놓고 혼내는 선생님, 그런 일이 반에서 일어나고 있는 지조차 몰랐다는 담임선생님, 수업시간에도 쉬는 시간에도 점심을 먹을 때나 등하교 길에서나 언제나 외로웠고 점점 고개를 들지 못하면서 아들은 학교폭력의 검은 그림자로 존재감을 잃어갔습니다. 기대감으로 부풀었던 학교생활과 교우관계에서 아들은 점점 무기력해져 갔고 공부시간에도 쉬는 시간에도 책상에 엎드리며 학교에서 몸을 낮추면서 자신의 존재감을 지워가고 있었던 것입니다.

수많은 날들 고개조차 들 수 없는 수치심과 이유 없이 당해야 하는 억울함, 그리고 차오르는 분노, 그럼에도 아무것도 할 수 없는 무기력함과 패배감, 부모에게 조차 위로와 도움을 요청할 수 없는 절망감까지... 하루하루 고통으로 지냈을 내 아들을 생각하니 가슴이 찢어집니다. 오래된 일이라 괜찮을 줄 알았는데...지금도 손이 떨리고... 눈물이...납니다(글쓰기를 잠시 멈춥니다).

"너희들 다 죽었어" 나는 가해 아이들, 담임 그리고 세상에 대해 분노했고, "그래도 그 아이들은 내 친구들이예요. 그래서 잘 지내고 싶어요." 라는 말로 내

> 수업시간에도 쉬는 시간에도 점심을 먹을 때나
> 등하교 길에서나 언제나 외로웠고 점점 고개를 들지 못하면서
> 아들은 그림자가 되어갔습니다.
>
> "

아들은 간절히 절규했습니다. 저리도 친구들과 잘 지내고 싶은 아이인데...우리 부부의 가슴은 찢어지다 못해 헤어져 나갔습니다. 그 때서야 비로소 보이는 내 아들, 피투성이 상처를 쓸어 감싸 안지도 못한 채 다시 상처에 상처로 버텨낸 내 아들 더 이상은 이대로 둘 수 없었습니다. 아들과 우리 부부는 손을 맞잡고 절박하게 호소하며 적극적으로 행동하며 살아있다는 것을 보여주기 위해 맞서 투쟁을 했습니다. 피해자 임에도 불구하고 문제의 부모라고 보는 차가운 눈총과 그럴만 했으니까 그랬겠지 하는 수군거림, 빨리 처리하고 조용해졌으면 좋겠다며 강건너 불구경하듯 쳐다보는 차가운 시선 앞에 망설이지 않고 맞섰습니다. 그러자 처음엔 변명과 훈계를 일삼던 선생님들도 어버이 마음으로 같이 우리의 손을 잡아 주셨습니다. 나아가 장난으로 그런거예요, 같이 놀면서 그런거예요 라며 억울해하며 핑계로 일삼던 가해아이들과 부모들도 아들 앞에 무릎을 꿇고 진심으로 사과하고 한마음으로 손을 잡아주었습니다. 그렇게 아들은 그들을 용서했고, 내 아들은 작은 가슴으로 넓은 세상을 품었습니다. 세상을 품은 내 아들은 아팠지만 폭력의 상처에서 새살이 돋았고, 어깨가 펴졌으며 고개를 들고 당당히 세상을 향해 눈을 떴습니다. 그날의 아픔의 고통을 극복하고 멋지게 성장한 아들이 대견스럽고 감사합니다. 그렇게 나는 내 아들의 고통을 앞세워 조금씩 철들어가는 어리석은 부모입니다.

감사의 글

나는 사춘기 자녀를 둔 부모입니다

우리의 사춘기 자녀는 부모가 어떤 기대와
바램을 가졌든지 간에 그보다 훨씬 더 멋지게 성장할 것이라는 희망을
이 시대를 사는 사춘기 부모님들과 나누고 싶었습니다.

부모됨은 축복이요, 감사요, 기쁨입니다. 부모는 자식을 위해, 자식을 통해 사는 삶이 아니라 자식에게 잘사는 본보기가 되어야 함을 실천하고자 오늘도 자식을 향한 '자식바보' 되기를 자청하는 게 부모입니다. 그러나 '자식바보'가 아닌 '바보 같은' 부모가 되기 쉬운 사춘기 부모로 산다는 것은 쉽지만은 않습니다. 중2병'이라는 낯선 단어만큼이나 생소한 요즘 사춘기 자녀의 돌출행동, 1318이 아닌 1020으로 너무나 빨리 시작되고 늦게까지 지속되는 사춘기, 기가 (GIGA)급으로 변화하는 사회적·문화적·시대적 환경들, 그 속에서 좌충우돌하는 사춘기 자녀를 잘 키우고자하는 부모들의 노력은 눈물겹습니다.

사춘기는 그 어떤 때보다 혼란과 시련의 시기이지만, 그 고통을 통해 아름다운 성장이 가능한 시기이기도 합니다. 사춘기는 부모의 지지·관심·지원이 더욱 절실히 필요할 때입니다. 그래서 사춘기 자녀를 둔 부모는 자녀를 성장시켜

> **하고 싶은 이야기가 많았습니다.**
> **전해달라는 이야기들도 많았습니다. 사춘기 부모로서 부모님들과 함께**
> **손잡고 나아가고 싶었습니다.**

"

야 한다는 어려운 숙제를 떠안고 가게 됩니다.

사춘기 자녀가 성장통을 겪으며 방황할 때 부모도 건강한 중년을 맞이하기 위한 어른들의 사춘기인 사추기를 겪게 됩니다. 결국 사춘기는 부모-자녀 모두 갈팡질팡하는 방황의 시기로 부모에게도 위로와 도움이 필요합니다. 방황은 목적지가 있습니다. 그리고 여러 갈래의 길이 있어 선택할 수 있습니다. 그래서 방황이 건전한 방향성을 가졌을 때 아픔이 기쁨으로 성장의 결실을 맺게 됩니다. 나도 사춘기 자녀를 둔 사추기부모입니다.

하고 싶은 이야기가 많았습니다. 전해달라는 이야기들도 많았습니다. 사춘기 부모로서 부모님들과 함께 손잡고 나아가고 싶었습니다. 그리고 무엇보다도 '우리도' 가능하다는 것을 증명해 보이고 싶었습니다. 우리의 사춘기 자녀는 부모가 어떤 기대와 바램을 가졌든지 간에 그보다 훨씬 더 멋지게 성장할 것이라는 희망을 이 시대를 사는 사춘기 부모님들과 나누고 싶었습니다. 이것이 이 책을 쓰게 된 가장 큰 이유입니다.

무겁지 않지만 결코 가볍지 않은 사춘기 부모들의 수다, 공감 이야기를 담고 싶었습니다. 사춘기 이야기를 담기 위해 '사춘기에 미친 사람'이라는 것을 자청하며 펜을 듭니다. '미쳐야(몰입) 미친다(다다름)'는 말이 있습니다. 글을 쓴다는 것이 쉽지는 않았습니다. 그래서 망설이기도 했고 걱정도 했지만 그때마다 많은 분들이 응원을 해주셨기에 포기하지 않았습니다. 모든분들께 감사를 전합니다. 그리고 소망해봅니다. "앵그리영 헝그리맘"이, 이 시대를 사는 사춘기 자녀를 둔 부모들에게 위안과 격려 그리고 희망과 대안이 되고 덕분에 사춘기 자녀를 둔 가족이 조금 더 행복한 삶을 살 수 있었으면 합니다. 다 지나가리니...그래도...해 내길 소망합니다.

책을 내며 감사를 배웠습니다. 많은 분들이 곁에서 격려를 해주셨습니다. 덕분에 든든했고 용기를 낼 수 있었습니다. 한 분 한 분을 뵙고 감사를 전해야 하지만 지면을 빌어 대신하고자합니다.

2012년 사춘기 자녀를 둔 가족의 행복 찾기 프로젝트로 사춘기를 연구개발할 수 있도록 TF team을 구성해주고 프로그램이 완성될 때 까지 아낌없는 지원을 한 KACE의 박미경부장님이 계셨기에 가능했습니다. 이후 1년여 동안 5명의 KACE 부모교육 전문가의 뚝심있는 노력으로 2013년 '1020부모' 프로그램이 탄생했고, 이후 전국 33개의 지역협의회를 통해 진행된 '1020부모' 프로그램에서 만났던 부모님들의 성원과 나눔 그리고 응원에 힘입어 시작하게 되었습니다. 어려워 포기하고 싶을 때에는 KACE실무자와 선·후배 부모 교육강사 분들의 격려 덕분에 계속할 수 있었고 덕분에 완성을 했습니다. KACE 이연숙 회장님과 이용경 본부장님을 비롯해서 각 지역협의회 국장님들과 실무자 분들께도 감사를 전합니다.

KACE는 49년째 행복한 시민, 건강한 지역사회구현을 위해 좋은 부모됨을 실천하는 분들이 계시는 곳입니다. KACE부모교육지도로 '1020부모 프로그

> **책을 내며 감사를 배웠습니다.**
> **많은 분들이 곁에 있어 주었고, 격려를 해주셨습니다.**
> **덕분에 든든했고 용기를 낼 수 있었습니다.**

"

램'을 공동개발해 주신 정명애 선생님, 이정민 선생님, 김종미 선생님 그리고 개발부터 원고가 탈고 될때까지 아이디어를 내주고 곁을 지켜주며 응원과 현장 사례를 공유해준 원종숙 선생님께도 감사를 전합니다. 덕분입니다.

무엇보다도 부모교육에 참여해 영감을 주고 일상생활의 경험을 진솔하게 나눠주신 사춘기 자녀를 둔 부모님들과 부모교육 전문가로서의 역량을 갖출 수 있도록 가르침으로 지혜를 채워주신 김광웅 교수님, 배움이 배움에서 끝나지 않고 사회공헌으로 이어질 수 있도록 해야 한다는 것을 솔선으로 가르쳐주시는 이소희 교수님께 감사드리며, 동반성장의 가치를 깨닫고 실천할 수 있도록 늘 곁을 내어주신 한국코치협회부회장 서복선 코치님께도 진심을 담아 감사를 전합니다. 그리고 2년 전 첫 만남에서부터 한결같은 믿음으로 응원하며 출판을 허락해 주신 프로방스출판사 조현수 대표님과 관계자분들께도 감사드립니다.

마지막으로 나의가족에게 감사드립니다. 이 프로젝트에 대한 가족의 격려가 없었다면 이 책은 시작조차 할 수 없었을 것입니다. 책의 중요성에 대한 가족의 한결같은 믿음과 격려, 글을 쓰는 내내 나의 공명판이 되어주고 조언과 피드백을 아끼지 않으며 함께 해준 가족에게 감사를 전합니다. 감추고 싶을 수도 있었던 성장이야기, 굳이 들추어 내지 않아도 될 방황의 이야기를 기꺼이 쓰도록 허락해준 나의 아들에게 "고맙다"는 말과 함께 "사랑한다"는 말을 전합니다. 글 쓴다고 집안일도 아내 역할도, 엄마 역할도 제대로 하지 못할 때마다 묵묵히 나의 빈자리를 채워준 인생동반자 남편에게도 "존경합니다"라는 말과 함께 고마움을 전합니다. 그리고 참사랑을 가르쳐 주신 시부모님과 믿음과 사랑으로 나보다 나의 일에 더 박수치며 기뻐해주시는 부모님께 감사를 전합니다.

　　많은 분들 덕분에 사춘기 부모로 사는법 '앵그리영 형그리맘'이 탄생하게 되었습니다. 가슴이 벅차옵니다. 한 권의 책을 펼치는 순간 한 사람의 역사를 만난다는 말이 있습니다. 한 사람의 역사에는 아프지만 성장의 이야기가 담겨 있기에 아름다운 향기가 납니다. 그리고 사춘기에 관심이 있고 사춘기 자녀를 둔 부모들과 나눈 공감의 이야기가 어우러져 있다는 것에 감사하며 이 시대를 사는 사춘기 자녀를 둔 부모에게 이 책이 약이 되고, 나침반이 될 수 있길 소망하며 지금-이 순간 책을 펼친 당신께 두 손모아 이 글을 바칩니다.

개나리가 만개한 봄날 태능 서재에서
새소리를 벗 삼아 씁니다.

2015. 4. 15

저자 이준숙

부모와 사춘기 자녀들을
하나로 보듬어 줄 수 있는 지침서가
되기를 기대하며..

이준숙선생님의 빛나는 열정이 사춘기 부모로 사는법 '앵그리영 헝그리맘' 이라는
한 권의 책으로 나왔습니다.
그리고 이 책은 사춘기 자녀를 가진 모든 부모에게 널리 도움이 될 것입니다.

　　　　　　　　　오늘날 '소통' 이라는 단어는 시류에 휩쓸려
쉬이 지나갈 말은 아닙니다. 혼란스러우며 급변하는 사회에서 정신적 아노미에
빠진 우리들에게 꼭 필요한 말입니다. 그리고 그 소통은 정부적 차원과 같은 거
시적 시점에서도 필요하지만 그 시작은 분명히 각 가정일 것입니다. 그렇기 때
문에 이 책 '앵그리영 헝그리맘' 이 지금 우리들에게 반드시 필요한 까닭입니다.

　이 책을 쓰신 이준숙 선생님은 KACE(한국지역사회교육협의회) 부모교육강사로
오랜 시간동안 함께 참 교육을 위해서 노력해 오셨습니다. 그리고 부모교육에
대한 열정이 넘치시며 항상 정진해 나가시는 모습이 언제나 존경스러우신 분이
십니다. 이와 같은 부모교육에 대한 이준숙 선생님의 빛나는 열정이 사춘기 부
모로 사는법 '앵그리영, 헝그리맘' 이라는 한 권의 책으로 나왔습니다. 그리고 이
책은 사춘기 자녀를 가진 모든 부모에게 널리 도움이 될 것입니다.

　태어나면서부터 부모로 태어난 사람은 없습니다. 부모도 성장 과정에서 사

춘기를 겪으며 자랐는데 왜 우리는 사춘기 자녀를 대할 때 당혹스러운지 의문입니다. 자녀가 사춘기가 되면 품 안의 자녀라 생각하고 마치 막 피어나는 꽃망울 같은 순수한 아이들이라고만 생각한 부모들에게는 자녀의 모습이 낯설 수 있습니다. 그렇기 때문에 부모는 자녀를 이해하지 못하고 자녀들도 부모와의 대화를 거부하고 마음을 닫게 되어 결과적으로 가정 내 소통이 단절 될 수 있습니다. 그리고 서로에게 상처로 남을 수 있습니다. 그것은 내가 '부모'로서의 역할을 인지하고 소통하는 방법을 어디서도 배울 수 없었기 때문입니다. 그리고 그런 것을 학습해야 한다는 생각 자체가 공론화된 사회적 분위기는 아닙니다.

이와 같은 부모와 사춘기 자녀들을 하나로 보듬어 줄 수 있는 지침서로 이 책을 추천하고 싶습니다. 그리고 사춘기 자녀와의 갈등에 직면한 부모들에게 자책하지 말라고 전해주고 싶습니다. 내가 부족해서, 내가 바빠서, 내가 무심해서가 아닙니다. 한 명 한 명의 모든 부모가 자녀를 생각하는 마음은 빛나고 숭고합니다. 그러나 다만 '방법'과 '스킬'을 몰랐을 뿐입니다.

이 책은 실제 방법과 스킬을 익히기 전에 '사춘기 부모로 산다는 것'에 대한 전반적인 깨달음을 파악 할 수 있도록 사춘기부모 됨에 대한 이야기를 하고 있습니다. '자녀는 사춘기 · 부모는 사추기'와 '사춘기 넌 누구니'를 통해서 부모와 사춘기 자녀에 대해서 깊은 공감을 불러일으킵니다. 그리고 이러한 이해를 바탕으로 '사춘기 자녀의 마음을 여는 공감대화법', '사춘기 자녀의 생각을 키우는 질문대화법', '사춘기 자녀의 행동을 이끄는 코칭대화법'으로 다양한 사춘기대화법을 소개하고 연습을 할 수 있습니다. 그리고 특히 행복코칭 프로세스 'RESET'을 통해 종합적인 정리를 할 수 있게 해 사춘기 부모들에게 앞으로 나아가야 할 방향성을 제시해 줍니다.

레프 톨스토이는 '안나 카레리나'의 책 서두에서 이렇게 말하고 있습니다. '행복한 가정은 서로 닮았지만 불행한 가정은 모두 저마다의 이유로 불행하다.' 이 말은 불행한 가정의 경우 서로 소통이 되지 않고 갈등 상황에서의 대처 방법을 모르기 때문에 마치 럭비공이 어느 방향으로 튀어 나갈지 모를 것처럼 나름의 양상을 보인다는 것입니다. '앵그리영, 헝그리맘'은 다양한 예시가 담겨 있어 다른 모습을 보였던 여러 힘든 가정이 하나의 행복한 가정의 모습이 될 수 있도록 커다란 도움이 되어 줄 것입니다.

우리가 하루 아침에 완전히 변한 모습을 보일 수는 없습니다. 그러나 책 내용을 마음에 새겨가며 자녀에게 따사로이 건네는 말 한마디부터 변해갈 수 있으면 좋겠습니다. 그렇다면 이 책의 부제와 같이 아픔을 간직하고 혼란스러운 가정에 행복을 찾아줄 수 있는 한 걸음이 될 수 있을 것입니다. 책의 저자이신 이준숙 선생님과 사춘기 자녀와 부모 모두에게 마음 속 깊이 격려와 응원을 보냅니다. 감사합니다.

2015년 4월 30일

한국지역사회교육협의회 회장 **이연숙**

CONTENTS
차 례

그래도 나는 부모입니다

이준숙

부모가 되고 싶었습니다.
그런데 아이가 생기질 않습니다.
간절한 소망이 열망으로 그리고 원망으로
그렇게 절망과 체념에 쌓여 우울했습니다.
그럴 때면 더욱 더 엄마가 되고 싶었습니다.
그래서 정성을 다해
1000일 기도를 드렸습니다.
드디어 나도 엄마가 되려나 봅니다.

아이의 태동과 함께 배가 불러 올수록 행복도 커져갔고
세상의 모든 것은
나를 위해 존재하는 것 같이 즐거웠습니다.
내 품에 아이가 안기던 날
눈엔 뜨거운 눈물이 흘렀습니다.
내 눈에 담긴 아기는
너무도 예쁘고 사랑스러웠습니다.
먹지 않아도 배부르고
24시간 아이만 바라보고 있어도 하루는 너무 짧았습니다.

처음으로 아기 입에서 나온 '엄마' 소리에 감동받아 울먹였고
뛰어와 안길 땐 한없는 미소가 내 입가에 번졌습니다.
이제 아기는 못하는 것이 없이 무럭무럭 자라났습니다.
"하지마!", "안 돼", "그러면 못써" 이래라 저래라
어느 샌가 내 입술에는
사랑한다는 말보다 가르치는 말들이 늘어났습니다.
그렇게 아이는 내 품에서 멀어져 갑니다.

아이는 자라 이제 학교에 들어가고
하루하루 날이 거듭될수록 아이는 성장통을 겪습니다.
그럴 때마다 난
"좋은 게 좋은 거니까 네가 참아. 참고 견뎌내"라고 만 했지
아이의 아픔에 공감하지 못했습니다.
아이의 가슴엔 점점 상처가 늘어갔고
말 못하는 고통 속에서
내 아이가 웃음을 잃어갑니다.
그런데도 난 몰랐습니다.

바보같이...
그...리...고
이를 어째
아이는 "죽고 싶다"는 말과 함께 쓰러집니다.

그제서야 그제서야

내 아이가 내 눈에 보입니다.

상처투성이인 내 아이가 내 맘에 보입니다.

미친듯이

쓰다듬고 핥고 안아주고 어루만져 줍니다.

그리고

내 아이가 내 품에 있습니다.

오오

신이시여 감사합니다.

신이시여 고맙습니다.

미안하다, 아가야

사랑한다, 아가야

고맙구나, 아가야

언제 까지나 언제까지나 이렇게 내 곁에 있어다오~~~

너를 사랑한다. 아들아!

자식의 고통을 앞세워 철들기 시작한 나는 그래도 부모입니다.

이 시대를 사는 사춘기 엄마의

자식사랑은 해도 해도 부족한 것 같아 불안하고,

이 시대를 사는 사춘기 아빠는 자녀에게

다가갈수록 멀어져가는

아이를 위해 무엇을 어떻게 해야 할지

몰라 혼란스럽기만 합니다.

01

사춘기 인성, 부모가 답이다

연탄재, 함부로 버리지 마라
너는 누구에게 한 번이라도 따뜻한 사람이었느냐?

−안도현−

Young Mom

| 01 |

사춘기 인성, 부모가 답이다

부모들은 사춘기와 순리대로 소통하려는 시도보다는
방임하거나 제압하기 위해 강압적으로 간섭하는 경우도 많은 것 같습니다.
그만큼 어른들에게도 아이들 사춘기는 위협적이고, 두려운 존재인 것 같습니다.

요즘 아이들은 스스로 '사춘기가 심하게 온다.' 고 말합니다. 사춘기가 오면 아이들은 당연히 목소리가 커지고 행동도 과격해지며 어른이나 부모에게 당당하게 반항도 합니다. 그런 아이들이 어른들의 눈에는 '요즘 것들'은 사춘기를 누리는 것 같아 못마땅해 아이들을 비난하며, 잔소리를 해댑니다. 아이들은 그러한 부모와 함께 사는 것이 짜증나고 싫어 부모를 멀리하고 외면하려고 합니다. 그래서 이 시대를 사는 사춘기 엄마의 자식사랑은 해도 해도 부족한 것 같아 불안하고, 이 시대를 사는 사춘기 아빠는 자녀에게 다가갈수록 멀어져 가는 아이를 위해 무엇을 어떻게 해야 할지 몰라 혼란스럽기만 한가봅니다.

❀ 사춘기 전쟁, 부모로 산다는 것

사춘기 자녀를 키우는 가정의 일상을 CCTV를 통해 본다면 어떤 일들이 벌어질까요? 다음의 사례들은 사춘기 자녀를 둔 부모들이 들려 준 이야기를 토대로 각색한 글입니다.

CCTV를 켜고 1.

父子가 마주앉아 있습니다. 아이는 고개를 푹 숙이고 듣고 있고 아빠는 못마땅한 표정으로 아이를 꾸짖고 있습니다. 억지로 끌려와 마지못해 앉아 있는 아이는 화가 잔뜩 나있고, 오늘은 가만두고 보지는 않겠다고 단단히 마음을 먹은 아빠는 아이를 노려보고 있습니다.

아빠 : "네 방 꼴이 이게 뭐니? 니 방 정도는 니가 치워."

자녀 : "내가 알아서 한 다구요."

아빠 : "뭘 잘했다고 말대꾸야. 알아서 한다는 놈이 이 모양이야?"

자녀 : "언제부터 내게 관심을 가졌다고 이 야단인데요? 알았다구
      했잖아요!"

아빠 : "내가 너 만했을 때 나는 자식아 내 용돈은 내가 벌어 썼어.
      넌 밥 쳐먹고 하는 일이 공부밖에 없는데 네가 하는 꼴이 이게 뭐
      냐?"

자녀 : "그러니까 알았다구 했잖아요. 그만 하시라구요."

아빠 : "뭐야 새끼야?"

자녀 : "내가 뭘 그렇게 잘못했는데 나만 보면 못 잡아먹어 안달
　　　　이시냐구요. 15살에 뭘 더 어떻게 잘해요. 그런 아빠는 뭘
　　　　그렇게 잘하셨는데요?

아빠 : "뭐라고?"

분위기가 험악해지고 급기야 아이는 자리를 박차고 나가버립니다. 아이 뒤통수를 향해 아버지의 욕이 쏟아집니다.

CCTV를 켜고 2.

　학원 갈 시간이 다되어가는 데도 컴퓨터 앞에 앉아 게임만 하고 있는 아이를 보다 못한 엄마가 아이의 이름을 부릅니다. 엄마가 부르는 소리도 못 듣고 아이는 계속 게임을 하고 있습니다. 엄마는 화가 나서 아이 방으로 쫓아 들어갑니다.

엄마 : "숙제 다 했니?"

자녀 : "이판만 하고 할 거예요."

엄마 : "숙제하고 나서 놀라했잖아"

자녀 : "이거하고 해도 돼요."

엄마 : "숙제하고 나서 놀라고 했다."

자녀 : "놀고 나서 하나, 하고 나서 노나 똑같잖아요?!"

엄마 : "지금 몇 시니?"

자녀 : "4시 반이요"

엄마 : "학원 몇 시에 가는 거야?"

자녀 : "…"(5시가 학원시간이다)

엄마 : "학원 숙제는 다 했니?"

자녀 : "아직요~(뒷말을 흐리며), 이제 할 거예요."

엄마 : "빨리 끄고 당장, 숙제하지 못해"

엄마의 목소리가 찢어질 듯 창너머 집 밖으로 흘러나갑니다. 집안 분위기는 찬물을 끼얹은 듯 차가워지고 아이는 씩씩거리며 방문을 닫습니다. 닫힌 방문을 향해 엄마의 잔소리가 쏟아집니다.

CCTV를 켜고 3.

기말고사기간입니다. 엄마 때문에 시험 망쳤다는 소리를 듣지 않으려고 엄마는 평소보다 더 신경을 쓰며 아이를 상전으로 모셨습니다. 평소에 아이가 좋아했던 반찬을 만들어 먹였고, 예민해져 있는 아이를 자극할까봐 말도 아꼈습니다. 시끄럽다고 할까봐 보고 싶은 드라마도 안보고 아이와 함께 밤을 새웠습니다. 기말고사 마지막 날, 학교에서 돌아 온 아이에게 엄마는 조심스럽게 묻습니다.

엄마 : "(부드럽고 상냥하게)오늘 시험 잘 봤니?"

자녀 : "몰라요(퉁명스럽다)"

엄마 : "(화를 참으며)왜 몰라? 네가 본 시험인데!(차분히)"

자녀 : "아, 몰라요(짜증을 내며 쏘아붙인다)"

엄마 : "(목소리가 떨린다)어떻게 하려고 그래?"

자녀 : "에이씨, 내가 알아서 한다니까"

엄마 : (목소리가 높아진다)알아서 한다는 게 그 모양이야?"

자녀 : "내가 이럴 줄 알았다니까, 씨~~블"

아이는 방으로 들어가 문을 꽝 닫아버립니다.

엄마 : "야~너 지금 뭐 하는 짓이야? 뭘 잘했다고 네가 신경질인데 응?
네가 제대로 해봐 내가 이러겠니? 어디서 못된 것만 배워서 엄마
앞에서 문을 콩 닫고 들어가는 건데? 어서 문 열어 빨리 문 열지
못해!"

엄마는 주먹으로 아이의 방문을 세게 칩니다. 방안 쪽에 있는 아이도 참
지 않고 발로 문을 찹니다. 문에 구멍이 났습니다. 구멍사이로 찬바람이 불
어옵니다. "이 새끼가, 너 지금 뭐하는 거야!" 엄마의 목소리가 떨립니다.

CCTV를 켜고 4.

학교에서 또 무슨 일이 있어났나 봅니다. 학교에서 돌아 온 아이가 방에
들어가더니 나오질 않습니다. 뭔가 불쾌한 일이 있거나 좋지 않은 일이 있
을 때면 언제나 저렇게 방문을 걸어 잠그고 나오질 않습니다. 밥도 안먹고
생각만 합니다. 도대체 저 방에서는 무슨 일이 벌어지고 있는걸까 궁금하기
도 하고 걱정되기도 합니다. 그리고 이번엔 얼마나 길게 가려나하는 생각에
엄마는 답답해집니다. 학교에 가기 싫어하는 아이를 타일러 보냈는데 학교
에서 또 좋지 않은 일이 생긴 게 분명한 것 같습니다. 불길한 예감이 들어
엄마는 더 불안합니다. 이틀이 지나고 아이가 방에서 나왔습니다.

자녀 : "일전에 말했지만 더 이상 난 학교를 갈 수 없어요. 이제부터 난 학교에 가지 않을 거예요."

엄마 : "무슨 일이 있었는데?"

자녀 : "학생들에게 함부로 하는 선생에게는 더 이상 배울 게 없어요."

엄마 : "학교를 안가면 뭐하려고 그래? 중학교까지만 좀 견뎌줄 수 없겠어?"

자녀 : "공부는 내가 혼자서 해도 돼요."

사실 우리 아이는 학원을 다니지 않고 혼자 공부를 했는데도 성적은 상위권인 아이입니다. 자기주도학습이 잘되는 아이로 초등학교까지는 늘 엄마의 자랑거리였던 아이였습니다.

엄마 : "학교가 공부만 하는 곳은 아니잖아, 친구들도 있고."

자녀 : "그러니까요! 학교에서 공부 말고 뭘 배울 수 있는지 의심이 가요. 학교생활을 즐겁게 할 자신도 없어요. 친구들은 밖에서 봐도 되구요."

엄마 : "…"

아들 : "인간취급도 안해주는 그런 학교에서 제가 뭘 더 배울 수 있겠어요. 자유가 없잖아요. 나도 생각이라는 게 있는데 하지 말라는 것만 많지 해도 되는 것은 하나도 없는 학교는 필요 없어요. 질문을 하면 수업방해된다고 면박주고, 그래서 수업방해 안하려고 교무실에 가서 물어보면 따라다니며 질문한다며 화내는 사람들이 무슨 선생이냐구요."

엄마 : "아빠랑 다시 이야기 해보자."

소식을 듣고 일찍 귀가한 아빠, 가족이 함께 이야기를 나눕니다.

엄마 : 이제부터 학교를 가지 않겠다고 하네요."

실은 이틀째 학교를 가지 않고 있었는데 아빠는 모르고 있었습니다.

아빠 : "또 뭔 일인데, 어디 들어나 보자."

아들 : "그런 식으로 말하지 마세요."

아빠 : "뭐라고?"

엄마 : "조용히 말해요. 그리고 너도 아빠에게 공손히 말해야지."

아빠 : "학생이 학교를 안가면 뭐 할 건데? 학교생활에 적응 못하면 사
　　　 회생활을 어찌하려고 그래?"

아들 : "제가 알아서 해요."

아빠 : "그렇게 잘났으면... 네 맘대로 해! 난 더 이상 그 문제라면 말하
　　　 고 싶지 않아! 하루 이틀 있었던 일도 아니고 벌써 몇번째야"

엄마 : "(남편을 행해)그렇게 말하면 어떻게 해요."

아빠 : "(아내를 행해)당신은 도대체 집구석에서 뭘 하는 거야. 남들은 아무
　　　 문제없이 다니는 학교를 안가겠다는데 가만히 두고만 보고...쉬
　　　 쉬 감싸고돌기만 하면 해결이 돼, 이제 와서 날 더러 어쩌라는 거
　　　 야! 겨우 중학교 1학년밖에 안됐는데...
　　　 존중하며 키운다는 게 이 모양이야? 얘가 뭘 알아? 잘못하면 때
　　　 려서라도 가르쳐야지!"

엄마 : "..."

아들 : "제 일은 제가 알아서 할 테니 싸우지들 마세요."

아빠 : "너도 그러면 못써. 네 엄마를 봐라 너 때문에 속이 시커멓게 타들

어가는 거 안보이냐? 자식이 효도는 못 할망정..."

그렇게 가족의 대화는 멈췄고, 결국 아이는 학교를 떠났습니다. 학교 밖
아이로 아들과 엄마는 세상으로부터 고립된 채 긴 시간을 보냈습니다.

CCTV 5.

날카롭게 울리는 전화벨소리, 뭔가 불길한 예감이 엄마를 엄습합니다.
엄마는 가슴이 철렁하는 마음으로 전화를 받습니다. 아이가 다니고 있는 학
원에서 걸려온 전화입니다. "어머님 경찰서에서 사람이 왔어요. 성기가 어
머님의 아드님이냐고 묻는데요? 어서 받아보세요."

형사 : "중학교 3학년 성기가 댁의 아드님인가요?"

부모 : "네, 그런데요"

형사 : "아 어떻게 이야기를 해야 오해하지 않으실지...참 마음이 아프

고 말씀 드리기가 어려운데...그래도 말씀을 드려야 하겠기에..."

부모 : "네 무슨 일이신데 그러시죠?"

형사 : "댁의 아드님이 어제 드림빌딩 여자화장실에서 소변을 보는 여

자를 사진 촬영하려다 들켜 신고가 접수되었습니다."

부모 : "네?!"

형사 : "아이가 미성년자이므로 부모가 함께 동석해 조사를 받아야 합

니다. 아이는 몇 시에 귀가를 하나요..."

그리고 계속되는 형사와의 통화 그러나 엄마에게는 아무 소리도 들리지 않습니다.

형사 : "요즘은 4대악 근절한다고 강력하게 단속하고 처벌하고 있어서...
　　　예전 같은면 그냥 사과하고 넘어가도 될 일이지만...
　　　하여간 성기가 오면 경찰서로 나와 조사를 받으시기 바랍니다."

엄마 : "ㄴ.....ᅦ"

❀ 흔들리는 사춘기, 부모의 지혜로 극복하라

사춘기를 부르는 이름은 여러 가지가 있습니다. 질풍노도, 미친개, 외계인, 무서운 아이들, 중2병, 일탈, 반항아, 저승사자, 괴물등은 모두 사춘기를 일컫는 말들입니다. 우리는 사춘기를 외계인으로 취급하며 '이상한 별에서 온 그대처럼' 그들을 특별하게 대하고만 있는지도 모릅니다. 올바르게 훈련되지 않은 생활습관에서 나오는 사춘기 자녀의 문제는 반드시 바로 잡아야 함에도 불구하고 사춘기적 증상으로 여기고 철들기만을 기다리는 부모들도 많습니다.

그래서 부모들은 사춘기와 순리대로 소통하려는 시도보다는 방임하거나 제압하기 위해 강압적으로 간섭하는 경우도 많은 것 같습니다. 그만큼 어른들에게도 아이들의 사춘기는 위협적인 존재이고, 두려운 존재인 것 같습니

다. 그래서 어른·아이 할 것 없이 사춘기 마녀사냥을 하며 그들을 내몰아
세우지 않나합니다.

　"우리 형은 사춘기라 저래"
　"요즘 미치겠어, 얘가 사춘기라 그런가봐" 하는 짓마다 미워죽겠어.
　"해도 너무해, 사춘기 갑질로 죽겠어! 사춘기가 벼슬이라니까"
　"어휴, 냅둬야지요. 걔들에게 뭘 바라고 뭔가를 한다는 게 사치인 것 같아
　 요...."
　"두 손 두 발 다 들었다니까"
　"그냥, 오늘 하루만 무사하길 기도해요, 난"

　동네 길을 지나다 한적한 곳에 떼로 뭉쳐있는 사춘기 아이들을 만나게
되면 어른들은 흠칫 놀라 피하게 된다는 말을 하곤 합니다. 거기다 치켜뜬
그들의 눈과 눈이 마주치기라도 하면 자신도 모르게 빨라지는 걸음으로 가
던 길을 재촉하게 되는 어른들도 있습니다. 개별적으로 만나면 괜찮은데 떼
로 몰려있으면 사춘기는 위협의 존재가 되기도 합니다. 그래서 다짜고짜 훈
계하며 욕과 비난으로 사춘기를 몰아세우는 어른들도 있습니다. 오해는 오
해를 낳는 법. 사춘기와 부모 사이에 놓인 두려움은 둘 사이를 방해하고 마
치 피라니아의 왜곡된 공포처럼 서로를 오해해 어긋난 행보를 하게 할 수
있습니다. 그렇게 부모가 사춘기에 대한 오해로 사춘기 자녀를 멀리하는 동
안 사춘기의 학습권·성장권·휴식권·자기결정권·수면권·건강생활권
등 사춘기 권리가 박탈당하게 돼 사춘기의 성장을 위협하지는 않을까 걱정

이 됩니다. 사춘기의 흥분을 가라앉히고 자녀의 건강한 성장을 돕기 위해서는 부모의 지혜가 필요합니다.

1등만 기억하는 불공평한 세상에서 무능감과 무력감을 키워나가고 있는 아이들, 대놓고 비난하고 멸시하며 모멸감주는 양육환경에서 정신적 영양결핍에 빠진 아이들, 무안한 가능성의 존재임에도 불구하고 성적으로 한 줄만 세워가는 어른들 때문에 꿈꿀 수조차 없는 아이들, 꿈마저 없는 못난 아이라고 낙인찍혀 절망하는 아이들, 경쟁만이 살길로 나만 잘살기 위해 친구를 밟고 괴롭혀도 부끄러워하지 않는 아이들, 어른들의 돈벌이의 희생양으로 유해환경에 오염되어가는 아이들, 5당4락 대학입시 불패신화창조를 위해 잠시 잠깐이라도 놀 수도 쉴 수도 없는 아이들, 소비는 미덕 절제는 악덕 중독으로 병들어가는 아이들, 폭력으로 얼룩진 학교에서 고통받고 벼랑 끝으로 떠밀려 나가는 아이들, 사춘기의 성장을 위협하는 것들에 방치된 아이들, 이는 모두 사춘기 학대라는 것을 부모는 알아야 합니다.

사춘기는 문제를 일으키는 아이들이고, 누구도 못말리는 아이들이며, 거칠고 난폭하여 걷잡을 수 없이 잘못되거나 틀려먹은 아이들이 아닙니다. 사춘기는 안전한 환경 안에서 건강하게 성장할 수 있도록 도움을 받아야 하는 특별한 성장기의 아이들입니다. 그래서 사춘기 부모가 사춘기 자녀를 제대로 이해하고, 사춘기 자녀와 부모 사이에 놓인 심리적 걸림돌을 뛰어 넘게 된다면, 사춘기 자녀는 건강한 성장을 하느냐 아니면 어긋난 일탈을 하느냐는 양 갈림길에서 바른 선택을 하게 될 것입니다. 그래서 지금부터 사춘기 자녀가 건강한 성장이냐 아니면 어긋난 일탈이냐라는 사춘기 딜레마를 극복하고 멋지게 성장할 수 있도록 사춘기 부모의 불안과 혼란을 해결하고 사춘기에 조금 더 다가갈 수 있도록 이 시대를 사는 사춘기 부모들에게 사춘기가 끝나기 전에 자녀에게 반드시 가르쳐야 할 것이 무엇이고, 자녀의 문제행동을 어떻게 변화시킬 수 있는지, 또 자녀가 보이는 사춘기적 증상을 어떻게 대처해야 하고, 자녀가 꿈꾸는 능력을 갖도록 하기 위해서는 어떻게 해야 하는지에 대한 지혜로운 이야기를 하고자 합니다.

나도 사춘기아들과 맞대응할 때보면 어른이라기보다는 딱 사춘기 아이처럼 욱하고 흥분하고 성질내고 막말하고... 그 때는 그렇게 치열하게 싸웠던 것 같습니다. 아이와 싸우고 난 후 제정신이 돌아오면 어른 같지 못한 나의 행동을 후회하며 부끄러워했습니다. 그래서 지금도 나는 양육실수를 줄이기 위해 아래의 질문들을 자문하면서 사춘기에 다가가려고 애쓰고 있습니다.

나의 십대 시절을 생각하면서 자녀를 이해하는가?

자녀가 나를 도전적으로 대해도 화내지 않는가?

자녀의 선택과 결정을 존중하려고 노력하는가?

자녀가 외모에 지나치게 신경 써도 이해해주는가?

자녀와 이성 친구에 관한 이야기를 자연스럽게 나눌 수 있는가?

자녀가 나를 친구들 앞에서 창피해하며 피해도 이해해주는가?

자녀의 친한 친구와 함께 식사를 하는가?

자녀가 외모에 지나치게 신경을 써도 수용해주는가?

공부 이외의 다른 분야에 관심을 갖고 집중하는 것을 받아들이는가?

부부가 자녀교육의 파트너로서 팀플레이를 하는가?

✿ 유자식 상팔자

충동적이고 예민한 사춘기 자녀의 행동을 예측하기란 불가능에 가깝고 그들을 응대하는 건 부모에게도 두렵게 느껴집니다. 사춘기 아이들의 지능 발달은 완성에 가까워 거짓말도 수준급으로 할 수 있습니다. 때로는 부모 꼭대기에 앉아 부모를 놀리는 것같이 영악하기도 합니다. 그래서 부모들도 내 자식이지만 그들이 못믿어워 자꾸 의심을 하게 됩니다. 이처럼 사춘기 자녀의 성장을 태연하게 지켜보는 것은 불안하기 그지없는 일이기에 부모도 조급증이 생겨납니다.

갑자기 달라진 자녀의 언행에 부모는 당황스럽고 낯설어 부모도 민감해 집니다. 말싸움이 잦아지고 급기야 몸싸움으로 폭력을 휘두르게 되기도 합니다. 이렇게 부모 자녀간의 마찰빈도가 늘어가고, 신경전과 갈등으로 부모 자녀가 서로를 미워하며 불신감이 증폭되면 부모 자녀관계는 모질어지면서 살얼음판을 걷는 긴장감으로 둘 다 극심한 스트레스에 쌓이게 됩니다. 사춘기 스트레스는 자식을 때리는 부모를 만들기도 하지만 심지어 부모를 때리는 자식도 만들어 내게 됩니다.

그래서 자녀가 부족하다고 불평하고, 부모를 만족시키지 못한다고 해서 못마땅해 하거나, 너 잘되라고 하는 말이라며 자녀를 무시하는 행동을 하기보다는 아이들은 스스로 자신의 문제를 해결할 수 있는 능력을 가졌다고 인정하며 무한신뢰로 사랑해야 한다고 말하고 싶습니다. 자녀를 대신해서 부모가 무엇이든 다 해주려하고 애쓰면서 거칠게 막말하지 말고, 조급하게 서두르지 말아야 하며, 자녀의 좋은 점을 더 많이 발견해 칭찬해야 합니다. 사춘기 자녀를 키우는 부모는 퇴계 이황 선생님의 말씀처럼 그럼에도 불구하고 그저 웃는 낯빛으로 자녀를 대하는 '자식바보'가 되어야 하지 않을까 합니다. 그래서 사춘기 자녀가 방황을 하다가도 부모의 품을 기억하고 부모의 품속에서 다시 회복되어 나갈 수 있도록 자녀의 무조건적인 편이 되어주어야 할 것입니다. 물론 이는 쉽지 않은 일일 것입니다. 그래도 반드시 해야 하는 일이라고 말하고 싶습니다.

多教等苗(다교등묘) 大讚勝達礎(대찬승달초)
莫謂渠愚迷(막위거우미) 不如我顔好(불여아안호)
많이 가르치려는 것은 싹을 뽑아 북돋움과 매한가지요.
큰 칭찬이 회초리보다 오히려 낫네.
자식한테 우매하다 하지 말고
차라리 좋은 낯빛을 보이게나.

−퇴계 이황−

옛말에 '무자식 상팔자'라는 말이 있습니다. 이는 자식이 없는 사람을 위로하기 위한 우리 조상님들의 깊은 배려의 말이라고 합니다. 그런데 요즘은 '유자식 상팔자'라네요! 이는 아마도 사춘기 자녀를 둔 부모의 노고를 위로받기 위해 사춘기 부모들이 만들어 낸 자위의 말이 아닐까 합니다. 건강한 성장을 위해서 고통스러운 성장통을 겪는 방황의 시기인 사춘기는 불안하고 조심스럽게 다루어야하기에 부모는 피곤에 지칠 수 있습니다. 꺼진 불도 다시보고, 돌다리도 다시 두들겨보고 건너는 심정으로 그 어느 때보다도 더 관심과 애정을 쏟아야 하기에 에너지가 방전되기 쉬울 수도 있고 하는 행동마다 못마땅한 사춘기 자녀가 부모라는 안전한 울타리 안에서 실수를 통해 배울 수 있도록 지켜봐야 하기에 신경이 예민하게 곤두설 수도 있습니다. 이 세상 사람들은 모두 누군가의 자녀입니다. 그러나 이 세상 사람들이 모두 다 부모가 되지는 않습니다. 부모만이 자녀의 성장을 지켜보고 더불어 함께 할 수 있는 특권을 가진 사람입니다. 자녀가 달라지고 성장·변화한다는 것은 축복이고 달라지는 모습에서 자녀의 잠재력을 발견하는 것은 기쁨입니다. 부모이기 때문에 누릴 수 있는 호사이지요. 매일매일 성장해가는 자녀를 볼 수 있는 부모만이 누릴 수 있기에 부모는 유자식 상팔자라 할 수 있지 않을까 합니다.

부모가 자녀를 어떻게 볼 것인가는 아주 중요한 문제입니다. 더군다나 성장하면서 보이는 자녀의 예측 불능한 낯선 모습을 어떻게 받아들이는가 하는 문제도 상당히 중요합니다. 자녀의 변화와 변이를 무한한 가능성의 존재로 볼 것인가 아니면 한심한 존재로 볼 것인가는 부모의 선택입니다.

사춘기는 겨울에서 봄으로 넘어가는 시기라고 생각합니다. 꽃이 피고 인생의 봄인 청춘을 맞아하기 위해 사춘기도 호된 꽃샘추위를 이겨내야 합니다. 봄 앞에 내리는 비는 차갑습니다. 바람은 매섭습니다. 황사도 불고 미세먼지가 섞여 불어오는 바람은 건강을 해치기도 합니다. 만반의 준비를 하지 않으면 건강을 잃기 쉽습니다. 오락가락, 변덕스러운 날씨에 감기를 조심하듯 사춘기라는 인생의 간절기에도 몸과 마음에 병이 들지 않도록 조심스럽게 살펴야 합니다. 그러면 머지않아 아지랑이가 피고 싹이 돋아 꽃이 펴 온 세상을 아름다운 향기로 뒤덮게 될 테니까요. 그렇게 사춘기 아이들은 미래를 책임지고 갈 보석들입니다.

❀ 부모의 교육열, 극성인가 정성인가

몇 해 전 부모역할을 어떻게 해야 잘 하는 것인지에 대해 다시 한 번 더 생각해 보게 한 편의 공익광고가 있었습니다. '당신은 부모입니까? 학부모입니까?' 하는 질문으로 시작되는 공익광고였는데 기억나시는지요?

> 부모는 멀리 보라하고, 학부모는 앞만 보라합니다.
> 부모는 함께 가라하고, 학부모는 앞서가라 합니다.
> 부모는 꿈꾸라하고, 학부모는 꿈꿀 시간을 주지 않습니다.
> 부모의 모습으로 돌아가는 길, 참교육의 시작입니다.
> 당신은 부모입니까? 학부모입니까?

당시에 과열된 교육열을 꼬집기라도 하듯, 이 공익광고는 맹목적인 부모의 교육열에 일침을 가했습니다.

그러나 몇 몇의 교육 행정가들은 이상적이고 우수한 현재의 교육제도가 일부 극성인 학부모에 의해 망쳐지는 것으로 매도하기도 하고, 서구의 교육가들은 대한민국의 교육열을 캥거루증후군이라고 비웃기도 했지만, 대한민국의 교육열은 전쟁으로 폐허가 된 국가를 50년 만에 괄목할 만한 선진국대

열로 이끌게 한 최고의 원동력이 되기도 했으며, 대한민국을 가장 많이 자랑하고 다니는 사람이 미국의 오바마 대통령이라는 말이 회자되게 된 근원을 제공한 것도 우리의 교육환경입니다.

86아시안게임, 88올림픽, 2002월드컵, 2012G20 정상회의 그리고 2018평창 동계올림픽까지 굵직굵직한 국제대회를 모두 성공적으로 유치한 국가 대한민국. 원조를 받는 나라에서 반백년이라는 단기간에 원조를 하는 나라로 성장한 지구상 유일한 나라가 대한민국이라고 합니다. 전 세계 젊은 이들의 감성을 뒤흔들어 코리아열풍을 만들어 낸 K-POP의 나라 대한민국, 대학진학률이 80%를 넘는 학력우수 나라, 최단기 최고의 경제성장률을 기록한 나라, IMF를 최단기간에 극복한 나라, 3년에 한 번씩 열리는 국제학력평가 PISA국제대회에서 상위권을 놓치지 않는 나라 대한민국, 내 자녀가 태어나고 자라는 자랑스런 나라 대한민국, 이 모든 것이 맹모를 능가하는 부모들의 교육열에 의한 아름다운 산물일 것입니다.

그럼에도 불구하고 우리 사회에서 학부모의 교육열에 관한 인식은 대체적으로 부정적인 것 같습니다. 원로 교육학자 오천석 교수님은 부모의 교육열에 대해서 미군정과 그 직후의 교육이 이미 어떤 이념이나 사상 또는 교육의 기본원리보다 개인의 입신양명이나 사리의 욕망이 앞섰기 때문에 새 교육운동을 전개할 때부터 이미 우리 국민의 승화되지 못한 교육열 때문에 실패했다고 말했습니다. 정원식 교수님도 대한민국 부모들의 교육열을 개인 또는 집단심리의 근저에는 교육을 통해 보다 높은 사회적 지위와 소득을 획득하려고 하는 그릇된 교육관이 있다고 지적했고, 입신출세에 필요한 최고 학력이나 일류의 학벌을 자녀들에게 갖게 하려는 개인적인 차원에서의 사적 욕망으로 교육열이 전락되어 자기 자녀들이 남보다 좋은 학력이나 학벌을 갖게 하고 싶어하는 학부모의 욕망이 되고 있지 않나 되짚어 보아야 할 것이라고 했습니다.

청소년 자살률과 노인 자살률이 1위인 국가 대한민국. 국민의 행복지수가 OECD가입국가 중 최하위권인 대한민국. 초고령화사회를 앞두고 있지만 장수가 축복이 아닌 저주라고 하는 국민들이 사는 나라. 저출산국이면서도 해외입양이 줄지 않는 국가라는 오명도 받고 있는 나라, 한 아이를 키우는데 3억이 든다는 이유로 자녀출산을 거부하는 젊은이들이 있는 나라, 학교가기 싫은 아이들이 늘어나고 대학 지상주의 팽배로 사교육에 몸살을 앓다 이제는 사교육 암에 걸린 교육과열국. 한 해 이런 저런 이유로 학교를 떠나는 아이들이 20만명이나 되며, 가출을 했다가도 귀가하지 않는 아이들이 가출청소년들 중 60%이상 이나 되는 나라, 좋은 대학을 가기 위해서라면, 빚을 내서라도 가르쳐야 하고, 공부한다는 이유로 자식을 상전처럼 받들어야 한다고 착각하는 부모들도 있는 나라, 자녀의 성공이 부모의 성적표가 되는 양 호들갑을 떠는 어른들이 있는 나라 등 부모의 교육열이 부른 부작용도 많이 있습니다. 이렇듯 문제가 되고 있는 부적절한 교육열 현상들은 부모의 교육열에 대해 부정적인 인식을 불러오고 우려의 소리를 키우는 것 같습니다. 그럼에도 부모에게 있어서 내 자녀를 잘 키우겠다는 열의는 식지 않을 만큼 당연하고 기본적인 갈망일 것입니다.

학부모의 교육열은 민감합니다. 학부모의 반응은 거의 본능적이라 할 만큼 굉장히 빠릅니다. 입시제도가 변하는 문제, 학생의 인권문제, 학교폭력문제, 성폭력 등 자녀들에게 발생하는 문제에 학부모만큼 빠르고 민감하게 관심을 갖는 사람은 없을 것입니다. 왜냐하면 내 아이의 일이고 내 아이의 미래가 걸려있는 일이기 때문입니다.

또한 부모의 교육열은 과잉으로 오해할 만큼 적극적입니다. 한국사회에서 교육에 가장 적극적인 사람을 꼽으라하면 교사도, 교육관료도, 교육학자도 학생도 아닌 학부모들일 것입니다. 입시설명회가 열리는 잠실 주경기장을 가득 매우고 적자생존(적어야 산다고 생각하고 필기하는 부모들)을 하는 사람들도 모두 부모들이지 않습니까? 대학에 진학시킨 후에도 부모가 나서서 자녀의 성적이의신청을 하는 수도 늘고, 수강신청을 직접하는 부모도 늘어나고 있는 교육실태를 봐도 알 수 있을 것입니다.

그러나 학부모들은 이 시대를 사는 최고의 교육전문가 중 하나입니다. 때문에 교육열을 극성으로 비하하고 매도하는 비난의 소리보다는 정성어린 부모의 몸짓으로 수용하고, 국가는 바른 정책을 펼치고 사회와 부모는 지혜로운 선택으로 파트너십을 갖춘 교육파트너관계를 유지해야 한다고 생각합니다. 왜냐하면 자녀는 배움을 통해 올바르게 성장할 권리가 있고 사회와 부모는 안전하고 건전한 교육환경을 제공해 주어야 할 의무가 있기 때문입니다. 이것이 바로 사춘기 자녀를 위한 교육복지의 실천이고, 이러한 안정되고 올바른 환경에서 사춘기 자녀는 성장·발전할 권리가 있기 때문입니다.

❀ 감옥과 가정의 공통점

　교육이나 코칭 및 상담현장에서 만나는 10대 사춘기 아이들은 자신의 집을 감옥에 비유해 답답하고 불편해서 싫다고도 합니다. 특히, 부모의 이유 없는 잔소리, 욱하고 성질부리기, 무시와 비난이 쏟아지는 폭언과 폭행은 이해할 수가 없고, 그런 취급을 당하고 싶지도 않다고들 합니다. 개중에는 '지(부모를 지칭하는 것임)나 잘하시지... 지는 뭐가 잘나서...' 라고 부모에 대한 반항심이 생겨나 부모를 거부하고 부정하며, 혼자서 외롭게 살아내려는 절박한 절규가 반항과 욱하는 성질부리기로 나타난다고 합니다. 그렇게라도 하지 않으면 죽을 것 같이 화가 나고, 짜증이 나 견딜 수 없다고도 합니다. 그러다가도 폭풍처럼 휘집고간 분노와 짜증이라는 놈이 사라지고, 정서가 안정되면 자신이 저지른 잘못한 행동 때문에 죄책감이 들고, 후회와 　쪽팔림으로 고개를 들 수 없이 고통스러워 부모 대면하기를 피하기도 한다고 합니다.

　그런데 이러한 정서적 변덕이 하루에도 수차례 반복된다는 것이 사춘기 아이들에게는 두렵게 느껴진다는 사실을 우리는 알아야 합니다. 자기 안에 함께 숨 쉬는 원치 않는 지킬과 하이디의 다중성으로 사춘기는 괴로워합니다. 이러한 자신이 이해받지 못하고 비난받는 것이 반복되면 아이들은 위축되고 자존감이 뚝 떨어져 만사가 귀찮아 진다고 합니다.

　사춘기의 절정을 이루는 흔히 중2병에 치달은 아이일수록, 가정에서 부모나 가족이 자신을 이해하고 수용하지 않은 가정일수록, 좋은 말보다 바른 말을 더 많이 하는 가정일수록, 집이 답답하고 숨이 막혀 마치 감옥에서 사는 기분이라 귀가길 현관문 앞에서서 들어갈까 말까를 망설인다고 합니다.

언젠가 방송에서 본 '가정과 감옥의 공통점' 이 생각나 인성교육시간에 아이들과 가정과 감옥의 공통점을 찾는 활동을 한 적이 있습니다. 그 주제를 듣자마자 신바람이 나서 몰입하며 활동하는 아이들을 보고 나는 깜짝 놀랐습니다. 그 때 내 눈에 비친 아이들은 부모님께 하고싶은 말이 참 많은 억울한 아이들이었습니다.

"자기주도학습을 하라고 잔소리하면서 주도적으로 할 수 있는 건 하나 없는 가정은 감옥보다 더하다"

"너 하고 싶은대로 해 라고 말만하지 정작 내가 하고싶은 대로 하면 잔소리하고 화내는 부모가 있는집은 자유없는 감옥이다

"물만 먹어도 들어가라, 화장실만 가도 또 나왔다 참견에 잔소리만 해대는 부모는 감옥의 간수와도 같다."

"건강해야 한다며 운동하라 잔소리하지만 정작 먹고 싶은대로 밥 한 끼 제대로 차려주는 일이 없는 가정은 독방에 갇힌 죄수보다 더 지독한 곳 같다"며 울분을 토했고, 가정을 성토하고 비난하기에 질세라 서로의 목소리를 높여가며 활동에 빠져든 아이들을 보는 난 어른으로서 민망하고 미안해 몸 둘바를 몰랐습니다. 그 당시 활동에 참여한 초등 5학년이상 중학생이었던 아주 평범한 아이들이 이구동성으로 말한 '감옥과 가정의 공통점' 은 다음과 같습니다.

마음대로 입을 수 없다. 사주는 거 아니면…

마음대로 먹을 수 없다. 해주는 거 아니면…

마음대로 씻을 수도 없다. 눈치 주니까…

마음대로 나갈 수도 없다. 허락받지 않으면…

마음대로 잘 수도 없다. 다하지 않으면…

마음대로 읽을 수 없다. 필독서가 아니면…

마음대로 볼 수 없다. 공부에 도움 되는 게 아니면…

마음대로 화낼 수 없다. 더 화내니까…

마음대로 울 수도 없다. 또 혼나니까…

마음대로 놀 수도 없다. 시간이 없으니까…

마음대로 쉴 수도 없다. 돈을 못 버니까…

아이의 모습이 이해되지 않을 때, 아이의 행동이 눈에 거슬릴 때, 정말로 내 자식이지만 도저히 용납할 수 없을 때, 부모는 스스로 냉정하게 자신과 가정을 되돌아 봐야 합니다. 과연 나만 이렇게 아픈 걸까? 내 아이는 괜찮은 건 걸까? 오늘 당신의 자녀가 현관문 앞에서 문고리를 잡기 전에 어떤 다짐을 하고 문 턱을 넘었을까요? 사춘기 자녀의 생각과 속마음을 알아 차렸다면 부모는 집으로 들어온 자녀를 반겨야 할 것입니다. 죽을 힘을 다해서…

🌸 제발, 생각 같은 것 좀 해라!

당신 자녀의 꿈이 무엇인지 아십니까?

자녀의 꿈에 대해 당신은 어떻게 생각하십니까?

자녀의 꿈에 대해 당신은 어떤 태도를 보이고 계십니까?

부모가 원하는 자녀의 진로와 자녀가 원하는 진로가 일치하십니까?

 만약 불일치한다면 누구의 뜻에 따라서 진로를 결정해야 할까요?

부모가 자녀에게 꿈을 묻는다면 아이들은 어떤 대답을 할까요?

사춘기의 발달과업은 거대합니다. 자신이 책임져야하는 미래에 대한 새로운 길을 발견해야하고 동시에 잘 해내고 싶은 욕심에 엄청난 심리적 압박을 받게 됩니다. 안내판을 보지 않고 길을 가는 현실의 두려움과 폭발적인 성장에너지의 겉잡을 수 없는 방출로 인한 당혹감, 정서적 독립을 해야한다는 발달과업으로 인한 초조함 그리고 성공해야한다는 부담감으로 몸살을 앓게 됩니다. 사춘기는 사회적 걸음마기로 부모와 정서적 탯줄을 자르는 시기입니다. 그래서 사춘기 자녀와 부모 모두에게 까다로운 시기일 것입니다. 자녀가 엄마 뱃속에서 나와 탯줄을 자르고 신체적으로 독립해서 걸음마를 하려 할 때 부모는 주변을 안전하게 만들어 보행을 잘 할 수 있도록 주의 깊게 살펴주었습니다. 마찬가지로 사회적 걸음마를 하는 자녀를 위해 부모는 자녀가 정서적 독립을 잘 할 수 있도록 사춘기의 특별함과 고귀함을 보호하고, 자녀의 자기 가치감을 증진 시킬 수 있게 지원하는 것은 물론 유용한 지침 등을 제공하는 방식으로 사춘기 자녀가 성장할 수 있도록 도와줘야 합니다. 그러기 위해서 부모는 사춘기 자녀가 보여주는 불합리한 생각들, 이따금씩 예기치 못한 눈에 거슬리는 행동들, 새로운 그들만의 문화들, 서투른 어른 흉내내기 등을 수용할 수 있는 힘이 필요할 것입니다.

사춘기는 모험가이고 동시에 탐험가입니다. 사춘기의 모험을 성공적으로 다루기 위해서는 부모와 자녀 모두 긍정적인 자아상이 필요합니다. 이러한 긍정적인 자아상을 갖기 위해서 부모는 끊임없이 자녀의 도전과 성취 그리고 목표세우기에 대한 이야기를 하도록 애써야 할 것입니다. 예를 들면, 사춘기의 질풍노도한 에너지를 긍정적으로 사용했던 선배들의 사례, 목표를 달성하기위해 장애를 극복한 사람들의 성공이야기, 새로운 사람들을 만나고 새로운 일을 찾아 도전했던 멘토의 이야기를 찾아내어 공유하고, 사춘기 자녀가 원하는 진로의 롤모델을 찾을 수 있도록 도와야 하며, 설사 다시 되돌아올 길이라도 일단 가보고 싶은 길을 걸어가 볼 수 있도록 기회를 제공하는 등, 자신과 관련된 발달이야기에 사춘기 자녀를 참여 시킵니다. 그리고 자녀가 이겨냈고 극복했던 모험과 도전에 대해 칭찬을 아끼지 않고 인정·축하해주는 것도 잊어서는 안될 것입니다.

사춘기 자녀와 부모는 한 팀입니다. 부모–자녀의 조화를 통해 긍정적인 관계를 형성하고 사랑의 질서를 만들어가는 것은 아주 중요합니다. 왜냐하면 사람은 존중받고 자신의 존재가 수용될 때 긍정적인 변화가 일어나고 동등한 가치를 느끼고 인정하는 사람들 사이에서는 의미 있는 대화가 이루어질 수 있으며, 새롭고 건설적인 행동을 발전시켜 견고한 관계로 발전할 수 있게 되기 때문입니다. 그래서 부모는 자신의 불완전한 점과 한계를 솔직하게 시인하고, 정직하게 사춘기 자녀를 만나 부모자신의 높은 자존감을 통해 자녀의 자존감도 향상될 수 있도록 노력해야 할 것입니다. 사춘기 부모-자녀가 한 팀으로 서로가 창조적인 관계를 유지시킬 때 비로소 사춘기 자녀는 생각의 나래를 펴고, 생각한 것을 행동으로 옮겨 멋진 성과를 이루게 될 것입니다. 때문에 사춘기 자녀와 부모는 윈-윈리더십을 발휘할 수 있도록 서로 노력해 나가야 합니다.

부모승-자녀패	부모승-자녀승
처벌을 통해 가르친다. 힘과 권력으로 통제하고 명령한다. 부모가 일방적인 상호작용을 한다.	협상하기, 관심강화, 서로의 긍정적 동기를 인정하고 창조적인 관계를 유지한다. 쌍방향 상호작용을 한다.
부모패-자녀패	부모패-자녀승
처벌-반항형 상호작용을 한다. 폭력적이거나 무기력한 관계로 서로에게 무관심하다.	자녀는 문제행동으로 부모를 통제한다. 부모는 자녀에게 무조건 동조한다. 자녀방임형 상호작용을 한다.

❀ 학습된 무기력증에 빠진 사춘기

요즘 아이들은 어려서부터 해주는 것에 길들여져 있고, 부모나 교사가 시키는 것만을 해야 하는 것에 익숙해져 있는 아이들이 늘어나고 있습니다. 부모가 짜준 시간표대로 움직이고, 차안에서 식사를 때우며, 쪽잠을 자고 시키는 대로 하도록 사육당하는 아이들이 늘고 있습니다.

부모나 교사가 시키는 것을 더 성실하게 잘하는 아이일수록 부모의 자랑거리가 되기도 합니다. 소위 '엄친아'라는 타이틀이 주는 명예는 부모에게는 뿌리치기 힘든 달콤한 유혹이라는 것을 잘 압니다. 그래서 '엄친아'를 만들기 위해 엄마의 정보력과 아빠의 무관심, 할아버지의 재력을 동원하는지도 모릅니다. 그러나 살아보니 정작 중요한 것은 그것만이 아니라는 것을 부모는 압니다. 자녀에게 무엇을 가르쳐야 하는지를 곰곰이 생각해 보아야 할 것입니다. 어른 앞에서 밥을 먹을 때조차도 먼저 숟가락을 들거나 다먹으면 먼저 일어나는 아이들도 꽤 많습니다. 맛난 음식이 있으면 먼저 다갖다 먹어치우는 아이들도 있습니다. 밥상에서 서로 먹는 속도를 맞추고 다같이 나눠먹는 것은 상대를 배려하는 예의범절 임에도 심지어 아이가 밥상에서 조금이라도 더 앉아 있으려면 가서 공부나 하라며 떠미는 부모들도 있습니다. 그래서 가족의 출입에도 방문을 닫고 내다보지도 않는 아이가 있는가 하면 제 방에서 목소리만 높여 소리쳐 인사하는 아이들도 있습니다. 그래도 다 괜찮다고 합니다. 공부만 잘하면 다 용서된다고 가르칩니다. 그래서 부모는 자신이 의도하지 않았다 하더라도 공부만 잘하면 되는 아이로 사육하며 자녀를 학습된 무기력증(좌절되는 환경에 반복적으로 노출되는 경험 때문에 실제적으로 자신의 능력으로 충분히 극복할 수 있는 일임에도 불구하고 해내지 못하거나 하지않는 자포자기 상태를 말합니다)에 빠져들게 하고 있지는 않은지 살펴보아야 할 것입니다.

사춘기 부모교육 수강자인 수연이 엄마의 이야기입니다. 수연이는 초등학교 때까지는 제법 공부를 잘했습니다. 시키는 것마다 잘 배웠고, 성적도 좋은 편이었습니다. 그래서 중학교에 들어갈 때도 수연이나 엄마 모두 내심 공부를 잘 해낼 것이라는 기대가 있었습니다. 그런데 중학교 첫 시험을 본

결과는 수연이나 부모에게도 충격적이었습니다. 많아진 과목 수, 지필 뿐 아니라 수행이라는 평가방식이 낯설었고, 과목의 난이도 뿐만 아니라 과목 별로 들어오는 선생님에게 적응하는 것도 쉽지 않았습니다. 다른 초등학교 에서 온 친구들과 잘 지내기 위한 노력등 여러 가지 중학교 생활에 적응하 는 문제로 인해 원하는 성적을 받는데 실패했습니다. 수연이의 실패한 성적 표에 부모는 분노했고, 수연이를 향한 실망감과 좌절감 그리고 절망감으로 부모는 수연이에게 맹비난을 쏟아 부으며 무시한 언행 때문에 수연이는 마 지막 남은 자존심까지도 송두리째 뽑혀버렸습니다. 그 뒤로 수연이 눈에는 공부가 들어오지 않았고 스마트폰을 하는 시간과 잠자는 시간 또는 멍하게 앉아 있는 시간들이 늘어났습니다. 그렇게 중3이 될 때까지 수연이와 부모 의 갈등은 커져만 갔고 스트레스로 인한 수연이의 방황과 일탈은 계속되었 습니다. 수연에 대한 원망과 후회로 무기력증에 빠져 우울증에 시달리고 있 을때 마침 학교에서 열리는 사춘기 부모교육 소식을 듣고 지푸라기도 잡아 보겠다는 절박한 심정으로 교육에 참여하신 수연이 어머님의 고백입니다.

수연이처럼 학습된 무기력증에 빠지는 원인은 부모의 과도한 기대와 그 에 따른 실망감의 표출 등이 반복되어 무능력하다는 것이 강화되어 질 때 나타납니다. 학습된 무기력증에 빠진 아이는 자신이 타고난 능력이 그 일을 해 낼 수 있음에도 불구하고 아이는 점점 무기력한 모습을 보이게 되고 심 지어 인생에서 무능력한 아이로 커갈 수 있습니다. 그러나 이러한 아이의 행동은 부모를 더 조급하게 해 자녀에게 스스로 해 낼 수 있는 기회를 주고 깨닫고 성장하도록 기다려주기 보다는 부모가 앞서 일방적으로 문제를 해 결해 주려는데서 오게 됩니다. 부모의 조급함과 욕심이 불러온 극성때문에 아이들은 학습된 무기력증에 빠져들게 됩니다.

돌아보면 나는 엄마로서 참 교만했던 것 같습니다. 아이한테 무슨 일이 생기면 모든 것을 내 방식대로 처리하려고만 했었습니다. 문제를 분석하고, 어떻게 하면 빠르게 처리할 수 있는지 그 해답을 찾으려고 나 혼자만 애썼습니다. 될 수 있는 한 문제를 빨리 해치워버리려고 조급하게 굴었고, 그것이 아이가 해결해야하는 문제임에도 불구하고 항상 문제해결의 주체는 엄마인 나였습니다. 시험 때가 되면 내가 더 바빠집니다. 그럴싸하게 하루 종일 머리를 굴려가며 아이의 공부계획표를 짰습니다. 계획대로 진행되는지도 내가 체크했고, 계획대로 진행되지 않으면 재빠르게 수정도 내가 해주었습니다. 그러면서 짜여 진 시간표대로 움직이지 않는다며 아이를 비난하기 일쑤였습니다. "이렇게 해애 돼!"라는 내 말에 아이가 건성으로 대답한 "알았어요"라고 했다는 이유만으로 온통 책임을 아들에게 떠넘기며 내가 짜고도 아이가 짠 것처럼 아이를 채근하고 다그치며 목표를 향해 달리고 달려 마침내 해내라고 다그치며 결과 없는 싸움을 지겹게 해댔던 것 같습니다. 그럴수록 아이는 공부와 멀어져 갔고 내가 제일로 중요하다고 강조하는 투자한 과목에 유독 더 실증을 냈습니다. 이들과의 관계에서 부작용이 생긴것입니다.

아들의 문제에 있어서만큼은 내가 아니라 아들아이가 주인공이 되어야 했는데 아이가 원하는 대로 선택하고 아이의 수준에 맞게 아들이 계획하게 했어야 했는데… 내가 아들을 교육이 아닌 사육하면서 아들을 무기력하게 만들고 있다는 점을 깨닫고 나서 다시 바로 잡는데 오랜 시간이 걸렸습니다.

깨닫고 난 후 나는 사춘기 아들에게 더 이상 통제하지 않았고, 아이가 자신에게서 발견한 새로운 에너지를 발산할 수 있도록 적당한 통로를 창조해 내도록 격려를 했으며, 해도 되는 것과 하면 안되는 것들에 대해 명확한 경계를 타협하려고 노력했습니다. 무엇보다도 언제나 언제까지나 너를 믿고 사랑한다는 마음을 지속적으로 전했습니다. 그렇게 사육이 아닌 진정한 양육으로 돌아 왔을 때 모든 일은 비교적 순조롭게 진행되어 가고 있다는 것을 느낄 수 있었고, 아들과의 관계는 더욱 돈독해졌으며, 가정의 평화를 찾게 되어 이제는 허심탄회하게 어떤 이야기도 나눌 수 있고 때로는 논쟁도 하는 그런 친밀한 관계가 되었습니다. 나는 내 아들의 엄마라 기쁘고 설레입니다. 내 아들은 엄마인 나를 참 좋다고 합니다. 그리고 내가 자신의 엄마여서 감사하다며 날 안아줍니다. 아들 덕분에 참 행복합니다. 엄마라서 참 좋습니다.

❀ 최선이 낳은 최악의 정성

이 세상에 존재하는 모든 부모는 자식을 사랑합니다. 특히 대한민국의 부모들은 자식을 끔찍이 사랑합니다. 때로는 부모의 맹목적인 사랑이 자식에게 끔찍한 사랑이 될 수 있다는 것을 받아들이지 못한 채 많은 부모들이 자식을 대신해서 오늘도 열심히 자식의 몫까지 애쓰며 살아가고 있는 것 같습니다.

드라마의 한 장면입니다. 유학을 갔던 20대 초반의 딸이 미혼모가 되어 돌아왔습니다. 그녀의 아버지는 장관임명을 위한 인사청문회를 앞두고 있습니다. 그런데 딸아이가 가십거리로 세간의 이목이 집중됩니다. 아버지는 딸을 위해 자신의 미래를 저당잡고 딸아이가 낳은 아이를 부적절한 관계를 통해 낳은 자신의 혼외 아이라고 인사청문회에서 거짓고백을 합니다. 그 대가로 아버지는 장관임명에서 부적격판정을 받게 되고, 공직에서도 일터에서도 퇴출이 됩니다. 아버지는 딸의 미래를 위해 딸의 치부를 감싸주기 위한 거룩한! 부정(父情)을 발휘했던 것입니다. 잠시 아버지의 자리가 그런 자리지며 눈시울이 뜨거워졌습니다. 그런데 과연 그것이 진정한 부성(父性)이었을까요? 하는 생각이 듭니다.

『탕자의 비유』중에는 가산을 탕진하고 거지가 되어 돌아 온 탕자를 달려가 껴안아주고 입을 맞추며 반겨주었던 탕자 아버지의 이야기가 있습니다. 대충 이런 내용입니다. 두 아들을 둔 아버지가 있었습니다. 작은 아들이 아버지에게 말했습니다. "아버지의 재산 중에서 내 몫을 주십시오." 아들의 말을 듣고 아버지는 재산을 두 아들에게 나누어주었습니다. 며칠 후 작은 아들은 자기 재산을 다 거두어가지고 먼 지방으로 가서 방탕한 생활을 하며 재산을 낭비했습니다. 가진 돈을 다 탕진한 아들은 어떤 사람을 찾아가 몸을 의탁했습니다. 고생을 엄청나게 한 아들은 제정신이 들어 이렇게 말했습니다. "아버지의 집에서 일하는 그 많은 하인은 양식이 풍부하여 먹고도 남는데 나는 여기서 굶어죽겠구나. 나는 일어나 아버지께 돌아가 이렇게 말해야겠다. 아버지, 저는 하늘과 아버지 앞에 죄를 지었습니다. 이제 저는 감히 아버지의 아들이라고 할 자격이 없으니 하인의 하나로 삼아주십시오."

그는 일어나 아버지의 집을 향해 길을 떠났습니다. 아버지는 돌아오는 아들을 먼저 알아보고 측은하여 견딜 수 없어 먼 거리까지 달려가 껴안고 입을 맞추었습니다. 아들이 아버지에게 말했습니다. "아버지, 제가 하늘과 아버지 앞에 죄를 지었습니다. 이제 저는 감히 아버지의 아들이라고 할 자격이 없습니다." 그러나 아버지는 하인들에게 명하여 "어서 가서 좋은 옷을 꺼내어 내 아들에게 입히고 반지를 손에 끼우고 신발을 신겨라. 살찐 송아지를 끌어다가 잡아 잔치를 베풀고 이 날을 즐기자. 내 아들이 죽었다가 다시 살아왔고 난 아들을 잃었다가 다시 찾았다." 그래서 잔치가 벌어졌다는 이야기입니다.

이유 없이, 평가 없이, 잘잘못을 따지지 않고 받아주는 아버지의 용서가 있습니다. 자식이 짊어지고 갈 굴레를 대신 지고가는 것이 아닌 그 자식이 한 행위, 비록 세간의 손가락질을 받을 만한 행위더라도 부모는 자식의 행위를 치부나 부끄러움으로 생각하지 않고 그냥 받아주는 아버지의 사랑이 있었습니다. 자식을 위한 다는 것, 자식을 위해 희생하는 것이 진정으로 무엇인지, 부모는 깊이 생각하고 행동해야 할 것 같습니다. 부모의 정성어린 사랑이 진정 자식에게는 사랑이 아닐 수도 있기 때문입니다. 부모는 사람 그 이상도 그 이하도 아닌 존재의 가치를 받아들이고 동시에 바람직한 방향으로 행동을 수정해 나갈 수 있도록 돕는 훈련과 배움을 통해 무엇이 훌륭하고, 재미있으며, 때로는 위협적인 여정인가에 대해 균형 잡힌 태도를 취해 사춘기 자녀에게 성공적인 지침을 제공할 수 있어야 합니다. 그렇게 부모의 정성어린 사랑이 자식에게도 사랑으로 받아들여질 때, 자식은 사랑의 존재로 남고 부모는 존경의 대상으로 가슴에 새겨지게 될 것입니다.

정성껏

작가 미상

산세베리아는 식물입니다.
나는 매일 아침, 저녁 소중한 그 아이를 위해 정성껏 물을
주었습니다.
얼마 지나지 않아 산세베리아는 죽었습니다.

맥문동은 식물입니다.
나는 사랑하는 그 아이를 위해 볕이 가장 잘 든 자리에 정성껏
심어주었습니다.
얼마 지나지 않아 그 아이는 죽었습니다.

장미는 식물입니다.
나는 그 무엇과도 바꿀 수 없는 그 아이를 위해 황토밭에 정성껏
심었습니다.
얼마 지나지 않아 그 아이가 죽었습니다.

꽃송이를 채 품어보기도 전에 말입니다.
나는 그 아이들을 식물이라 여겼습니다.
산세베리아는 물을 자주 주면 죽고,
맥문동은 그늘에서 잘 자라며,
장미가 모래밭에서 잘 자란다는 사실을 모른 채
온 정성을 다해 죽였습니다.
오늘 나는 생각합니다.
내가 또 정성껏 그 아이를 죽이고 있는 것은 아닐까 말입니다.

❀ 당신은 어떤 부모이십니까?

자식을 낳으면 부모가 될 수 있는 걸까요? 자식을 낳지 않고도 부모 될 수 있습니다. 배 아파 낳은 생물학적 부모도 있고, 가슴으로 품은 사회적 부모도 있습니다. 생물학적 부모든 사회적 부모든 인간을 낳고 자식을 사람다운 사람으로 만드는 일을 한다면 누구나 부모가 될 수 있습니다.

"당신은 당신의 자녀에게 어떤 부모이십니까?"
"당신은 당신의 자녀에게 어떤 부모이십니까?"
"당신은 당신의 자녀에게 어떤 부모이십니까?"
"당신은 당신의 자녀에게 어떤 부모이십니까?"
"당신은 당신의 자녀에게 어떤 부모이십니까?"

똑같은 질문을 다섯 번 반복해서 천천히 질문하고 답을 해보십시요. 처음 세 번 정도는 평상시에도 생각하고 있었던 터라 쉽게 답이 나올 것입니다. 그러나 네 번째부터는 질문에 답하기가 그리 쉽지 않은 자신을 발견하게 될 것입니다. 그래도 괜찮습니다. 용기를 내서 질문을 이어가 보시기 바랍니다. 그러면 아리기도하고 저리기도 한 당신 안에 숨쉬고 있던 참부모의 소리가 들릴 것입니다. 코끝이 찡하고 낯이 붉어지며 눈시울이 뜨겁게 적셔져 이내 눈물이 쏟아질 수 있습니다. 그래도 계속해서 자문해보시기 바랍니다.

당신은 당신의 자녀에게 어떤 부모가 되길 원하고 있습니까?

지금 당신은 그 모습에 얼마나 닮아 있습니까?

그 모습에 닮아가기 위해 당신은 지금 무엇을 하고 싶습니까?

그 모습에 닮아가기 위해 당신은 지금 무엇을 할 수 있습니까?

그 결과, 당신의 삶에는 어떤 변화가 생기게 될까요?

그리고 당신의 자녀는 당신이 어떤 부모이길 원하고 있을까요?

부모는 할 수 있습니다. 부모니까 할 수 있습니다. 그리고 부모라서 해야 합니다. 용기를 내시고 도전해 보시기 바랍니다. 그러나 너무 큰 변화를 추구하지는 마십시오. 그건 욕심이 될 수 있기 때문입니다. 욕심은 조급함을 가져오고 조급함은 숲을 보는 지혜는 잃고, 숲에서 나무만을 보는 어리석음을 범하게 할 수 있으니 아주 조금, 아주 조금의 변화를 시도해보시기 바랍니다.

출발선에 있는 비행기의 궤도가 아주 조금만 변하더라도 목적지에서의 좌표는 엄청난 차이를 보이게 됩니다. 작은 변화를 실천함으로써 실천과 변화에 기쁨을 발견해보시기 바랍니다. 그래야 부모는 일상에서 보여주는 자녀의 작은 성장의 변화에 민감해질 수 있습니다. 성장에 박수를 쳐주고 기뻐해줄 수 있는 부모가 곁에 있다고 생각해보십시오. 힘이 생기고 보람이 생겨 희망적이 될 것입니다. 왜냐하면 사람은 말입니다, 누군가 자신을 통해 기쁨을 얻을 때 그러한 행동을 또 하고 싶은 내적동기가 생겨나기 때문입니다.

그러면 자녀는 매일 매일 똑같은 날을 매일 매일 특별하게 만들게 될 것이고, 매일 매일 똑같은 날들을 매일 매일 의미 있게 만드는 습관을 갖게 되어 '매일멋진성장'이라는 삶의 기적을 맛보게 될 것입니다. 성장이란 어제 보다 더 나은 오늘의 나이고 오늘 보다 더 멋진 내일의 나를 향한 행복한 여행입니다. 그래서 오늘을 사는 우리는 우리가 살아온 날 중 가장 성숙한 멋진 나를 만나고 내일엔 오늘 보다 더 멋진 나로의 성장을 기대할 수 있기에 기다려지고 설레여집니다.

당신이 가고자 하는 부모의 길과 자녀가 원하는 부모의 길, 두 길이 만나는 곳이 바로 사춘기 부모가 서 있어야 할 자리입니다. 그 곳엔 존중과 사랑 그리고 비전있기에 그 교차점이 바로 당신의 자녀가 서 있어야 할 자리이기도 합니다. 부모는 진자리 마른자리 갈아 뉘시며 손발이 다 달토록 고생하는 분이라고 합니다. 자녀가 서 있어야 할 자리가 안전하고 행복한 보금자리가 될 수 있도록 부모는 손발이 다 달토록 희생을 합니다. 부모노릇, 결코 쉬운 일이 아니라고 합니다. 그래서 부모는 위대한 분입니다.

제자 중에 결혼을 하여 아버지가 된 학생이 있었습니다. 아버지가 되어 처음으로 아이를 품에 안았던 그 때의 경이로움과 신비로움은 그 친구를 흥분하게 했고, 그 감격에 나에게 전화를 걸어왔습니다. 수화기를 들자 들려오는 목소리는 상기되어 있었고 숨을 몰아쉬며 한 말이 "선생님, 드디어 제가 인간을 낳았어요"라는 것이었습니다. 그 전까지 나는 아이를 낳아 부모가 된 줄 알았건만 제자를 통해 내가 인간을 낳았다는 것을 깨달았습니다(웃음). 나도 기쁜 마음으로 제자를 축하를 해주었습니다. 얼마나 위대한 일입니까? 인간이 인간을 낳는다는 것 말입니다.

지금 당신에게 이렇게 말해주세요. '나는 참 위대한 사람입니다'라고요. 생각해보세요, 이 세상에 존재하는 모든 인간은 누군가의 자녀입니다. 그러나 모두가 부모가 되지는 않습니다. 나는 불임이라는 기나긴 기다림으로 얻는 아들덕분에 부모가 된 사람입니다. 그래서 더욱 더 '부모 아무나 되는 게 아니라는 것'을 압니다. 그러니 부모됨이 어찌 위대하지 않다고 말할 수 있겠습니까! 부모인 당신, 당신은 참 위대한 분이십니다. 이렇듯 부모는 존경의 대상입니다.

제자와 통화한 이야기를 이어가보겠습니다. 그렇게 제자의 아빠됨에 대한 감격과 흥분은 10여 분간 계속되었고, 울다가 웃다가를 반복하며 부모됨에 대한 기쁨과 설레임을 내게도 전해주었습니다. 제자는 그 순간 내게 '아, 부성이 저리도 아름답고 따뜻한 것이구나' 하고 느끼게 해주었습니다. 정말 감사했습니다.

그리고 제자는 비장한 목소리로 마지막 말을 남겼습니다. "제가 내 아이, 인간을 만들어야 할 텐데요. 도와주십시오, 선생님." 벅차옵니다. 아버지가 된 제자가 대견하고 자랑스럽습니다. 오래도록 잊고 있었는데 내 아이가 내 품에 처음으로 안긴 그 때가 생각났습니다. '그럴 때가 있었지 나도', 입가에 미소가 느껴집니다. '그래 인간을 낳아 사람을 만드는 일'이라...부모가 그런 사람인데...그렇게 부모됨에 감사하며 흐뭇한 미소를 짓고 있을때 번뜩이며 스쳐지나 가는 생각이 있었습니다. '그럼 난, 과연 사람다운 사람인가?' 오늘도 난 사람이 되어가고 있는 중이고 아니 사람다운 사람이 되기 위해 성장하고 있고 죽는 날까지 난 그 성장을 계속해 나갈 것인데… 그래서 '부모가 된다는 것, 부모노릇을 한다는 것이 결코 쉬운 일이 아니구나' 라는 것을 깨달으며 "아하!"하며 무릎을 치게 되었습니다.

그렇게 생각하고 나니 부모인 내가 참 애쓰고 있구나하는 마음이 들었습니다. 그래서 나는 나를 '토닥토닥' 위로해주고, '쓰담쓰담' 격려해주며, '끄덕끄덕' 이해해주면서 부모인 나를 내가 인정하고 안아주었습니다. 이러한 작은 의식행위는 이제까지 부모로 걸어 온 여정에 대해 위로가 되었고, 힐링이 되면서 기운이 솟고 용기가 났습니다. 시시때때로 전쟁을 치루는 사춘기 자녀를 둔 부모이지만 어제보다는 오늘 조금 덜 싸우며 괜찮은 부모로 거듭날 수 있다는 희망이 보였습니다. 그래서 부모는 교육의 대상이기 이전에 힐링의 대상이라야 한다고 말하고 싶습니다. 사춘기 자녀를 둔 부모님, 당신은 지금도 충분히 괜찮은 부모이십니다.

부모 당신은 '부모' 라고 쓰고 뭐라고 읽고 싶습니까? 당신의 자녀는 '부모' 라고 쓰고 뭐라 읽을 것 같습니까? 나는 '부모' 라고 쓰고 '위대한 분' 이라고 읽고 싶습니다. 왜냐하면 부모는 가장 낮은 곳에서 자녀의 좋은 점도 나쁜 점도 다 품어주는 넓은 도량을 갖고 있으며, 자녀가 어두운 곳에 있을 때는 빛이 되어주면서도 결코 자녀의 눈을 부시게 하지 않는 지혜가 있는 분이기 때문입니다.

인간이 성장을 하려면 위대한 분을 많이 만나야 한다고 합니다. 세상에는 두 부류의 위대한 분이 있다고 합니다. 한 분은 '그 사람을 만나면 만날수록 내가 참 위대한 사람을 만나고 있구나 하고 생각하게 해주는 사람' 이고, 나머지 한 사람은 '그 분을 만나면 만날수록 내가 정말 위대한 사람이구나 하고 느끼게 해주는 분' 이랍니다. 사춘기 자녀를 둔 부모인 당신은 어떤 위대한 분이십니까? 어떤 위대함을 갖추었든지 매일 자녀에게 위대한 당신을 선물해 주시는 당신이 바로 위대한 부모이십니다.

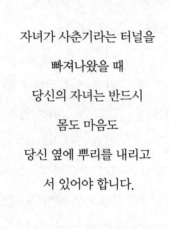

자녀가 사춘기라는 터널을

빠져나왔을 때

당신의 자녀는 반드시

몸도 마음도

당신 옆에 뿌리를 내리고

서 있어야 합니다.

자녀는 사춘기·부모는 사추기

사람들이 꿈을 이루지 못하는 것은
그들이 생각을 바꾸지 않고 결과만을 바꾸고 싶어
하기 때문입니다.

-전 맥스웰-

A n g r y
young mom
H u n g r y
| 02 |

자녀는 사춘기 · 부모는 사추기

"우리 어렸을 때는 세상이 어려워도 꿈은 컸던 것 같은데,
아이를 이렇게 만든 것이 나인지 세상인지 모르겠습니다. 마음이 씁쓸해집니다.
아이가 사춘기면 온 가족이 사춘기를 다시 앓는 것 같아요."

"어릴 때부터 엄마하고 말도 잘하고 같이
외출도 잘하던 아이였는데 요즘 들어서 나하고 얘기도 잘 안하려고 하고 혼
자만 있으려고 해요. 그렇다고 특별히 사이가 나빠지거나 그런 건 아닌데
학교 갔다 오면 곧 바로 제 방으로 들어가 문을 닫아 버리고 학교생활이나
친구들에 대해 물어보면 '알 필요 없다'고 딱 잘라버립니다. 그렇지 않아도
중학생이 되고 나서는 학원에 다니고 해서 이야기 나눌 시간도 없고 저녁식
사도 주말 아니면 같이 하기 쉽지 않은데 대화를 통 안하려고 하니 답답하
고 어떻게 해야 할지 모르겠습니다. 뭐라고 한 소리 하고싶어도 더 문을 꼭
걸어 잠글까봐 두려워 아무 것도 못하고 있어 속상합니다. 우리 아이, 말로

만 듣던 사춘기가 시작된 거죠?" 중학생 딸을 둔 엄마의 이야기입니다.

"아이 방에 들어가 보면 남자 연예인 사진으로 도배가 되어 있답니다. 그리고 무슨 콘서트를 그렇게 다니는지. 문제집이랑 학원 교재 사야한다고 해서 돈을 줬더니 그 돈으로 콘서트 티켓 사는 것 같아요. 못하게 해봤지만 말이 안통해요. 물론 얘 엄마도 일을 하느라고 바쁘긴 하지만 그래도 아이가 공부할 수 있도록 관리는 해 줘야 할 텐데...내가 대화 좀 하자고 하면 아빠랑은 말이 안통한다며 싫다고 하고...얘 엄마에게 말하면 자기도 하느라고 한다면 짜증내고...삐뚤게 나갈까봐 크게 혼내지도 못하겠고...얘 눈치 보랴 마누라 눈치 보랴, 요즘은 집에 들어가기도 싫어집니다." 고등학생 딸을 둔 아빠의 이야기입니다.

"우리 딸도 고등학생인데요. 공부도 열심히 하지 않는 것 같고 하고 싶은 것도 없다고 해요. 좋아하는 것이나 하고 싶은 것을 생각해보라고 해도 묵묵부답이예요. 도대체 뭔 생각을 하고 사는 건지 도통 모르겠어요. 성적이 되야 진로지도를 받아보기라도 하지, 내년이면 고등학교 2학년인데 전공계열도 선택해야 되는데, 아이의 다문 입을 어떻게 열게 해야 할지 몰라 화 낌에 등판을 몇 대 때렸더니 벌써 2주째 눈도 안마주치고 집에서는 밥도 안먹어요. 그냥 성질을 내면 그래도 속은 후련하겠는데 저렇게 침묵시위를 하니 원 웬수가 따로 없다니까요." 고등학생 딸을 둔 엄마의 이야기입니다.

"말을 마세요. 우리 아들은 고등학생인데 오토바이를 사달라고 하는거예요. 오토바이를 사주지 않으면 공부를 안하겠다고 협박을 해서 사주기는 했는데 점점 오토바이를 타는 시간이 늘고, 저녁 늦게까지 오토바이를 탄다고 귀가 시간이 늦어지고 걱정이 많습니다. 공부를 좀 하는 놈이라, 그놈의 공부 안하겠다는 소리에 사주긴 했는데 지금은 후회가 된답니다. 그래서 대학 가서 타라고 했더니 '싫다'는 거예요. 요즘은 여자 친구가 생긴 것 같은데 계속 오토바이를 타게 해야 할지 말아야 할지 고민이 됩니다." 고등학생 아들을 둔 아버지의 이야기입니다.

"아니, 내가 기가막혀서 말을 못해요. 시험때라 공부 좀 하라고 했더니 잔소리 좀 그만하라고 짜증을 내더니 내가 베란다에 나간 사이에 안에서 문을 잠그고 자기방으로 들어가 공부하는 척을 하는 거예요. 사방팔방으로 수소문해서 집주변에 계시는 제형부가 와서 베란다 문을 열어줬다니까요. 장장 2시간을 베란다에 갇혀 있었다니까요. 그래서 도대체 왜 그런 거냐고 묻자 아니 '왜요. 왜요?' 하는데... 패 죽일 수도 없고 미치는 줄 알았다니까요." 중학생 아들을 둔 엄마는 치를 떨면서 이야기를 합니다.

"학원에 계속 빠지면서 시간을 옮겨 보충날짜를 잡아달라고 전화를 하는 거예요. 이번이 처음도 아니고 벌써 3번을 변경해서 선생님께 죄송해서라도 더 이상은 못하겠더라구요. 그런데도 또 변경해달라는 거예요. 특별한 일도 없는데. 그래서 "안 돼, 오늘은 꼭 가!" 하고 나서도 너무 신경질이 나는 거예요. 그래서 "들어오기만 해봐라"라고 큰 소리 치며 전화를 끊었더니 글쎄 아니 그 길로 가출을 해버리는 거예요. 물론 가출미수로 끝나기는 했지만 나 원 참 기가 막혀서. 아이 찾는다고 경찰서로 학원으로 안 가본데 없이 온 동네를 맨발로 뛰어다녔는데 뒤 늦게 통화가 된 아이는 서울역에 가서 노숙하겠다고 가있다는 거예요. 그 말을 들으니 왜 무서워지는거 있죠. 딸 잃어버릴까봐. 그래서 바로 꼬리 내리고 어서 들어오라고 사정했더니 들어 와서 나더러 하는 말이 "다시는 자기에게 큰 소리 치지 말라"는 거예요. 그 래서 "알았어, 앞으로는 그러지 않을게" 했더니 "두고 보겠다"고 하더라구 요. 나원 참, 기가 막혀서... 그래도 또 나갈까봐 두려워 더 이상 말도 못꺼 내고 그 이후 두고 보는 딸이 무서워 설설 기었다니까요." 자신이 너무 한심 스럽다는 표정으로 이야기하는 초등학생 딸을 둔 엄마의 이야기입니다.

"저는 대학교수입니다. 내가 체면이 있잖아요. 그런데 내 자식이 중학교 가더니 공부는 안하고 게임만 하는 거예요. 초장에 버릇을 고쳐놔야겠다는 생각에 대들고 말 안들으면 좀 때렸습니다. 부모가 자식 잘되라고 그럴 수 도 있지 않습니까? 그런데 어느 날 아들이 반항을 하면서 손을 휘두른다는 것이 그만 내 얼굴을 치더라구요. 그래서 뭐냐며 늘씬 패주려고 했더니 되 려 내 손을 붙잡고 날 떠밀어버리는 거예요. 제가 밀려 넘어졌는데도 그냥 쳐다만 보고 있는 괘씸한 놈입니다. 막 되먹은 놈이죠. 요즘은 제 성질에 안 맞으면 이제 우리 부부를 때리는 거예요. '당신들이 날 개패듯이 6개월을 때렸으니 당신들도 6개월 동안 맞아보라며' 하루가 멀다 하고 폭력을 휘두 릅니다. 맞는 부모는 말로만 들었는데 내가 그 꼴을 당하다니 창피하고 분 해서 집에 들어가기가 무서워요. 그래서 아예 요즘엔 연구실에서 잠을 자고 집에 들어가지 않습니다." 약간 겁에 질린 듯한 표정으로 억울함을 호소하며 말하는 중학생 아들을 둔 아버지의 이야기입니다.

"지나고 보니 중2는 정말 '숭악한 시기'였습니다. 아이와 엄마가 매일 같이 투닥거리니 집이 조용할 날이 없었죠. 아이가 학교에서 일본 애니메이션을 보는 동아리 활동을 하는데, 집에서도 즐겨보니 엄마 눈에는 고와 보일리 없던거죠. 아이에게는 적당한 선을 넘지 말라고 하고, 아내에게는 아이를 사람으로 존중해주라고 하며 가운데서 노력해도 영 내 마음처럼 되지는 않더라구요. 더군다나 아이랑 대화가 잘 안통하니 뭘 어떻게 해줘야 할지 더 모르겠습니다. 제 사춘기 시절을 떠올려서 미래나 꿈, 인생에 대한 포부 같은 얘기를 좀 해보려고 하면 아이는 "뭐 그냥 월급이나 받고 살면 되죠"라고 하더라고요. 우리 어렸을 때는 세상이 어려워도 꿈은 컸던 것 같은데, 아이를 이렇게 만든 것이 나인지 세상인지 모르겠습니다. 마음이 씁쓸해집니다. 아이가 사춘기면 온 가족이 사춘기를 다시 앓는 것 같아요." 자녀의 미래가 걱정된다는 중학생 아들을 둔 아버지의 이야기입니다.

"국제중에 다니는 딸아이는 요즘 뭐가 그리 못마땅한지 신경질도 자주내고 별것도 아닌 일에 짜증을 내며 소리를 지릅니다. 해도 너무한다는 생각이 들기도 하고 그냥 봐주고 넘기기가 여간 어려운 게 아니지만 그래도 공부하는데 방해될까 우리 부부는 늘 딸아이의 눈치를 보며 비위를 맞춰주곤했답니다. 그 날도 늦게까지 방에 불이 켜져 있길래 공부하나 보다하고 간식이라도 넣어 줄까하는 맘에 아이의 방문을 여는 순간 깜짝 놀랐습니다. 누구랑 통화를 하고 있는지 하하호호 아주 신이나 있더라구요. 제가 들어가는 인기척에 놀라 "뭐야~노크도 안하고"하며 일어나 날 떠밀더니 방문을 잠궈버리더라구요. 남자친구가 생긴 모양입니다." 자녀의 이성친구 때문에 걱정하는 중학생 딸을 둔 엄마의 이야기입니다.

이상은 사춘기 자녀를 둔 부모들이 경험한 당혹스러웠던 이야기들입니다. 아주 평범한 가정에서 일어나는 아주 평범하지 않는 이야기에 십분 공감을 해봅니다. 그러면서도 설마하거나 내 아이는 아니겠지 하는 막연한 기대를 하며 위안을 하고있는 자신을 발견하거나, 나만 그런 줄 알았더니 나보다 더 한 집도 있구나 하며 위로받는 부모도 있을 것입니다. 더하고 덜함의 차이가 있을지는 몰라도 사춘기 자녀라면 한 번 쯤 유사한 언행으로 부모를 놀라게 한다는 것입니다. 그럴 땐 당황하지 말고, 침착하게 자녀를 대해야 합니다. 그러한 상황에서 조차 부모가 어떤 선택을 하느냐에 따라 자녀의 미래는 달라지기 때문입니다.

마음이 아름다우니 세상이 아름다워라

이 채

밉게 보면 잡초 아닌 풀이 없고

곱게 보면 꽃 아닌 사람이 없으되

그대를 꽃으로 볼일이로다.

털려고 들면 먼지 없는 이 없고

덮으려고 들면 못 덮을 허물이 없으되

누구의 눈에 들기는 힘들어도

그 눈 밖에 나기는 한 순간이더라.

귀가 얇은 자는 그 입 또한 가랑잎처럼 가볍고

귀가 두꺼운 자는 그 입 또한 바위처럼 무거운 법

생각이 깊은 자여, 그대는 남의 말을 내 말처럼 하리라.

겸손은 사람을 머물게 하고

칭찬은 사람을 가깝게 하고

넓음은 사람을 따르게 하고

깊음은 사람을 감동케 하니

마음이 아름다운 자여!

그대 그 향기에 세상이 아름다워라.

❀ 자녀는 사춘기?!

　　부모는 자녀가 10대에 접어들면 내 아이가 사춘기일까 아닐까 궁금해 합니다. 당연히 누구나 지나가야 하는 소낙비와 같은 사춘기인데도 불구하고 내 아이에게만은 비껴갔으면 좋겠다고 하는 부모들도 있습니다. 만약 자녀의 변화된 언행이 사춘기 특성으로 인한 거라면 그에 적합한 응대를 해주어야 합니다. 버릇을 고쳐놓겠다는 마음으로 사춘기 자녀를 몰아세우고 윽박지르기 보다는 자녀의 사춘기를 이해하고 기다려주며 안전하게 성장할 수 있도록 울타리를 쳐주며 도와야 합니다.

│ 사춘기 체크리스트 │

1. 호모 스마트쿠스족이다.(집에서 스마트폰만 들여다보고 있다.)
2. 무슨 말을 해도 잔소리 그만하라고 신경질을 낸다.
3. 엄마와는 이야기가 안통한다는 말을 자주 한다.
4. '내가 다 알아서 한다.' 라는 말을 입에 달고 산다.
5. 비밀 이야기는 엄마보다는 친구와 하려고 한다.
6. 전에 안하던 거짓말을 한다.
7. 안나던 여드름과 털이 난다.
8. 기분이 좋다가도 갑자기 화를 내고 변덕이 늘었다.
9. 야한 동영상이나 책을 본 적이 있다.

10. 애들 취급을 한다고 싫어한다.

11. 평범한 것을 싫어하고 자신만이 독특해지려고 한다.

12. 가족들과 함께하기보다는 친구들과 시간을 많이 보내려고 한다.

13. 친구들과 비교하면서 투정을 부리는 일이 많다.

14. 이성에 관심이 많아졌다.

15. 옷차림에 신경을 쓰고 액세서리에 용돈을 많이 쓴다.

16. 혼자 있고 싶다는 이야기를 자주한다.

17. 거울을 보는 일이 많아졌고 다이어트에 관심을 갖는다.

18. 잠이 부쩍 많아져서 아침에 일어나기 힘들어한다.

19. 좋아하는 음악에 빠져서 반복해서 듣는다.

20. 연예인을 좋아하고 팬클럽에 가입한다.

출처 : KACE부모교육매뉴얼 1020부모

내 아이는 사춘기입니다. 몸도 커지고, 힘도 세졌습니다. 반항도 하고 대들기도 합니다. 집을 나가버릴까봐 불안도 하고, 저러다 치겠다 싶어 겁도 납니다. 눈을 부라리고 퍼부어 댈 때면 멀리 도망가고 싶은 두려움도 생겨났습니다. 사춘기라는 괴물의 가면을 쓴 저 아이가 바로 천사였던 내 아이랍니다. 눈 뜨고 있을 때나 눈 감고 있을 때에도 잠겨져 있는 아이의 방문, '관계자 외 출입금지' 라고 되어 있어, 허락 없이는 절대로 들어갈 수 없는 아이의 방, 그곳은 내 아이의 얼음왕국입니다.

사춘기는 전 생애발달에서 탈바꿈을 하는 중요한 시기입니다. 정서적 독립을 준비하는 시기이고 어린이가 어른이 되어가는 중요한 시기입니다. 어린이의 몸이 어른의 몸이 되고, 어린이의 뇌가 어른의 뇌로 폭발적인 성장과 성숙이 일어나는 시기입니다. 한 마디로 클래스가 달라지는 때입니다. 그래서 사춘기 자녀들은 어른인 듯 어른 아닌 어린이 같은 청소년입니다. 특별한 집단입니다. 때문에 부모는 사춘기를 제대로 알고 더 따뜻하게 사춘기 자녀에게 다가가야 합니다. 그런데 부모 눈에는 사춘기 자녀는 괴물 같습니다.

발달심리학적 관점에서 보면 사춘기의 기본 정서는 두려움입니다. 세상으로 나아가야하는 절대절명의 발달과업을 수행하는 자연의 순리를 따르는 사춘기 아이들, 그런데 그 길은 한 번도 가보지 않았고 이제까지 살면서 경험해보지도 않았던 미지의 세계입니다. 그리고 예측도 할 수 없고 통제도 쉽지 않습니다. 그런데 어른들은 그래봤자 다 소용없고, 크면 알 수 있으니 쓸데없는데 시간 낭비하지 말라고만 합니다. 그런데 말입니다. 그 누가 그 무엇이, 과정 없이 성장이라는 결과를 가져올 수 있단 말입니까? 이러한 의문과 의심은 사춘기 자녀를 혼란스럽게 합니다.

심리학자들은 인간이 가장 두려움을 느낄 때가 바로 예측할 수 없는 길 앞에 서있을 때라고 합니다. 사춘기 아이들은 시도 때도 없이 쏟아지는 성호르몬의 작용으로 인한 신체변화도 두렵고, 오락가락 변덕이 심한 감정의 변화도 낯섭니다. 독립하고 싶은 의지는 강하나 독립한다는 것은 선택과 책임이 따르기 때문에 만만치 않습니다. 감당하기 어렵지만 그렇다고 나약한 모습을 보이고 싶지는 않습니다. 폼생폼사, 자존심을 지키고 싶기 때문입니다. 자존심은 자존감과 달리 애써서 인정받고 싶은 욕구가 커질 때 나오는 방어기제입니다. 사춘기 아이들은 책임지고 싶지는 않지만 독립은 하고 싶은 사춘기 딜레마로 혼란스럽고 두렵습니다. 두려워서 불안한데 어디다 손을 내밀곳이 없는 것 같아 외롭고 우울해 미칠 것 같습니다. 그 두려움은 가히 생명을 위협할 정도로 엄습할 때도 있다고 합니다. 아마도 살아야하고 살아내야 하는 절박함에 맞서고있는 기분일겁니다. 사춘기 자녀가 느끼는 두려움의 성에서 나오는 유일한 비책은 바로 무조건적인 신뢰와 사랑입니다. 이것이 바로 사춘기 자녀의 얼음왕국의 문을 여는 열쇠입니다.

차디찬 두려움으로 닫힌 아이들의 마음의 문을 열수 있는 유일한 열쇠가 바로 진심이 담긴 따뜻한 부모님의 사랑입니다.

❀ 아프냐? 나도 아프다!

깊은밤 조심스럽게 숨죽이며 아이의 방문을 열고 들어갑니다. 시큼한 냄새가 코끝을 자극합니다. 세상모르고 잠에 빠진 아이를 내려다 봅니다. 어느 새 나보다 더 커버린 덩치지만 아직도 아이에게서 익숙한 젖 냄새가 납니다. "아, 내 아이가 맞구나." 안도의 숨이 내쉬어집니다. 사춘기라는 악동의 탈은 사라지고 아기천사가 되어 새근새근 잠을 자고 있는 이 아이, 참 사랑스럽습니다. 이불을 덮어주고 이불 위에 손을 얹고 쓰다듬어 봅니다. "그러지 말고 좀 더 다정하게 대해 줄걸 그랬지! 그래도 엄마가 너무 심했던 것 같아, 상처받았을 텐데, 아팠지, 미안하다" 중얼거리며 자는 아이 머리맡에서 속죄라는 것을 해봅니다. 이불 위 손끝이 따뜻해집니다. 가슴이 뭉클해지고 코끝이 짠해지더니 이내 눈시울이 뜨거워집니다. 잠시 그렇게 시간이 멈추는 듯 했습니다. 아주 잠시. 그러다가 욱하고 올라오는 뜨거운 울분이 복받쳐옵니다.

"아프냐?, 나도 아프다!"
"어찌할까나, 할 수만 있다면 네 머릿속, 마음속에 들어가 보고 싶다."
"사춘기, 도대체 왜 그러는 거야 너?"
그리고 "도대체 난, 예전과 다르게 왜 이러는 걸까?!"

뒤돌아 나오는 발걸음이 무거워집니다. 이렇게 난 오늘도 사춘기 앞에 무릎을 꿇고 빕니다. 사춘기 자녀의 부모노릇 쉽지 않습니다. 사춘기 자녀를 둔 부모에게 '부모 노릇 어떠세요?' 라고 물으면 아마도 대다수가 힘들다고 대답할 것입니다. 실제로 사춘기 자녀의 부모들은 "너무 힘들어요.", "정말, 할 수 있다면, 그만하고 싶어요.", "도대체 걔들은 왜 그러는 거예요? 내가 맘먹고 잘해주려 해도 당췌 씨알도 안먹혀요, 잘 해주면 해줄수록 더 기고만장하며 기어오른다니까요!", "나도 예전 같지 않아 몸이 천근만근이라 아침에 일어나기도 힘든데 아이가 속 썩이니 정말 살 맛 안나요." "사춘기가 되면 모두 기숙을 시켰으면 좋겠어요. 중학교 이상은 모두 기숙학교로 바꾸어야 된다니까요." 등 봇물 터지듯 푸념과 한탄을 쏟아냅니다. 그 마음도 이해가 갑니다. 오죽하면 그러겠습니까? 절규하는 부모들을 보면 신문지 위에 찰흙을 올려 놓고 마음껏 주무르고 던지고 자르고 치고 밟고 하면서 속풀이를 해야 할 것 같습니다. 가슴 속에 쌓아두었던 답답하고, 억울하고, 속상했던 화와 분노를 쏟아내야 할 것 같습니다. 실컷 울고 크게 웃으며 속풀이 잔치를 한바탕해야 할 것 같습니다.

　세상 사람들은 부모만 잘하라고 입바른 소리만 해대고 있지 않습니까? 부모노릇 힘든데...부모도 아픈데...억울하고 미안하기만 합니다. "힘드시죠", "괜찮으시겠어요"라는 말이 큰 위로가 되고 그 마음을 알아주는 것만으로도 엄청나게 힘이 된다고 합니다. 그러면서 사춘기 자녀를 둔 부모는 더 깊은 속내를 들어냅니다. "나정말로 사춘기 자녀를 잘 키우고 싶은데 어떻게 해야 할 지 정말모르겠습니다. 어떻게 해야 하는지 방법 좀 가르쳐 주세요. EBS를 봐도 어린자녀육아법까지는 많이 나오는데 사춘기 자녀양육법은 찾아보기 쉽지 않아요. 책들도 다 똑같은 말만 하고, 무엇보다도 머리로는 알겠는데 몸이 말을 안 들어요. 부모교육도 받아보려 해도 사춘기 자녀를 위한 프로그램은 찾기 어렵습니다. 자녀교육방법을 어디에서도 알려주는 곳이 없어 답답합니다. 이대로 그냥 두기엔 불안한데... 부부가 하나가 되어야 하는데... 자녀문제로 자주 싸우게 되고... 어떨 때는 아이보다 배우자가 더 힘들게 할 때가 많아요. 그래서 "남편이 미워죽겠어요" 말을 안 하는 게 도와주는 거라 생각해 입다물고 있는데 점점 가정에서 존재감이 없어져 위기의식이 들어 불안하기도 합니다. 아내가 좀 나서서 아빠를 세워줬으면 좋겠는데 가만히있고 그럴땐 아내보다 자식이 더 미워집니다. 아빠는 아빠대로 엄마는 엄마대로 걱정이 많은데 서로 탓만 할 때도 많아요. 하루하루 전쟁통에 사는 것 같아 고통스럽습니다"라고 호소합니다. 도움을 요청하는 사춘기 부모의 소리가 간절합니다.

　참으로 쉽지 않습니다. 부모 노릇, 특히 사춘기 자녀의 부모노릇은 쉽지 않습니다. 그래서 사춘기 자녀를 둔 부모들은 위로를 받아야 하고, 격려 받아야 하는 힐링의 시간이 필요합니다. 그래야 다시 에너지를 재충전해서 사춘기 자녀를 만날 수 있습니다. 놀라고 힘들어 지친 자신에게 이렇게 말해주세요.

"난 참 애썼다. 조금 더 힘을 내자."
"괜찮아. 그러려고 그런게 아니잖아."
"이해해. 용서해. 그리고 고마워."
"나 였기에 가능한 일이야. 나는 충분히 좋은 부모야."라고

매일 주문을 외우듯이 자신에게 격려하고 인정하고 위로를 해보십시오. 마음이 진정되고 차분해지는 것을 느끼실 수 있을 것입니다. 그리고 이렇게 생각을 바꿔보십시오. '내 아이는 나를 성장 시켜주는 스승이다' 라고요. 신이 인간을 모두 안아 줄 수 없어서 엄마를 보냈다는 말이 있습니다. 거기에 덧붙여 나는 신이 인간을 사랑하사 성장을 위해 스승으로 자식을 보내 깨닫고 배우고 성장하게 했다고 말하고 싶습니다. 누가 이렇듯 뼈저리게 아픔으로 가르침을 주고 나를 성장시켜 준단 말입니까? 나에게는 자식만이 그 일을 했던 것 같습니다. 그래서 자녀는 자식이기 전에 나를 깨우치고 성장으로 이끌어주는 위대한 스승이 아닐 수 없습니다. 그리고 부모에게 최고의 스승이 될 때가 바로 사춘기라는 것입니다. 왜냐하면, 그때가 제일 많이 아프기 때문입니다. 나는 사춘기 자식의 아픔을 앞세워 철들어간 부모 중 한 사람이기에 부모도 호된 성장통을 겪는다는 것을 압니다. 이 세상에 단 한

사람 only one 자식, 그가 있기에 기쁘고 그 때문에 난 아픕니다. 누구나 자식을 갖지 못합니다. 부모만이 자식을 갖습니다. 더 많은 말썽을 부리는 자식일수록 부모에게는 더 위대한 스승이 될 것입니다. 신이 부모인 당신을 사랑하사 특별히 스승으로 자녀를 보내주셨다고 생각하고 신의 사랑을 확인 시켜준 자녀에게 감사를 전해봅니다. 발상의 전환, 생각의 전환이 나를 평안케 해 줄것입니다. 아픈만큼 성숙해진다는 말은 진리 같습니다. "사춘기야, 아프냐? 나도 아프다!"

✿ 부모는 사추기!?

"우리 엄마가 달라졌어요. 예전에는 그러지 않았는데 남의 이야기도 잘 들어주고, 친절하고 상냥하며 화도 잘 안내는 성격이었는데 어느 날 엄마는 달라져 있었습니다. 점점 엄마의 목소리는 커지고, 고집도 세지고, 아빠도 엄마 말에 꼼짝을 못하는 천하무적 독불장군이 된 우리 엄마, 엄마에게 도대체 무슨 일이 생긴 걸까요? 엄마가 나타나면 모두 자기들 방으로 들어가 엄마를 피하기도 한다"며 갑자기 변한 엄마의 모습에 아이들도 당황해 합니다.

사춘기가 된 자녀가 전화를 해서 엄마에게 묻습니다. "엄마, 어디야?" 아이들이 엄마에게 왜 이런 질문을 할까요? 엄마가 보고 싶고 그리워서일까요? 아닙니다. 엄마가 들어오는 시간은 집을 나가야 하는 타이밍이고 혹시 엄마가 집에 있다면 집에 들르지 않고 곧장 학원으로 가야하는 센스가 필요하기 때문에 정보수집차 전화하는 것입니다. 그러나 엄마도 할 말이 있죠. 자식하고 부딪치면 '그래도 그렇지!' 하는 괘씸한 생각과 , '저래도 되는 거야?' 하는 야속한 생각이 듭니다. '내가 다 누굴 위해 이러고 사는 건데' 하는 본전생각이 나 억울해지기도 하지요. 자식에게 야속한 마음이 들어 남편에게 하소연하고 위로라도 받으려고, 푸념 좀 할라치면 "또 당신이 아이를 자극했구나? 그러지 말라고 했잖아" 라며 날 나무랍니다. 아이를 자극해서 좋을 것 없으니까 가만 두라네요. 그리고 공부도 할 놈이나 하는 거지, 지 인생 지꺼니까 안달복달 그만 좀 하랍니다. 자기도 힘들다며, 돈버는 게 쉬운 게 아니라며 생색을 냅니다. "회사일도 많은데 아이문제는 당신이 알아서 좀 해. 그리고 말나온 김에 말인데 다니기 싫다는 학원도 다 끊고 집에서 공부하게 해, 싫다는 거 왜 그렇게 억지를 부려 피곤하게… 애하고 좀 잘 지내. 다른 집 아내들은 알아서 잘한다던데… 나 바쁘니까 그만 끊어"라고 더 큰소리를 내며 기를 죽입니다. 혹 때려다 혹 붙인 꼴이 된 엄마는 외롭고 기가 막혀 억울하기만 합니다.

끊어진 전화를 들고 선 엄마는 "불난 집에 기름을 붙는군 이 인간이, 간이 배 밖으로 나왔어. 뭘 잘 한게 있다고 큰소리지… 돈을 많이 갖다주길 했어, 지가 한 번 이라도 애 교육에 신경이나 써 봤어… 안그래도 외로워 죽겠는데… 밤이면 밤, 낮이면 낮 도대체 제대로 하는 게 없다니까… 들어오기만 해봐라"하며 남편을 향해 이를 갈기도 합니다. 그럴때면, 아이문제가 부부싸움으로 변지고 가정 내 긴장감은 최고조로 올라가지요. 그런 부모를 보는 자녀는 부모가 한심하기도 하고 자기 때문에 생긴 일 같아 미안하기도 해 부모로부터 더 멀리 달아납니다.

텅 빈 집에 홀로 덩그러니 남겨진 중년의 나, 먹다 남은 음식을 꾸역꾸역 먹고 끼니를 때우는 40즈음의 나, 대충 입은 옷과 헝클어진 머리를 한 자신의 모습을 발견 할 때면, 식지 않는 분노는 허탈감과 야속함으로 심보는 고약해지고 심장은 공허감으로 서글픔이 온 몸을 휘감습니다. 외롭습니다. 슬픕니다. 우울합니다. 약해지면 안되지 하며 외출을 위해서 서둘러 거울 앞에 섰지만 오늘 따라 거울 앞에 선 자신의 모습이 왠지 초라하게 느껴지고 낯섭니다. 눈 밑에 그려진 다크서클과 기미들로 탄력을 잃은 피부는 푸석거려 검붉고, 입가의 팔자주름과 미간에 새겨 진 내천자(川)주름은 축 쳐져 늘어지고 어딜 봐도 예전의 젊음은 사라지고 낯선 중년만 있습니다. "언제 이렇게 변해 버린거지! 싫다." 자신만 힘들게 사는 것 같아 화가 치밀어 오르고 자신에게 연민이 생겨 눈물이 흐릅니다. 울어도 울어도 자꾸만 눈물이 납니다. 약해지는 마음에 기운이 빠지고 눕고만 싶습니다. 만사가 귀찮아집니다. 낼 모레면 40인데 이제까지 뭘 하며 살아 온 건지? 또 앞으로 무엇을 하며 살아야 하는 건지? 이대로는 안 될 것만 같아 초조해집니다. 오라는 곳은 없고 가야할 곳은 많은데 자신의 처지가 답답하고 혼란스러워집니다. 낯설게 변해가는 자신이 당혹스럽습니다. 아~~~엄마인 나는 사춘기인가 봅니다.

다음을 순서대로 읽고 각 항목마다 자신과의 해당정도에 따라
'없다 0점/ 가끔 그렇다 1점/ 자주 그렇다 2점' 로 채점을 합니다.

1. 더 이상 가족이 나를 필요로 하지 않는 것 같다.
2. 남들은 뭘 하는지 나만 뒤 처진 것 같아서 답답하다.
3. 하고 싶은 일이 있어도 막상 시작하려면 겁이 난다.
4. 작은 일에도 잘 삐치고 그러는 나 자신에게 화가 난다.
5. 사소한 일에도 화를 내는 일이 점점 많아진다.
6. 지금까지 살아온 인생도 답답하지만 앞으로 무엇을
    어떻게 해야 할지도 막막하다.
7. 외모나 체력의 변화에 위축되고 자신감이 없어진다.
8. 열심히 산다고 살았는데 아무도 알아주지 않는 것 같아 허무하다.
9 . 가족이나 친구와 있어도 외로울 때가 있다.
10. 만사가 귀찮고 그냥 짜증이 난다.
11. 자꾸 죽고 싶은 생각이 든다.
12. 두통이나 소화기 장애 등 만성증상이 계속된다.

7점 이하 : 경미한 사추기 증상입니다. 의욕적으로 생활해보세요.

8~14점 : 사추기 증상으로 삶이 즐겁지 않습니다. 즐겁게 살려는 노력이 필요합
            니다.

15~21점 : 사추기 증상이 완연합니다. 다시 행복한 마음을 갖기위해 가족에게 도움
            을 요청하세요. 그리고 부모교육 또는 취미생활 등 의미있는 활동을 해보시
            기 바랍니다.

22점 이상 : 심각한 사추기 증상에 빠져 있습니다. 전문적인 도움을 받아보시는 것을
            권합니다.

이렇듯 자녀가 사춘기를 겪는 10대에 접어들면 부모도 40즈음이 되어 사추기를 겪게 됩니다. 사추기는 공식학명은 아니지만 사춘기와 대비되는 말로써 사용되는 말입니다. 사추기는 중장년층이 새로이 정신적으로, 육체적으로 변화를 겪는 시기를 이르는 말로 사추기 여성들은 우울증이 증가하고 호르몬의 저하와 맞물려 정신적 육체적으로 변화가 오게 되며 성인이 되어가는 자녀와 사회적으로 바쁜 남편 사이에서 고독해진다고 느끼게 됩니다. 사추기 남성들은 성기능이 떨어지고 큰 힘이던 직장에서 조기 은퇴하게 되는 압박을 이겨내고 살아남아야 하는 고통을 겪으면서 중대한 고비를 맞게 되기 때문에 불안해지고 스트레스가 쌓이지만 공부에 바쁜 아이들과 뒷바라지에 신경 쓰는 아내에게 위로 받지 못한다고 생각하면서 화가 나고 우울해집니다.

사추기에는 여성도 남성도 위기를 겪으며 외로움에 휩싸입니다. 여성에게는 함께 해주고, 살가운 관심과 신체적 접촉이 외로움을 극복할 수 있는 약이 됩니다. 그런데 배우자나 자식은 다 멀리 있습니다. 그래서 밖으로 나가 새로운 관계를 만들고 새로운 커뮤니티로 맴버십을 창출하게 됩니다. 그러나 남성에겐 여성이 다가오는 것이 두려워 외롭습니다. 그래서 일과 가정 이외의 관심사에 몰입하며 에너지를 쏟습니다. 남녀 모두 인생에서 다시 한 번 격동의 바람이 불어 닥치는 시기입니다.

사추기 최악의 변화는 호르몬의 변화입니다. 우리의 몸에는 여성호르몬과 남성호르몬이 모두 있는데 사추기에 접어들면 본래의 성과는 반대인 호르몬의 분비가 급격히 일어나고 호르몬 분비의 불균형적인 과잉활성화 때문에 몸도 마음도 종잡을 수 없는 소용돌이에 휩싸이게 된다고 합니다. 그래서 지금까지 없던 공격적인 면모를 드러내거나 쉽게 짜증을 내고, 쉽게 우울해하며, 그냥 넘어가도 될 사소한 문제에 집착하고 화를 내게 된다고 합니다. 이러한 상황이 지속되면 가족은 슬금슬금 피하게 되는데 그러며 당사자는 '가족은 내가 얼마나 힘든지 관심 없다'며 원망의 마음을 키우게 돼 악순환의 굴레에 빠져들어 가족갈등이 심화될 수 있습니다.

사추기가 되면, 여성은 몸에서 시작해 마음 깊은 곳까지 변화의 태풍이 불어 닥칩니다. 기분이 들쭉날쭉해지며 작은 자극에도 수도꼭지를 틀어 놓은 것처럼 눈물이 나 당혹스럽고 창피해집니다. 갑자기 안좋은 생각만 나고 불안하고 예민해져 걷잡을 수 없는 심경에 벼락 맞은 기분이 듭니다. 자꾸 깜박해서 잊거나 실수를 하고 기억이 흐릿해져 치매에 걸리는 건 아닌가 걱정이 됩니다. 눈도 흐릿해져 작은 글씨가 보이지 않고 바늘귀도 어두워지게 되죠. 그리고 사추기에는 '욱' 하는 성격이 나오고, 전혀 예상하지 못했던 행동을 하기도 하고, 사기가 저하되며, 심경이 복잡해져 잘 못 건드리면 폭발하기도 해 가족갈등이 증폭될 수 있습니다. 부모도 사추기인 자신이 낯섭니다.

이렇게 외로운 엄마 마음을 자녀라도 이해해주면 좋으련만, 대부분의 자녀는 길거리에서 스치는 남보다도 엄마 마음을 몰라주는 것 같습니다. 사춘기 자녀는 사생활에 대한 욕구가 늘어나고 집밖에서 일어난 일을 부모와 공유하려하지 않기 때문에 부모로부터 심리적 독립을 얻으려는 시도로 저항하고 반항하는 모습이 나타나는데 부모의 입장에서 보는 이런 자녀의 특성은 무관심으로 느껴지거나 부모의 권위에 도전한다고 생각해 자녀가 부모를 무시한다고 느껴져 자녀가 야속해질 수 있습니다.

그런데 사춘기와 사추기는 비슷한 정서적인 변화와 신체적인 변화로 격동의 시기를 맞는다는 공통점이 있습니다. 그래서 사추기 부모가 사춘기 자녀에게 너그러워질 수 없다는 게 문제가 됩니다. 그래서 갑작스러운 자녀의 독립선언으로 인해 부모는 마음에 상처를 입거나 심리적 위기를 겪게 됩니다. 특히, 배우자와의 부족한 친밀감을 자녀에게 보상 받아 온 부모나 자녀의 성공을 자신이 못다이룬 성공으로 대리만족해 온 부모라면 더욱 더 상실감이 커질 것입니다. 사추기도 사춘기도 두렵고 외로운 건 마찬가지입니다. 단지 사추기를 겪는 부모는 비슷한 특성을 지닌 사춘기를 겪었던 사람이고 사춘기인 자녀는 그런 경험을 처음 한다는 것 말고는 유사합니다. 그래서 사춘기 자녀를 둔 부모가 쓸쓸한 사추기를 겪음에도 불구하고 부모가 사춘기 자녀를 먼저 품어야 하고, 수용하며 다가가야 하는 이유입니다.

❀ 괜찮아, 다 잘 될 거야

인간 발달 관점에서 볼 때 건강한 발달을 위해서 인간은 전생애 발달에서 5번은 꼭 안아 주어야 한다고 합니다. 그 첫 번째가 3세 이전의 영아기로 안정애착을 형성하는데 필요하기 때문에 무조건 언제나 어디서나 안아주어야 합니다. 부모의 심장소리를 듣고 자랄 수 있도록 꼬~옥 안아 주어야 합니다. 그러면 아이는 안정애착을 형성할 수 있습니다. 안정애착은 삶의 베이스 캠프 역할을 해 이후 생애에서 정서적 안도감을 주고 관계에서 신뢰감을 형성하게 도와줍니다. 그래서 3세에는 부모의 품에 자식을 품어 안아줍니다.

두 번째는 주도성이 발달되는 7살 경으로 흔히 이 시기를 우린 '미운 7
살'이라고 합니다. 고집이 세지고 자기주장이 강해져서 부모를 당혹스럽게
하죠. 그래서 의도하지 않게 아이들의 마음을 놓치고 부모는 자녀에게 뜻밖
의 상처를 주게 됩니다. 이 시기는 아이의 고집스러운 마음을 받아들이고
훈육을 해야 하기 때문에 부모에게도 인내가 필요합니다. 그래서 아이를 많
이 안아 주어야 합니다. 안그러면 부모의 마음에 자신도 모르게 자식에 대
한 미움이 자리 잡을 수도 있답니다. 이 시기에 하는 포옹은 '너를 받아들인
다', '너를 사랑한다', '너는 안전하다'라는 메시지를 주기 때문에 아이는
훈육을 받아들이고 성장할 수 있게 됩니다. 그래서 7세때에는 그럼에도 불
구하고 친절하게 안아주어야 합니다.

그 다음이 사춘기와 사추기 때입니다. 질풍노도의 시기인 사춘기는 외계
인이 되어 도대체 말이 통하지 않습니다. 부모자녀관계는 엇나가고 어긋나
기만 합니다. 그러나 뛰는 가슴은 서로 교감할 수 있기에 '그러련', '그럴 수
도 있지'하며 안아 주어야 합니다. 사춘기에 안아 준다는 것은 곧 접촉을 한
다는 것입니다. 접촉은 교류입니다. 무엇보다도 손끝으로 하는 교감이 효과
적입니다. 그래서 사춘기의 포옹은 악수가 효과적일 수 있습니다. 그리고 왼
쪽 가슴만 닿도록 서로를 안아주는 것으로도 교감됩니다. 심장이 바운스바
운스 너의 소리가 들릴 수 있게, 내 곁에 있어줘서 고맙다는 마음이 전달되
도록 접촉하며 안아줍니다.

그리고 사춘기와 비슷한 정서를 경험하는 사추기에는 외롭습니다. 누구
도 외로운 사추기를 기꺼이 안아주지 않는 상황을 만나는 시기이죠. 그래서

스스로 자신을 안아주어야 합니다. 가장 솔직하게 자신을 만나고 자신을 인정해주고 자신에게 보상을 해줌으로써 포용을 해주라고 말하고 싶습니다. 자신이 하고 싶은 일을 시작하며 자녀를 정서적으로 독립시킬 준비를 해야 합니다. 다시 말해 제3의 인생을 계획하고 준비해 나가는 것으로 자신을 받아들이는 것이 바로 사추기의 포용입니다. 왜냐하면, 자신과 소통하지 못하면 그 누구와도 소통은 어려워지기 때문입니다. 자신이 원하는 방식대로 자신을 사랑하고, 그래서 원기를 회복하여 사춘기 자녀를 만나야 합니다. 서로 안아주기를 바라는 사춘기와 사추기의 만남, 부모가 더 먼저 사춘기 자녀를 안아줌으로써 자녀는 부모로부터 독립하고, 부모는 자녀로부터 독립해야 합니다. 그렇게 부모 자녀는 정서적 탯줄을 잘라야 합니다. 사춘기와 사추기의 포용은 '독립을 위한 의식행사' 입니다.

그리고 마지막이 노년기입니다. 노년기의 포용은 '당신의 노고 덕분에 살 수 있었습니다. 수고하셨습니다. 감사합니다' 라는 메시지를 전합니다. 누구나 한 번은 죽음을 만나게 됩니다. 『염쟁이 유씨』 연극공연에서 주인공 유씨가 진심을 담아 세상에 던지는 대사를 읊조려봅니다. "땅 속에만 묻힌다면 그건 진짜 죽은게 아니지 진짜 죽는다는 건 다른 사람의 가슴속에 묻히는 거야. 아무도 기억하지 않는 죽음이야말로 얼마나 허망한 죽음이겠어! 죽는다는 것을 그렇게 두려워 하지말아, 죽는 것만큼 어려운 것이 바로 산다는 것이지 잘 죽기위해 잘 살아" 노년기의 포용은 살아온 날에 대한 감사와 당신을 기억합니다 라는 존경심으로 부모를 가슴에 세우는 Well-being 그리고 Well-Dying 을 위해 후손이 주는 마지막 선물이 될 것입니다.

이렇듯 자기 자신을 오롯하게 이해하고 보살피는 것은 죽을 때까지의 숙원과제일 것입니다. 그러나 쉽지 않습니다. 자기 자신을 포함해서 누군가를 안을 수 있다는 것은 그만큼의 여유가 있어야 하기 때문입니다. 특히 부모가 자신을 돌본다는 것은 여러 가지 이유로 쉽지 않습니다. 부모는 자식을 위해 희생하고 살기 때문에 자신도 모르게 보상을 받고 싶어 합니다. 그러나 그 희생은 누가 선택한 것이고 그 희생으로 인해 부모에게는 어떤 유익이 있었습니까? 아마도 부모의 희생이 주는 유익이 부모에겐 없고 자녀에게만 오롯이 향해 있지는 않을 것입니다. 부모의 뜻대로 그 희생이 잘 이루어졌다면 희생의 가장 큰 수혜자는 바로 부모일 것입니다. 즉 부모가 선택한 희생 또한 부모 자신을 위한 것임을 잊지 말았으면 합니다. 자기희생에 대한 최고의 보상은 자기 돌봄을 실천하는 것입니다.

철학자 에리히 프롬은 '당신의 존재가 희미해지면 희미할수록, 그리고 당신이 당신의 생명을 적게 표현하면 표현할수록 당신은 그만큼 더 소유하게 되고, 소유하면 할수록 당신의 생명은 그만큼 더 소외된'고 했습니다. 이는 소유로서가 아닌 존재로서 자신을 돌봐야 하는 이유를 설명하고 있습니다. 가지 않은 길에 대한 두려움은 누구나 다 있습니다. 그래도 "괜찮아, 다 잘 될 거야"라고 자기 최면을 걸고 격려와 응원을 하며 힘차게 나아가야 합니다.

지금 곁에 있는 사춘기 자녀를 안아줄 수 있습니까? 안아주고 싶어도 자녀가 거부를 한다고요? 왜 그럴까요? 아이를 안아주어야 겠다는 마음 이전에 과연 자녀는 부모와 같이 포옹을 하고 싶을까를 생각해 보아야 합니다. 그동안 부모 자녀간에 쌓인 역사에 따라 긍정적인 관계가 돼있을 수도 있고 아닐 수도 있기 때문에 부모마음처럼 자녀도 부모를 향해 늘 마음을 열고 있지 않을 수 있다는 것입니다. 그래도 부모는 사춘기 자녀를 안아 주어야 한다는 것을 잊어서는 안됩니다. 아이들은 부모가 안아주는 품안에서 자신에 대한 긍정적인 자아상을 키워나가게 될테니까요.

미국의 교육학자 로젤탈과 제이콥슨의 '교실의 피그말리온' 이라는 실험으로 아이들을 어떻게 볼 것인가하는 문제는 아주 중요하다는 것을 시사해주고 있습니다. 이 연구에서는 샌프란시스코의 한 초등학교 전교생을 대상으로 지능검사를 실시하고 지능검사와는 상관없이 무작위로 명단을 작성해 담임교사에게 이 아이들이 지능이 뛰어나기 때문에 학업성취 향상의 가능성이 높다고 말해주었습니다. 몇 달 후에 다시 지능검사를 해보니 명단에 속한 학생들의 점수가 큰 폭으로 향상되어 있었다는 결과를 보였습니다. 긍정적인 인식은 긍정적인 피드백을 주게 되고 긍정적인 신뢰감으로 긍정적인 기대를 받게 될 때 아이들은 무엇이든 더 열심히 하게 된다는 것입니다. 아이가 스스로 무언가를 해 내길 바란다면 '해라' 라는 잔소리보다는 한 번의 따뜻한 포옹으로 자녀를 인정해주시기 바랍니다. 그러면 다 잘 될 것입니다.

❀ 이만하면 나도 좋은 부모

자식이 있다 하더라도 자식을 사람 만들기 위해 부모 스스로 본이 되지 못한다면 '좋은 부모' 라 할 수 없을 것입니다. 그렇다면 좋은 부모가 된다는 것은 무엇을 의미하는 걸까요? 이 질문에 쉽게 답하긴 어려워도 부모라면 누구나 '좋은 부모'가 되기를 원합니다. 하지만 '좋은'이란 말은 무엇을 의미하며, 누구에게 좋은 것이며, 누구를 위한 좋은 일일까요? 부모 교육을 하다보면 많은 부모들이 자신을 "그래도 이만하면 좋은 부모 아닌가요?"라고 이야기를 합니다. 그런데 아이들에게 부모님에 대한 느낌과 생각을 물어보면 아이들은 이렇게 말합니다. "글쎄요..."하고 말끝을 흐리거나 "짜증나요"하며 화를 내거나 아니면 "..." 부모에 관해서라면 말조차하고 싶지 않다며 외면하기도 합니다. 많은 자녀들의 응답 중에 부모에 대해 호의적인 답변이 많지 않다는 사실에 놀랍니다. 이 둘 간의 생각차이는 어디서 발생된 것이며, 어떻게 해석해야하고, 또 어떻게 그 간격을 좁혀 나가야 하는지에 대한 답을 얻고자 화두를 던져봅니다.

자녀가 10대로 접어든 '사춘기' 자녀라면 그 격차는 더 심각하게 벌어지고 있습니다. 사춘기 자녀를 둔 부모는 사춘기 딜레마에 혼란스럽고 불안해하며 사춘기 부모 쇼크에 빠지게 됩니다. 동시에 자녀는 세상이 두렵고 자신이 받아들여지지 않는다는 믿음에 억울해 하며 부모-자녀는 점점 더 멀어져 갑니다. 많은 연구와 조사에 의하면 대한민국은 OECD가입국 중 현격히 사춘기를 둔 가족의 행복지수가 부모 자녀 모두에게서 동반 추락한다고 합니다. 이는 부모-자녀 모두의 정신건강을 심각하게 위협하고 불안정하게 합니다.

"옆 집 아이가 하는 것이면 내 아이도 빠지지 않게 해주고 싶습니다. 학원을 하나라도 적게 보내면 죄책감을 들기도 합니다. 무리를 해서 돈을 벌더라도 자녀의 뒷바라지는 뒤처지고 싶지 않습니다. 그래서 부모는 돈버는데 바빠집니다. 자녀와 함께 할 시간이 없고 뒷바라지에 바쁩니다. 부모 자녀가 함께 집 밥 먹는 횟수는 줄고, 부모는 미안한 마음이 들어 불편해집니다. 그러한 불편한 마음을 보상하기 위해서라도 자녀의 손에 쥐어주는 돈은 많아집니다. 그럴 땐 돈을 더 벌어야 한다는 부담감이 생겨납니다. 부모는 마음도 몸도 지치고 힘에 부칩니다."

"나이도 먹고 예전 같지 않은데 자식 키우는 것은 고생스럽기만 합니다. 자녀를 돌보는 일에 점점 시간이 부족합니다. 자녀 곁에 부모의 부재는 커져가고 그 빈자리는 다른 것으로 채워집니다. 부모가 있어야 할 자리가 어디인지 부모도 자식도 헷갈립니다. 부모의 빈자리는 커져가고 부모의 빈자리가 커질수록 허기진 마음을 움켜쥔 자녀는 밖으로 떠도는 시간이 길어집니다. 부모는 그런 자녀가 못마땅해집니다. 부모의 희생에 보답하지 못하는 자녀라는 생각에 조급해지고 불안해집니다. 불안이 커갈수록 부모는 자식이 잘못하는 것이 더 많이 보이고 크게 보입니다. 부모는 자식 뒷바라지를 위해 돈을 벌어 희생했다는 이유로 대놓고 자녀를 비난합니다. 자녀는 부모의 빈자리를 부모를 실망시키는 불효자라는 뼈아픈 죄책감으로 채워 나갑니다."

모든 부모는 자기 자식을 사랑합니다. 자식사랑에 둘째가라면 서러울 정도로 사랑합니다. 맹목적으로 사랑합니다. 그리고 자녀를 위해 희생을 합니다. 혼자 벌어서 자녀를 키우기에는 쉽지 않은 사회적 구조에 많은 부모들이 무기력해 집니다. 그래도 어쩌겠냐며 입을 모아 이야기 합니다.

이렇게 부모는 자식을 위해 희생하고 있으니 이만하면 좋은 부모 아니냐고들 합니다. 무엇을 희생하고 있는 것일까요? 부모의 희생이 모두 고귀하다고 할 수는 없을 것입니다. 부모는 자식에게 희생을 하는 대상입니다. 그러나 무엇을 희생할 것인가는 아주 중요한 문제입니다. 당신은 자녀를 위해 무엇을 희생하고 계십니까? 혹여 돈만을 희생하는 것으로서 부모노릇을 대신하려는 잘못된 희생을 하고 있지는 않은지 부모는 되돌아 보아야합니다. 자식을 위해 부모의 시간을 희생해주는 건 어떨까요? 2013년 지역사회교육협의회에서 실시한 부모자녀욕구조사에 따르면 자녀들이 부모에게 바라는 것은 '부모님과 대화를 나누고 함께 하는 시간을 공유하는 것' 이라고 합니다. 시간빈곤(Time poor)시대에 사는 우리들에겐 가장 어려운 일 일수 있지만 부모는 자녀와 함께 밥먹고 대화하고 토론하며 여행하고 데이트함으로써 자녀와 공유할 추억을 위해 '시간희생' 을 해주면 어떨까합니다. 사춘기 자녀는 '돈 잘 버는 부모' 보다 자신을 인정해주고 지지해주고 정서적 지원을 아끼지 않는 기분 좋은 만남으로 '함께 해주는 부모' 를 더 원하고 있다는 것을 잊어서는 안될 것입니다. 좋은 부모는 사춘기 자녀가 부모로부터 멀어져 가는 것을 보고만 있지 않고 자녀에게 부모와 함께하는 시간이 기분 좋은 만남이 된다는 것을 기대하게 해주는 사람입니다.

사춘기 부모의 역할

세상에 존재하는 모든 것들은 변화합니다. 그리스 철학자 헤라클레이스토스는 '그대로 멈춰있는 것은 아무것도 없다. 세상의 모든 것은 변한다. 변하지 않는 것은 오직 만물은 다변한다는 진리뿐이다' 라고 했습니다. 부모의 역할도 자녀의 발달에 따라 성장 · 변화합니다. 부모역할 발달과정을 설명한 대표적인 이론가 엘렌 갈린스키는 자녀가 성장·발달함에 따라서 부모의 역할도 바뀌어야 한다고 했습니다. 자녀들은 부모의 보호를 받아야만 살아갈 수 있는 미완성의 존재로 태어나 독립된 인격체로 성장할 때까지 여러 단계를 거치면서 발달해 갑니다. 갈린스키는 사춘기에는 부모-자녀가 상호의존하는 시기로서 서로의 역학관계를 수용하여야 한다고 했습니다. 사춘기는 자아정체감과 더불어 뚜렷한 신념, 논리, 가치관이 형성되는 시기입니다. 부모는 이전과는 다른 부모-자녀관계를 정립해야 하며, 의사소통도 새로운 방식으로 개선할 필요가 있습니다. 또한 사춘기는 2차 성징이 나타나는 시기이므로 자녀가 성적욕구를 지닌 존재임을 인정하여 자녀의 변화를 받아들이고, 자녀의 합리성과 논리성을 객관적으로 수용하고 지지하는 자세가 필요하다고 했습니다.

발달심리학자 에릭슨은 인간발달을 8단계로 구분해 각 발달단계마다 상이한 발달과업이 주어지고 발달과업을 수행하는 과정에서 누구나 독특한 발달상의 위기를 경험하게 되는데 발달위기를 어떻게 극복해내느냐에 따라서 발달의 결과는 다르게 나타난다고 했습니다. 부모는 자녀가 각 발달과정의 위기를 성공적으로 극복하도록 그 누구보다 큰 역할을 수행해야 합니다. 그러기 위해서 부모는 각 단계별 자녀의 발달과업을 이해해야만 합니다. 그리고 자녀의 발달단계에 따라 부모의 역할의 내용과 상호작용의 방식도 달리하는 노력이 필요합니다. 이러한 부모의 노력이 자녀에게 경험으로 쌓일 때 부모는 자녀에게서 차이를 만들어 낼 수 있습니다. 특별한 아이로, 남과는 다른 차이가 강점이 될 수 있도록 돕는 부모는 지혜로운 부모이고 경쟁력을 갖춘 부모입니다. 사춘기 부모역할 수행을 위한 당신의 경쟁력은 무엇입니까?

사춘기에는 자주 감정에 휩싸여 합리적인 판단을 하지 못하고 편견과 오해에 빠져 괴로워하기도 합니다. 따라서 부모의 권위는 합리성과 객관성만으로는 유지될 수 없고 이성과 감정이 조화된 높은 권위가 요구됩니다. 다시 말해 사춘기 자녀를 둔 부모는 자녀에게 본이 되어 가르쳐야 한다는 것입니다. 부모자녀 사이에도 역학관계가 형성되어 있고, 자녀가 성장발달 할수록 관계에서 작용하는 역학의 크기도 달라집니다. 아래의 그림은 부모 자녀의 역학관계를 나타낸 그림입니다. 음영으로 된 원이 자녀이고 음영이 없는 원이 부모를 나타냅니다. 사춘기 자녀와 부모인 당신의 역학관계는 몇 번에 해당하십니까?

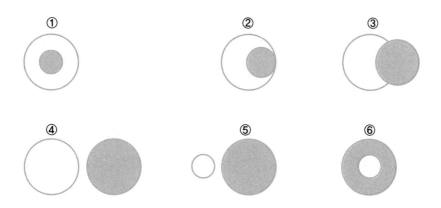

①은 자녀가 부모의 보호를 받으며, 부모의 영향력 안에 있을 때입니다.

②는 자녀가 성장하면서 부모로부터 독립할 준비를 하는 때입니다.

③은 부모로부터 독립을 시도하는 시기입니다.

④는 자녀가 부모로부터 독립된 시기입니다.

⑤는 자녀가 부모에게 영향력을 발휘하는 시기입니다.

⑥은 부모가 자녀에게 보호를 받으며 자녀의 영향력 안에 있을 때입니다.

사춘기 시기에 부모자녀의 역학관계는 ②와 ③에 해당하는 시기입니다. 사춘기는 자녀가 부모로부터 정서적 독립을 준비하고 독립해가는 과정입니다. 그래서 사춘기 부모는 자녀를 몇 살 쯤 독립시킬것인지도 생각해봐야 합니다. 그리고 자녀가 부모로부터 독립이 되었다는 것을 어떻게 알아차릴 수 있는지도 생각해봐야 합니다. 무엇보다도 독립이라는 것은 반드시 준비 과정이 필요하다는 것을 기억해야만 합니다. 자녀를 독립시키기 위해 준비하는 시기가 바로 사춘기 때입니다. 서구명언에 '로마는 하루아침에 이루어지지 않았다' 는 말이 있습니다. 로마는 영토를 넓히기 전에 반드시 그 주변에 집을 짓고 수로를 파서 장기전을 하더라도 괜찮을 정도로 준비를 한 다음 쳐들어갔다고 합니다. 그래서 전쟁을 하는 시기보다도 기틀을 마련하는 시기를 더 길게 서두르지 않았다고 합니다. 철저한 준비가 목적을 달성하게 했다는 뜻을 담고 있는 명언입니다. 사춘기 부모도 자녀가 잘 준비된 상태에서 독립할 수 있도록 부모는 자녀의 독립을 도와야 합니다. 그리고 부모도 자녀로부터 독립할 수 있어야 합니다.

독립한다는 것은 변화를 추구해야 한다는 것입니다. 물론 변화는 고통이 수반됩니다. 그러나 피할 수 없으면 즐기라는 말이 있듯이, 변화의 필요성을 수용하고 변화를 즐기는 모습을 솔선하면 어떨까 합니다. 변화는 곧 도전이고 성장입니다.

나는 부모를 대상으로 하는 강연 중에 다음과 같은 말을 하곤 합니다.

"장담하건데 여러분들은 오늘 제가 살아온 시간 중에 가장 멋진 나를 만나고 있습니다. 저 또한 여러분들을 처음 뵙지만 여러분들이 살아 온 시간 속에서 가장 멋진 여러분을 만난다고 생각합니다. 멋진 여러분과 멋진 내가 만나는 이 순간이 바로 지금입니다. 그러니 멋진 우리들의 만남으로 주어진 지금 이 순간이 어찌 기쁘지 아니하겠습니까?" 그러면 언제나 청중들은 박수와 환호를 열렬히 보내주곤 하셨습니다.

"그리고 약속컨대 앞으로 우리가 다시 만난다면 저는 오늘 보다 더 멋진 모습으로 여러분을 만나게 될 것입니다." 어디선가 터져 나오는 대중의 환호 소리에 강연장에 모인 사람들이 '우리' 라는 이름으로 '하나' 가 될 때, 다음을 덧붙여 강조합니다.

"우리들이 매일 만나는 내 아이들, 매 순간이 그들이 살아온 인생에서 가장 멋진 모습이라고 생각해보십시오. 그리고 내일은 더 멋진 모습이 될 것이라는 믿음으로 자녀를 바라 봐 보십시오. 이 어찌 설레이지 않겠습니까? 그렇게 매순간 자녀와의 만남을 기쁨과 설레는 마음으로 기다리는 부모가 바로 당신이십니다. 그런 당신을 자녀에게 선물해준다면 당신의 자녀는 어떤 성장을 해나가게 될까요? 그리고 그런 부모가 내 부모라는 믿음으로 성장하는 아이라면 어떤 생각이 들까요? 맞습니다. 아이들은 부모와 함께하는 시간이 행복해지고 설레여지고 기대될 것입니다. 부모의 소리를 그리워하는 자녀, 그 아이가 바로 당신의 자녀여야하지 않겠습니까?" 그러면 청중들은 여기저기서 고개를 끄덕여주십니다.

자녀는 부모의 뒷모습을 보고 배운다고 했습니다. 자녀가 지켜보는 부모의 뒷모습은 어떤 모습일까요? 하루도 예측이 어려운 오늘날, 우리는 오늘의 숙제는 오늘 풀 수 있는 태도를 갖추어야 합니다. 누구에게도 내일은 보장되어 있지 않을 수 있습니다. 만약 내게 단 5분의 시간이 남아 누군가에게 한 통의 전화를 해야 하는 급박한 상황이 온다고 가정한다면 당신은 누구에게 무슨 말로 5분을 쓰시겠습니까?

　　제가 아는 한 분은 거듭되는 건강 악화로 이제는 죽는구나 하는 마음이 들자 그렇게 서러울 수가 없었다고 합니다. 이런 끝을 보려고 그렇게 열심히 살았던가하는 후회와 더불어 자녀에게 시간이 없다는 이유로 소홀했던 일들이 떠올라 고통스러웠다고 합니다. 그래서 자신에게 남은 시간이 있다면 그동안 못다한 자식사랑을 실천하고 싶어 하던 일도 사직을 했노라고 했습니다. 그렇게 그 분에게는 신이 허락한 시간이 늘어났고 지금은 건강하게 잘 살고 있습니다. 그래도 그 때 자식을 위해 무언가 할 수 있도록 결단을 내린 것에 감사하고 자기 인생에서 가장 올바른 결정이었다고 말하며 기뻐합니다. 예전에는 아이들이 엄마하면 떠오르는 것이 간장에 비벼준 밥밖에는 없었는데 지금은 동화책도 읽고 요리도 같이하며 살을 부비고 함께 한 시간들을 기억할 수 있게 되어 행복하다고 합니다.

　　오늘 내 아이와 불편한 일이 있었다면 오늘 풀어야 합니다. 만약 자녀를 멀리한 채로 오늘 잠들었다가 내일 눈을 뜰 수 없다면 얼마나 안타까운 일일입니까. 사랑할 수 있을 때 사랑하고, 아껴줄 수 있을 때 아껴주는 용기, 부모인 당신에게 선물하고 싶습니다. 아이가 건강할 때는 절박함이 없다가 아이가 아프거나 위기에 처하면 부모는 비로소 제정신이 들어 '그저 건강하게만 내 곁에 있어다오' 하며 모든 것을 내려놓게 됩니다. 모든 것을 내려놓은 상태로 내 아이를 보면 내 자녀는 더할 나위 없이 소중하고 사랑스러운 아이로 보입니다.

당신에게 자녀와 함께 할 시간이 얼마나 남아 있는 것 같습니까?

지금 40대라면 평균수명으로 따져 볼 때 50년을 더 살 수 있다합니다. 그렇다 하더라도 일하는 시간, 잠자는 시간, TV보는 시간, 밥먹는 시간, 쉬는 시간, 스마트폰하는 시간, 이동하는 시간들을 빼고 나면 얼마나 남아있을까요? 아마도 얼마 남지 않은 시간이라는 것을 알고 깜짝 놀라실 것입니다. 그렇게 짧게 남은 시간, 당신은 당신의 자녀와 지금 어떻게 보내고 계십니까? 사랑도 미루지 말고, 화해도 미루지 말고, 지금 여기서 서로에게 다가가는 만남의 시간을 가져보시기 바랍니다. 나중이라는 핑계는 이제 그만, 찬란한 미래의 부모 자녀모습을 그리며 아름다운 동행으로 사춘기 자녀와 손잡고 나가야 합니다.

❀ 권위적인 부모 NO, 권위있는 부모 YES

사춘기 자녀를 둔 부모의 역할은 달라져야 한다고 합니다. 자녀가 원하는 좋은 부모, 부모가 희망하는 좋은 부모, 그런 좋은 부모됨을 위해 우리는 정확히 무엇을 어떻게 준비해야 하는지를 살펴보아야 합니다. 다른 동물과 다르게 사람은 20여년간의 양육기간이 필요합니다. 완전체로 태어나지 않고 미완성체로 태어났기 때문에 부모에 대한 의존도가 그만큼 크다고 할 수 있습니다. 어린 자녀들 눈에 부모는 무엇이든지 다되게 해주는 신과 같은 존재로 보입니다. 자녀가 나이를 먹고 커갈수록 부모는 안전기지와 울타리의 역할을 하게 됩니다. 부모는 자녀의 뿌리이자 하늘이기에 아이들이 가장 믿고 따르는 사람, 따르고 싶은 사람입니다.

내가 만난 아이들을 통해서 볼 때, 아이들이 가장 존경하는 사람과 존경하고 픈 사람은 바로 '부모'였습니다.

그러나 현실에서 아이들은 엄마의 잔소리와 아빠의 무관심에 짜증을 내기 때문에 사춘기는 부모의 권위적인 행동을 부정하고 반항하며 권위적인 사랑을 거부하는 것처럼 보입니다. 또한 부모는 자녀가 보이는 권위에 도전하는 언행에 분노하고 위기의식을 가지며 버릇을 고치려고 조급해져 양육 실수를 하게 되는 것 같습니다. 그러나 사춘기 자녀를 둔 부모는 다른 시기와는 달리 자녀의 멘토로서의 역할을 수행해야 하기 때문에 '권위적인'이 아닌 '권위 있는' 존재이어야 합니다.

멘토란 원래 그리스 신화에 나오는 사람의 이름으로 오디세우스 왕이 트로이 전쟁에 나가면서 가장 절친한 친구인 멘토에게 아들의 교육을 부탁했다는데서 유래됩니다. 이에 멘토는 그로부터 10여년 동안 왕자의 친구이자, 상담자, 아버지로써 그가 훌륭한 리더가 되도록 지도했고, 오디세우스 왕이 트로이 전쟁을 끝내고 다시 돌아 왔을 때, 왕의 아들은 놀라울 정도로 훌륭하게 성장해 있었다고 합니다. 그래서 오디세우스 왕은 자신의 아들을 훌륭하게 교육시킨 친구를 '멘토'라 부르게 되었고 이후 '멘토'는 상대보다 경험이 많은 사람으로서 상대방의 잠재력을 파악하고 그가 꿈과 비전을 이룰 수 있도록 도와주는 스승, 인생의 안내자 등의 의미로 사용되기 시작했습니다.

사춘기 자녀에게는 멘토형 부모가 필요합니다. '멘토형 부모'는 부모의 삶의 경험과 통찰로 얻은 지혜를 바탕으로 자녀를 한 개인으로서 존중하고, 자녀는 무한한 가능성을 지닌 창의적 존재이며, 자녀가 해결해야할 발달과업의 해답은 자녀안에 있음을 믿고 자녀가 성장할 수 있도록 지지하고 안내해주는 파트너십을 가진 사람을 말합니다. 다시 말하면, 영향력 있는 타자로서 권위를 갖춘 부모라는 것입니다. 권위의 사전적 의미를 보면, 권위란 어떤 분야에서 사회적으로 인정받고 영향력을 행사할 수 있는 능력이나 위신을 말합니다.

사춘기 자녀를 둔 부모의 권위란 무엇을 말하는 것일까요? 장자편에 보면 '목계지덕'이란 말이 있습니다. 이 목계지덕은 사춘기 부모의 '권위있는 멘토의 길'을 잘 설명해주는 말이라고 생각합니다. 권위있는 부모는 자녀에 관한 문제에서 부모의 생각과 주장을 앞세우기 보다는 먼저 자녀의 말에 귀를 기울입니다. 그리고 권위있는 부모는 자신의 의견을 이야기하고, 자녀와 함께 의논하는 대화상대가 되어 줍니다. 혹시 자녀가 약속을 지키지 않을 때에도 자녀가 선택한 결과에 대해 논리적 결과, 자연적 결과를 체험하게 해 책임지도록 합니다. 무엇보다도 권위있는 부모는 자녀가 부모의 사랑을 느낄 수 있게 보금자리를 만들며, 자녀가 부모의 사랑에 감사함을 느끼고 보답할 수 있게 한다는 것입니다. 이로 인해 자녀는 스스로 결정을 내리고 책임을 지는 연습을 할 수 있는 자립심을 키우고 심리적, 행동적 문제를 잘 이겨내며 자기 자신을 신뢰하게 되어 건강한 성장발달을 돕는다는 특성을 갖고 있습니다. 사춘기 자녀를 둔 부모는 권위적인 것과 권위있는 부모의 역할을 분별할 수 있는 지혜가 필요합니다. 그리고 무엇보다 자녀로부터 위엄이 있는 그러나 따뜻한 부모라는 인상을 남기는 것이 중요합니다.

목계지덕(木鷄之德)

기원전 8세기경에 중국의 주나라 선왕은 닭싸움을 매우 좋아하였다. 선왕은 당대 최고의 투계 조련사인 기성자에게 최고의 싸움닭을 만들어 달라며 자신의 닭을 맡겼다. 열흘이 지나자 선왕은 닭싸움에 보낼 수 있겠느냐며 기성자에게 물었다. 이에 기성자는 닭이 강하기는 하나 교만하여 자신이 최고인줄 안다며 아직 멀었다고 답했다. 열흘이 또 지나자 왕은 이제 그 닭을 싸움판에 내 보낼 수 있겠느냐며 묻는다. 기성자는 교만함은 버렸으나 상대방의 소리와 행동에 너무 쉽게 반응을 하기 때문에 인내심과 평정심을 길러야 할 것 같다고 말을 했다. 다시 열흘이 지난 뒤 왕은 이제 싸움에 내보낼 수 있겠느냐고 물었다. 하지만 기성자는 조급함은 버렸으나 눈초리가 너무 공격적이라 눈을 보면 닭의 감정 상태가 다보인다며 아직은 힘들다고 답했다. 싸움닭의 조련을 맡은 지 40일이 지나자 기성자는 왕을 찾아왔다. 그는 왕에게 이제 다된 것 같다며 상대방이 아무리 소리를 지르고 위협해도 반응하지 않고 완전히 편안함과 평정심을 찾았다고 보고 했다. 마치 나무로 만든 닭처럼 어떤 닭이라도 바라보기만 해도 그 위엄에 도망칠 것이라 말했다고 한다. 장자는 목계지덕의 권위와 위엄을 갖추기 위한 조건으로 아래의 세 가지를 들었으며, 교만함과 조급함 그리고 성냄의 눈빛을 완전히 극복한 사람이 목계의 덕을 가진 권위자라 한다.

첫째는 자신이 제일이라는 교만함을 버려야 한다.

둘째는 상대방의 말과 위협에 민감하게 반응해선 안된다.

셋째는 상대방에 대한 공격적인 눈초리를 버려야 한다.

-장자, 달생편 중에서-

❀ 깨어있어 지혜로운 사춘기 부모

　내가 부모들과 함께 부모코칭을 통해 서로 위로하고, 고민하고 공부하며 부모들의 선생이 될 수 있는 데는 세 분의 은사님 덕분입니다. 한 분은 발달심리학을 바탕으로 자녀를 이해할 수 있도록 학자로서 눈뜨게 해주신 김광웅 교수님으로 언제나 학자로서 바른 길을 걷도록 지금도 마음 속 채찍이 되어주시는 분입니다. 그리고 코치로서 성장할 수 있도록 언제나 겸손하게 파트너십을 보여주시는 한국코치협회 부회장이신 서복선 코치님은 항상 할 수 있는 일을 할 수 있도록 곁을 내어주시는 분으로 성장의 기쁨을 주시는 분이십니다. 마지막으로 부모를 위한 부모에 의한 부모의 삶을 사는 것이 얼마나 축복이며 기쁨인지 몸소 실천으로 보여주시는 이소희 교수님은 항상 깨어있어 지혜로운 부모가 되라고 기도로서 응원해주시는 분이십니다. 덕분에 오늘도 부모로 살아가면서 실수투성이인 내게 그럼에도 불구하고 '깨어있어 지혜로운 부모'로 다시 일어날 수 있는 힘이 되어주시고 계십니다.

　부모노릇도 배우면 더 잘할 수 있습니다. '사춘기 자녀를 둔 부모의 품격', 사춘기 부모노릇에 대한 배움은 지식뿐 아니라 마음으로 느끼고 행동으로 변화할 수 있는 실천의 지혜가 동반된 배움이어야 합니다. 부모는 '학이시습지 불역열호(學而時習之 不亦悅乎 : 배우고 때때로 익히면 또한 기쁘지 아니한가)'라는 공자의 말씀으로 배움을 실천합니다. 배우고 익힌다는 것은 기쁨을 줍니다. 배움과 실천을 통해 부모는 자녀에게 '인생을 살아보니 참 맛나더라'는 것을 깨닫게 해주고, 부모로서 멋지게 살아가는 모습이 자녀에게 귀감이 된다면 이어찌 기쁘지 않겠습니까.

'내 주머니 속에 없는 것을 나누어 줄 수는 없다' 는 라틴속담이 있습니다. 부모는 자식에게 가진 것만을 줄 수 있고, 자식에게 준 것만이 오롯이 부모의 것이었다는 사실을 깨달아야 합니다.

자녀에게 주고 싶고 주어야 할 것이 있다면 먼저 부모인 자신이 그것을 가지고 있어야합니다. 꿈꾸게 하고 싶다면 먼저 꿈꾸는 부모가 되어야 하고, 자녀에게 행복한 삶을 선물하고 싶다면 먼저 부모 자신이 행복하게 살고 있어야 합니다. 무엇보다 공부를 열심히 하는 습관을 자녀에게 만들어주고 싶다면 먼저 부모가 공부하는 습관을 가져야 합니다. 왜냐하면 자녀는 부모의 뒷모습을 보고 배우기 때문입니다.

踏雪野中去　不須胡亂行　今日我行跡　遂作後人程
답 설 야 중 거　불 수 호 난 행　금 일 아 행 적　수 작 후 인 정

눈 내린 들판을 걸어 갈 때는 그 걸음을 어지럽게 걷지 마라.
오늘 걷는 나의 발자국은 반드시 뒷사람의 이정표가 될 것이다.

이 글은 나의 어머님이 부모의 길을 가는 딸에게 서툰 먹글씨로 써서 준 서산대사의 글로 부모교육을 하는 선생의 길을 가는 내겐 지침의 글이기도 합니다. "이렇게 어려운 길을 가야하는 네가 안쓰럽고, 엄마지만 네게 큰 도

움이 되지 못해 미안하다. 그동안 잘 자라준 딸아 고맙고 감사하다. 너를 생각하며 이글을 썼노라"하시며 "부모교육을 하는 선생이 될 때는 그들을 가르치기 보다는 네 자신이 곧 글이 되고, 네 삶이 곧 전하고자하는 내용이 되어야 한다"며 바른 실천을 하는 부모이자 선생이 되라며 "우리 딸 고생스러워 어떻게 하지. 그래도 엄마는 네가 대견하다"며 제 등을 토닥여주시면서 건네준 글입니다. 내겐 의미가 깊은 글이고 지금도 연구실 벽면에 붙어서 제게 나침반이 되어주는 글입니다.

깨어있어 지혜로운 부모가 되기 위한
실천덕목

부모는 평생학습자입니다. '콩 심은데 콩 나고 팥 심은데 팥 난다' 는 속담이 있습니다. 콩을 땅에 심으면 콩나무가 되고 콩을 시루에 넣으면 콩나물이 됩니다. 근본을 알고 쓰임에 따라 짓는 것이 농사입니다. 농사 중 가장 힘든 농사는 자식농사라고 합니다. 귀농을 하면 가장 먼저 하는 일이 농사법을 배우는 것이라고 합니다. 자식농사를 짓기 위해 부모로 귀농했는데 많은 부모들이 농사법을 배우지 않습니다.

옛날에 한 농부가 있었습니다. 벼를 심어 놓고 매일 논에 나가 벼가 얼마큼 자랐나 바라보곤 했습니다. 어느 날 자세히 보니 옆집 논의 벼가 더 큰 것 같았습니다. 농부는 자기 논의 벼를 더 크게 키우고 싶어서 안달이 났습니다. 아무리 기다려도 잘 자라는 것 같지 않자 농부는 기다리다 못해 벼를 한 포기씩 잡아 당겼습니다. 그리고 나서 보니 옆집 논의 벼보다 훨씬 키가 커졌습니다. 농부는 만족했습니다. 하룻밤을 자고 나서 보니 벼는 도로 주저 않아 여전히 키가 작았습니다. 농부는 또 벼를 잡아 당겨 키를 키웠습니다. 다음 날은 조금 더 세게 잡아 당겼습니다. 농부는 다음 날도 그 다음 날도 계속 잡아 당겼습니다. 그런 던 어느 날 벼는 그만 뿌리가 뽑혀 쓰러지고 말았습니다.

자식농사를 위해 공부하지 않는 부모는 자신의 선입견과 경험으로 자식의 행복을 좌지우지하려 하고 자신의 잣대에 맞추어 자녀를 생각하며 자녀가 원하든 말든 잘못된 지도와 나침반을 주려는 확률이 높아집니다. 잘못된 지도를 주고 생색내느니 차라리 주지 않는 게 더 낫습니다. 그러나 공부하는 부모는 변화에 대한 인식의 중요성을 깨닫습니다. 부모는 신이 아니기에 틀릴 수 있고 실수할 수 있음에 대해 부끄러워하지 않고 자녀의 피드백을 받아들입니다. 부모에게 있어 공부는 지식을 넘어 지혜로운 실천을 가져다주는 깨닫는 배움입니다. 자녀에 대해 연구하지 않는 부모, 자녀의 성장을 위해 전략을 세우지 않는 부모, 자녀의 됨됨이를 위해 부모 자신을 변화시키지 않는 부모, 자녀만 공부하라고 내모는 부모는 모두 지혜롭지 않은 부모입니다.

자녀의 발달단계에 따라 부모의 역할도 변합니다. 그래서 부모는 배워야 합니다. 부모노릇도 배우면 더 잘 할 수 있습니다. 부모노릇도 노력하면 더 잘할 수 있습니다. 부모노릇도 즐기면 더 행복해질 수 있습니다. 평생학습자로서 부모, 지금 바로 책가방을 들고 공부하러가야 합니다.

부모는 자식바보입니다. '탈무드'에 나오는 이야기입니다. 한 아버지가 다음과 같은 유서를 썼습니다. '나의 재산 전부를 아들에게 준다. 그러나 아들이 진짜 바보가 되기 전에는 유산을 상속할 수 없다.' 이 소식을 듣고 랍비가 그에게 물었습니다. '당신은 납득할 수 없는 유서를 썼군요. 도대체 당신의 아들이 진짜 바보가 되기 전엔 재산을 줄 수 없다니, 무슨 이유라도 있나요?' 그러자 그는 갈대 하나를 입에 물고 괴상한 울음소리를 내면서 마루 위를 엉금엉금 기어 다녔습니다. 그가 암시한 것은 자기 아들에게 아이가 생겨 그 자식을 귀여워하게 되면, 자신의 재산을 상속시켜준다는 뜻이었습니다.

부모들은 자식을 위하여 모든 것을 희생합니다. '아들바보', '딸바보'라는 말이 유행하고 있습니다. 이 말은 아들이나 딸이 바보라는 말이 아니고, 부모가 아들과 딸을 사랑하는 것이 마치 바보처럼 사랑한다는 말일 것입니다. 언제나 부모는 자녀를 사랑하고 좋아한다는 것입니다. 눈에 넣어도 아프지 않은 게 자식이라고 했던가요. 눈을 감고 자식의 모습을 그려보십시오. 어떻게 그려지고 있나요? 자녀를 위해 기꺼이 바보가 되어주면 참 좋겠습니다.

부모는 자식을 반깁니다. '반갑습니다'의 '반'의 뜻은 '당신은 하늘에서 내려온 온전한 사람입니다'라는 순수 우리말입니다. '반갑습니다'는 '당신은 반과 같습니다'라는 말이 줄어서 된 말이죠.

부모는 늘 자식이 돌아 올 자리를 남겨두고 자식을 기다립니다. 자식이 어떤 옷을 입고 오던지 간에 자식을 반깁니다. 가장 귀한 음식을 비축하고 가장 따뜻한 밥상으로 자식을 반겨줍니다. 그게 바로 부모입니다. 지금은 고인이 된 나의 시어머님의 자식 사랑은 지극하셨습니다. 100수를 바라보는 연세에도 자식이 오면 가장 먼저 버선발로 뛰어 나와 자식을 반기셨습니다. 세상살이가 힘들어 질수록 시어머님의 빈자리가 더욱 더 그립습니다. 어떤 모습을 하고 가든 언제라도 반겨주실 그분이기에 더욱 그립습니다. 물질적인 재산을 남기지는 않으셨지만 그래도 돈으로 살 수 없는 사랑을 받고 있다는 유산을 자식들에게 남겨주신 것에 감사합니다. 부모님께 받은 사랑의 힘으로 오늘도 거침없이 세상을 만나며 사람과 더불어 살아가고 있습니다.

부모는 자식과 함께 동반성장을 합니다. 젊어서는 몸이 아름다운 여인으로 나이를 먹어가면서는 마음과 실천이 아름다운 사람으로 기억되는 영화배우 오드리 햅번, 그녀가 세상을 떠나기 1년 전인 1992년 크리스마스 이브 때 아들에게 들려준 자기가 좋아하던 샘 레븐슨의 아름다움의 비결이란 시를 소개합니다.

"아름다운 입술을 갖고 싶으면 친절한 말을 사용하라.
사랑스런 눈을 갖고 싶으면 사람들에게 좋은 점을 보여주어라.
날씬한 몸매를 갖고 싶다면 음식을 배고픈 사람과 나누어라,
아름다운 머리카락을 갖고 싶다면 하루에 한 번 어린이가 손가락으로
너의 머리를 쓰다듬게 해라.
아름다운 자세를 갖고 싶다면 결코 네가 혼자 걷고 있지 않음을 명심하라.
사람들은 상처로부터 복구 되어야 하며, 낡은 것으로부터 새로워져야 한다.
병으로부터 회복되어야 하고, 무지함으로부터 교화되어야한다.
고통으로부터 구원받고 또 구원받아야 한다.
결코 누구도 버려져서는 안된다.
기억하라. 만약 내가 도움을 주는 손이 필요하다면 너의 팔 끝에 있는
손을 이용하면 된다.
네가 더 나이가 들면 손이 두 개라는 것을 발견하게 된다.
한 손은 너 자신을 돕는 손이고, 다른 한 손은 다른 사람을 돕는 손이다."

유서가 된 이 시는 지금도 많은 사람들에게 읽히며 아름다운 향기의 여운을 줍니다. 생각해봅니다. 부모는 자녀에게 어떤 유서를 남길 수 있을

까요? 부모라는 이름으로 살아가는 삶, 매일 매일 자녀가 성장하는 모습을 볼 수 있다는 건 부모만이 갖는 기쁨이고 축복입니다. 그리고 오늘보다 더 나은 모습으로 거듭나는 성장을 향해 내 자녀가 어떻게 변화할까를 기다리는 건 설레임입니다. 부모만이 자식과 함께하며 자식을 통해 부모 노릇에 대한 기쁨과 설레임을 경험할 수 있습니다. 어디를 향해 갈 것인지, 무엇을 위해 살 것인지에 대해 꿈 꿀 수 있도록 자녀를 도와주고, 그 꿈을 가꾸어 갈 수 있도록 자녀와 함께 동반하는 부모가 지혜로운 부모입니다. 가수 보아의 어머니는 『황금률』에서 이렇게 말하고 있습니다. "부모는 아이가 잘 할 수 있는 일을 찾아 격려하고, 그 길을 열어 주기 위해서 최선을 다하는 것이다. 아이가 좋아하는 하는데는 이유가 있다. 그것을 막지 않았던 것 그게 내가 한 유일한 일이었다, 그렇게 보아는 탄생했다."

부모는 자식에게 위대한 유산을 남깁니다.

부모는 자녀에게 가진 것만을 줄 수 있고 준 것만이 오롯이 부모의 것입니다. 자녀는 부모로부터 존재를 선물 받습니다. 어떠한 이유에서건 부모 없이 존재하는 자식은 없으니까요. 부모는 최선을 다해서 자식을 사랑하고 자식은 그런 부모에게 감사할 줄 알아야 합니다. 부모에 대한 사랑과 감사가 자리 잡히지 않은 자녀는 사회생활에서 타인과의 관계가 원만해질 수 없습니다. 무조건 받고자 하는 자녀는 이기적인 존재로 자라날 가능성이 높습니다. 천상천하유아독존의 성품을 갖춘 아이로 성장시키고 싶지는 않을 것입니다. 받으면 줄 줄 알고, 받지 않아도 보살필 줄 아는, 자신이 가진 것에 기뻐하며, 더 많은 사람들과 나눔의 가치를 알고 실천하는 따뜻한 아이가 필요합니다.

　사례를 하나 들어보겠습니다. 공부를 잘하지만 매사에 정확하고 차가운 첫째아이와 공부는 썩 잘하진 못하지만 따뜻한 둘째 아이를 둔 부모가 있습니다. 첫째아이는 좋은 직장에 취직해서 돈도 잘 벌고 안정적입니다. 둘째 아이는 다소 직업을 찾는 데 어려움이 있었지만 중소기업에 취직을 해 열심히 다니며 인정을 받습니다. 이 부모에게는 늘 큰 아이가 자랑거리였습니다. 부모가 늙어 병이 들었을때, 부모가 아프다는 말에 먼저 달려온 자식은 누구였을까요? 둘째였습니다. 그러고 보니 둘째 아이는 사랑으로 키우고 첫째 아이는 보람으로 키웠던 것 같다는 고백을 합니다. 자식은 키운 대로 자랄 확률이 높습니다.

　우리는 잠시 멈추어 서서 자녀를 공부만 잘하는 이기적인 아이로 키우고 있지 않은지 돌아봐야 합니다. 공부를 잘하는 이기적인 사람은 더 많은 사람을 해롭게 합니다. 부모는 자식을 사람으로 만드는 아주 위대한 일을 하는 사람입니다. 자녀를 사랑하는 부모는 부모가 가졌기 때문에 자녀에게 줄 수 있는 가르침을 실천합니다. 자녀는 부모의 가르침을 통해 인품을 갖춘 사람으로 성장 · 발전해 나갈 것입니다. 부모는 사춘기 자녀를 잘 가르침으로 자녀를 독립시켜야 합니다. 그리고 자녀가 독립되었을 때의 모습에 부모는 책임을 져야 합니다.

사춘기 딜레마란 어른인 듯 어른 아닌 어린이 같은
10대 청소년들의 무섭고 거칠 것 없는 질풍노도의
심리상태에 대한 양 갈래의 방향성을 말합니다.
건강한 성장이냐 아니면 어긋난
일탈이냐의 양 갈래 길, 사춘기 딜레마.
사춘기 딜레마를 극복하고 멋진 청년으로
성장을 할 수 있도록 부모는 사춘기 자녀를
인내심을 갖고 도와주어야 합니다.

03

사춘기, 넌 누구니?

현명한 사람은 모든 것을
자신의 내부에서 찾고 어리석은 사람은 모든 것을
타인들 속에서 찾는다.

-공자-

A n g r y
Young mom
| 03 |
H u n g r y

사춘기, 넌 누구니?

사춘기는 과거 세대도 겪고 지냈고, 미래 세대도 겪고 지낼 것입니다.
그런 사춘기를 지금 내 아이가 겪고 있는 것입니다.
이상할 것 하나도 없는데 말입니다 그런데 두렵고 피해가고 싶습니다.

사춘기에 접어들면 아이들의 정서와 생각 그리고 행동은 사춘기 이전과 확연히 달라집니다. 겉보기에는 다 큰 성인 같지만 하는 행동은 때때로 6살 아이 같기도 합니다. 그런 아이를 보는 것은 부모에겐 기가 막힐일인 때도 있습니다. 왜냐하면 부모는 아이의 겉모습만 보고 사춘기 자녀를 성인으로 기대하기 때문입니다. 이러한 사춘기 자녀에 대한 인식과 기대의 괴리는 부모와 자녀의 치열한 독립전쟁의 서막을 알리는 요란한 소리를 냅니다. 사춘기는 방황의 시기입니다. 사람은 누구나 사춘기라는 터널을 지나 성인이라는 정류장에 안착합니다. 사춘기 터널은 어둡고 음산하며 강렬하고 매혹적이며 때로는 잔인하기까지 합니다. 그래서 사춘기라는 터널을 모두가 다 건강하게 빠져나오지는 못하는 것 같습니다. 그러나 사춘기 터널을 건강하게 빠져나오면 성장이라는 훈장을 달게 되고, 그렇지 않으면 일탈이라는 꼬리표를 달게 됩니다. 그럼에도 불구하고 10대 청소년들은 사춘기라는 터널을 통과해야만 합니다. 그리고 그 터널을 통과 했을 때는 반드시 몸과 마음이 모두 부모 곁에 뿌리를 내리고 서있어야 합 니다. 다시 말해서 사춘기라는 터널을 빠져 나왔을 때 자녀와 부모는 되돌 아올 수 없는 머나 먼 관계가 되어서는 안된다는 것입니다. 그래서 사춘기 자녀를 둔 부모의 최대 양육목표는 내 아이를 내 곁에 독립적으로 세우기입 니다. 부모는 자녀의 편이 되어주고 곁이 되어주는 것으로서 독립시키고 세 워야 합니다. 목표를 향한 전진은 쉽지 않습니다. 말도 많고 탈도 많고 걸림 돌도 많을 것입니다. 그러나 '혼자가면 빨리 갈 수 있지만 함께 가면 멀리갈 수 있다' 는 말이 있습니다. 사춘기 자녀와 함께 동반성장하는 부모가 있다 면 사춘기 자녀는 건강한 성장을 이루게 될 것입니다. 그러기 위해서 먼저 사춘기 부모는 사춘기에 대한 이해가 필요합니다.

사춘기는 과거 세대도 겪고 지냈고, 미래 세대도 겪고 지낼 것입니다. 그 런 사춘기를 지금 내 아이가 겪고 있는 것입니다. 이상할 것 하나도 없는데 말입니다. 그런데 두렵고 피해가고 싶습니다. 부모는 사춘기를 겪어 봤으니 까 자녀의 사춘기를 더 잘 이해 할 수 있을 것이라고 착각을 합니다. 그러나 현실에서는 그렇지 않은 게 문제입니다. 부모 세대의 사춘기는 자녀 세대의 사춘기와 다른 것 같아 낯설고 별나서 힘이 듭니다. 그래서 부모는 사춘기 에 대한 오해가 많습니다. 사춘기는 건드리지 않는 것이 상책이다, 내버려 두면 낫는다, 생각이 없는 아이들이니 크게 바라지 말아야 한다, 사춘기 아이들과는 말이 안통하니 말로 하려하지 말고, 기를 꺾어 놔야 된다는 등 부모는 평범한 사춘기를 '병'으로 만들어 자녀의 일탈에 면죄부를 주고 있지 않나 점검해 봐야 합니다.

사춘기에는 호르몬의 변화와 뇌 발달에 영향을 받아 사춘기만의 독특한 특성을 나타냅니다. 사춘기의 대표적인 특성을 살펴보면, 시간관념이 부족하고, 말과 행동이 일치하지 않으며, 감정과 논리 사이에서 타협하고 균형을 잡는 방법을 배우기 시작하기 때문에 그들은 예측하고 종잡기가 어렵습니다. 뇌의 변화로 인해 욕구나 행동이 변하며, 아동기나 성인기보다 많은 잠이 필요하게 됩니다. 그리고 발달심리학적으로 볼 때, 본인들이 불멸의 존재라고 생각해, 10대들의 80%가 한 달에 한 번 이상 위험한 행동을 하기도 한다고 합니다. 말을 해석하는데 오해를 일으키기도 하고, 정확한 판단을 근거한 가치구분 능력이 떨어지며, 자신의 행동의 결과를 알아차릴 능력을 갖추지 못하기도 합니다. 특히 아직 아동이기에 생활환경의 독소와 스트레스에도 취약합니다. 그러나 사춘기 아이들은 고등사고과정을 통해 의사결정방법을 배우며, 극단적으로 이상적이며, 자신의 정체성과 자율성을 확립하려고 애씁니다.

심리학자 엘킨트는 사춘기 자녀는 자신만의 독특한 세계와 타인의 보편적인 세계를 구별하지 못하는 특성을 갖고 있고, 그들은 자신을 특별한 존재라는 착각에 빠져들게 되며, 자신이 우주의 중심이라고 믿을 만큼 강한 자의식을 보이는 자아중심성이 나타난다고 했습니다. 이러한 자아중심성을 엘킨트는 상상적 청중과 개인적 우화라는 두 가지 특성으로 나누어 설명하고 있습니다.

🍀 사춘기의 착각, 상상적 청중

"아이 짜증나, 머리가 너무 짧잖아"

"괜찮은데 뭐"

"괜찮긴 뭐가 괜찮아, 봐 얼굴이 너무 크게 보이잖아"

"내 눈에는 예쁜데..."

"엄마는 엄마니까 그렇지 다른 사람들은 이상하게 본단 말이야"

"다른 사람 누구?"

"있어! 엄마는 알지도 못하면서 뭐"

아침에 늦잠을 자고 일어나 등교시간이 빠듯한데도 아침밥 먹고 학교 갈 생각은 안하고 벌써 한 시간째 거울 앞에서 머리를 눌렀다 잡아당겼다, 왁스를 바르기도 하고 다시 감기를 하는가 하면, 핀을 꽂았다 뺐다 머리랑 씨름중입니다. 그런 아이를 보며 한심하기도 하고 지각할까 걱정이 되어 두고 보기가 쉽지 않습니다. 밥 한 숟가락이라도 먹여 보내려는 모성은 지극정성을 넘어 지긋지긋한 정성으로 치부당하기 일쑤입니다. "괜찮아, 예뻐! 그러니 어서 와서 밥이나 먹어" 말 한마디가 끓는 기름에 불을 붙이듯, "알지도 못하면서 난리야" 하며 신경질적으로 쏘아 붙이고 토라져 밥은커녕 눈도 안 마주치고 대문을 쾅 닫고 나가버리는 아이의 뒷모습을 허탈하게 지켜봐야 하는 경우도 있지 않으셨습니까?

내가 진로코칭을 했던 중학교 3학년 남자아이의 이야기입니다. 이 아이는 머리에 스프링 머리띠를 하고 다니는 동네에서 아주 유명한 남학생이었습니다. 공부도 잘 했지만 리더십도 있었고 특별하게 청중을 기쁘게 만족시켜주는 이야기 능력을 지녔습니다. 그래서 어디서나 누구에게나 환영받고 인정을 받았지요. 그 아이의 이름은 몰라도 머리띠하고 다니는 남학생은 동네가 다 알 정도였답니다. 그런 자신을 과시하기라도 하듯 항상 이마를 들어내고 보란 듯이 머리띠를 하고 학교와 동네를 누볐답니다. 그랬던 아이가 중학교를 졸업하고 고등학교에 입학 후 고등1학년 말쯤 다시 진로코칭을 위해 나를 찾았을 때입니다. 반듯하게 내려앉은 머리가 내가 알고 있던 아이가 아니었습니다. "왜 머리띠는 안하고 왔니?"라고 묻자 그 아이는 "에이, 코치님! 그 얘기는 꺼내지도 마세요. 그때를 생각하면 내가 왜 그랬는지 정말 창피하다니까요?"하면서 허허 웃는 것입니다.

사춘기의 많은 아이들이 스타의식을 갖고 있다고 합니다. 아무도 자신에게 관심이 없는데도 불구하고 모든 사람들이 자기만을 보고 있다는 착각에 빠지게 됩니다. 그들은 과장된 상상적 청중을 의식하며 살아갑니다. 청중에 보답하는 길은 밥을 굶더라도 자기가 원하는 모습대로의 외모에 신경 써주는 것입니다. 왜냐 하면 자신이 원하는 자신의 외모가 곧 상상적 청중들이 원하는 팬심이라고 굳게 믿기 때문입니다. 상상적 청중을 즐겁게 하기 위해 많은 시간과 노력을 투자하여 자신을 꾸미고, 타인은 전혀 눈치 못채는 작은 단점이나 실수에도 크게 번민합니다. 상상적 청중이 보는 앞에서 자신의 이미지와 위상이 손상되는 건 배고픔보다도 견디기 힘든 일이기 때문에 팬심을 향한 자신의 노력에 대해 부모가 하는 작은 비난에도 심하게 분노를 보이기도 한답니다.

상상적 청중은 중학교 때 가장 심하게 나타나며 이후 서서히 감소한다고 합니다. 서양의 경우에는 16세경부터 자아중심성에서 벗어나는데 반해, 우리나라 아이들은 대학교 1학년까지 지속된다는 연구보고도 있습니다. 이러한 결과의 차이는 중·고등학교 시기에 다양하고 적절한 인간관계 경험을 갖지 못하며, 자아정체성 탐색이 불충분했기 때문입니다. 그러나 우리나라에서도 부모와 수용적이고 애정적인 관계를 유지하며 인정과 사랑을 받고 있다고 자각하는 청소년들은 자아중심성이 낮게 나타난다고 합니다. 사춘기 아이들과 친하게 지내고 싶은 부모라면 자녀의 자아중심성의 특성을 이해하고 진정한 팬심으로 자녀의 편이 되어주어야 합니다. 자녀의 팬클럽의 회원이 되어 최고의 후원자가 된다면 자녀는 당신을 아끼고 기쁨을 주며, 자신이 할 수 있는 최상의 방법을 동원해서라도 보호하려 할 것입니다. 이는 사춘기 자녀의 책임감을 발달시키는 한 방법이 될 수 있습니다.

❀ 사춘기의 오해, 개인적 우화

가끔 전철을 탈 때보면 문이 열리면 사춘기 아이들이 떼로 뛰어 나가 문이 닫히기 전에 몇 개의 칸을 넘어 다시 타기 등의 놀이를 하며 즐거워하는 것을 볼 수 있습니다. 움직이는 에스컬레이터에서 달리기를 하는 아이들도 있습니다. 과격하게 몸을 치고 받으며 우정을 나누는 아이들도 있고요. 위험한 행동에 목숨 바치듯 서슴없이 뛰어들기도 합니다. 그러면서 영웅심리를 갖습니다. 정의에 불타 불의를 보기 힘들어 하기도 하고, 불합리한 어른의 세계에 격분하여 세상을 바꾸려고 온 정성을 다해 학교 밖으로 뛰쳐나와 정의를 위해 싸우는 투사도 있습니다. 이런 저런 이유로 학교를 등지는 아이들이 한 해 20만명가량 되는 이유도 일부는 여기서 찾아 볼 수 있습니다.

개인적 우화는 사춘기 자신의 독특성에 대한 비합리적이고 허구적인 관념을 말합니다. 사춘기 아이들은 자신이 경험하는 우정과 사랑은 특별한 것으로서 다른 사람이 결코 경험하지 못한다고 생각합니다. 또한 남들이 경험하는 죽음, 위험, 위기 등은 자신에게 일어나지 않는다는 왜곡된 믿음도 있습니다. 그래서 횡단보도를 건널 때도 초록불에서 빨간불로 신호가 바뀌는 찰나에 횡단하는 모험을 하게 되는 겁니다. 오토바이를 탈 때도 헬멧을 쓰지 않아도 되고요. 경사로에서 자전거를 타고 내려오다 넘어지더라도 결코 자신은 다치지 않는다는 신화 같은 비합리적 신념을 갖게 됩니다. 이러한 개인적 우화가 심해지면 자신의 영속성과 불멸성을 믿게 되어 과격한 행동에 빠져들게 됩니다. 음주, 흡연, 폭주, 약물, 성문란 등 파괴적 행동을 하는 것은 특별한 존재인 자신에게는 그런 행동의 부정적 결과가 나타나지 않는다고 생각하기 때문이라는 것이지요. 제임스딘이 주연한 영화 『이유 없는 반항』의 하이라이트 장면에서도 절벽 앞에서 펼쳐지는 10대들의 레이싱은 목숨을 건 센척입니다. 결국 절벽 아래로 추락하여 몇몇 아이들이 죽게 되고서야 자신들의 행동이 무모했음을 깨닫고 때늦은 후회를 하게 되지요.

때로는 사춘기의 개인적 우화는 긍정적 독특성과 연결되어, 기성세대가 할 수 없는 일을 자신들은 할 수 있다고 믿고, 행동을 옮기기도 합니다. 청소년들이 빈곤퇴치, 환경운동, 시민운동, 독립운동, 촛불집회에 적극적으로 참여하는 것은 개인적 우화의 긍정적 표현이라고 할 수 있습니다. 이러한 특징은 사춘기 자녀에게 현실 검증 능력이 생기면서 자신과 타인의 실체를 객관적으로 인식하게 되고, 타인과 친밀한 관계를 만들어 가면서 저절로 사라지게 됩니다. 세상의 무게 중심은 바로 '자신이다' 라고 생각하는 사춘기는 자기애로 인해 에너지가 자신에게 집중되는 시기입니다. 즉, 사춘기 아이들은 자신과 깊은 사랑에 빠진다는 것입니다. 그런 자녀를 부모가 부정한다면 당연히 사춘기는 반항하게 될 것입니다. 누가 나를 싫어한다면 나도 그 사람을 좋아할 수 없는 이치에 놓이게 되는 거죠. 그리고 사랑을 갈라놓으려 할 때 그 사랑은 더욱 굳건해지듯 사춘기 아이의 개인적 우화를 부정할수록 사춘기는 더욱 더 개인적 우화에 집착하게 될 것입니다.

❀ 사춘기 호르몬의 기습공격

사춘기에는 좋은 기분을 느끼게 하는 도파민의 혈중 농도가 높아지는 반면, 기분을 안정시키는 세레토닌의 혈중 농도는 낮아지면서 새롭고 강력한 자극에 대한 욕구가 증가합니다. 따라서 사춘기 아이들은 위험한 행동을 무릅쓰고 부주의 하게 행동하기 쉽습니다. 혼자 있거나 부모와 함께 있을 때는 차분하던 아이가 친구들과 함께 뭉치면 여러 위험을 감수하고 정서적으로 흥분 상태가 되는 것은 이러한 호르몬의 작용 때문이므로 전두엽의 기능을 대신할 수 있는 부모의 지속적인 관심과 사랑을 바탕으로 한 교육과 보호가 필요합니다.

사춘기 남자 아이들이 저지르는 이해하기 어려운 행동의 원인은 과다하게 분비되는 호르몬에 있습니다. 사춘기 아이들의 몸속에서는 아동기보다 1000배 이상 많은 남성호르몬인 테스토스테론이 분비됩니다. 과다한 호르몬의 분비는 목소리와 신체의 갑작스러운 변화를 일으키고 이미 크기가 커진 편도체를 과다하게 자극해서 공격성과 성적 관심을 극대화 시킵니다. 호르몬이 쇄도하는 동안 불규칙적으로 과도한 자극을 받게 되는데 그 결과로 분노, 공격성, 성적 관심, 지배, 영역확보 행동 등이 촉발됩니다. 또 촉발된 스트레스를 풀려고 충동적인 행동을 하게 됩니다. 사춘기 자녀의 부모는 아들들의 감정에 공감해주고, 부모의 느낌과 감정 그리고 요구를 진실하게 표현하면서 아들들과의 충동을 조절할 수 있도록 가르치는 것이 중요합니다. 신체 활동을 하는 것도 아들들의 충동성과 공격성을 다루는데 도움이 되므로 부모는 아들들의 활동성과 발산을 인정하고 기회제공을 해주어야 합니다.

사춘기 딸들은 에스트로겐과 프로게스테론의 분비로 가슴이 발달하고 골반이 확장되며 생리가 시작되게 됩니다. 또한 여성호르몬의 분비가 늘어나면서 감정의 기복도 심해집니다. 세상이 너무 멋지고 멋있다가도 한순간에 슬프고 외로운 세상으로 돌변하기도 합니다. 부모는 사춘기 딸들의 기분 변화를 어느 정도 이해해주고 인내해 줄 필요가 있습니다. 딸들이 정서적으로 상처를 받을 경우, 조심히 살피고 딸들이 하는 말에 경청하고 동시에 위로하고 원하는 것을 할 수 있도록 지원함으로써 우울한 감정에서 벗어나 기분이 좋아지도록 돕고, 해결책을 찾도록 격려하는 것이 좋습니다. 또한 기복이 심한 감정 때문에 남에게 상처를 주는 일이 없도록 자신의 감정과 긍정적 의도를 잘 돌보는 방법을 가르치는 것도 부모의 역할 중 하나라 하겠습니다. 그러므로 자녀를 남과 비교하고 불쾌한 소리로 감정을 자극함으로써 스트레스를 주는 일은 삼가야 합니다.

사춘기 아이들도 부모이상으로 자신이 괜찮은 사람이길 간절히 바라고 있습니다. 그러나 자신도 통제할 수 없는 불규칙적이고 과도한 호르몬의 작용으로 그들도 자신이 한 행동에 난처해하고 곤란해 하며 혼란을 겪고 있다는 것을 잊지 말아야 합니다. 감추고 싶은 치부가 원치 않게 들어났을 때 아이들은 민망한 감정에 휩싸이고, 당황하게 되어 그 순간을 회피하고 싶은 무의식적 기제로 욱하고 폭발하게 되기 때문에 될 수 있는 한 그들의 감정을 자극하지 말아야 합니다. 한심한 사춘기 자녀의 행태를 지켜보고 기다려주기란 부모에게 쉬운 일이 아닐지라도 부모는 사춘기 자녀가 호르몬의 분비가 안정적으로 이루어져 몸과 마음의 주인으로서 성숙되길 기다려주어야 하며, 사춘기 자녀는 발달적으로 안정을 되찾아 성장이라는 선물보따리를 안고 자신의 참 모습으로 회복될 것이라는 믿음으로 그들을 지원해야 합니다. 그래야 호르몬의 기습으로 인한 사춘기적인 특성을 다스리고 정서가 안정되어 사춘기시기에 나타나는 곤란한 일탈이나 탈선상황에 놓이게 되는 일을 예방할 수 있습니다.

❀ 사춘기의 대표정서 두려움, 나 떨고 있니?

사춘기에는 왜 거칠어지는 걸까요? 발달심리학자 에릭슨은 사춘기를 자아정체성을 형성하는 시기로 자아정체성 형성을 실패하면 자아정체성이 혼미해져 삶의 방향을 잃어버리게 된다고 경고하고 있습니다. 이 시기에는 '자신이 세상에 필요한 지식과 기술을 잘 습득할 수 있을까?' 라는 질문에 답해나가며 '나는 누구인가?' 그리고 '나의 독특성은 무엇이며, 나는 무엇을 잘하고 무엇에 흥미를 느끼며, 무엇에 몰입할 때 행복한가?' 라는 질문의 답을 찾기 위해 온몸을 던지는 시기입니다. 자신이 꿈꾸는 모습으로 살다간 선배는 누구인지, 인생의 멘토를 찾고 싶어 하고, 그 꿈을 이룰 수 있도록 도움 받고 싶어 합니다. 직접 몸으로 부딪쳐 경험하면서 성장해나가게 되지요. 그래서 이 정도라면 괜찮은데 하는 자신의 개성을 찾아 당당히 '난 이런 사람이야' 라는 해답을 얻을 수 있어야 합니다. 그래서 이 시기에는 전생애를 통해 가장 많은 에너지를 자신에게 집중해서 사용하게 됩니다. 자기를 엄청나게 사랑하면서도 자기를 격렬하게 거부합니다. 그렇게 두려움에 사로잡힙니다.

전두엽의 리모델링으로 인한 편도체의 과잉활성화는 사춘기 아이들의 두려움을 더 증폭시켜주게 됩니다. 두려움 연구가 조지프 르두스 박사는 편도체를 인간 뇌의 경비견이라고 불렀는데 편도체는 아이들의 뇌 속에서 위험이 다가올 때마다 전기자극 활동으로 분주해지고, 자극이 들어오면 뇌의 편도체는 무의식적으로 0.01초만에 아주 빠른 반응을 하게 되기 때문이라고 설명하고 있습니다. 편도체는 작고 민감하고 반응을 잘 한다고 합니다. 습관적으로 두려움을 자각하는 떨고 있는 뇌라면 편도체는 과부하가 걸리게 되고 우리가 위험을 자각하지 못할 때조차도 민감하게 반응을 하게 된다는 것입니다. 두려움에 떨고 있는 뇌는 자녀의 성장을 방해합니다. 만약 자녀가 이유 없이 피곤해하고 지쳐있다면 아이의 편도체는 스트레스로 이미

과부화가 된 상태일 수 있습니다. 오랜 시간 방치한다면 자동차 시동을 껐지만 라이트를 끄지 않고 방치한 것과 같이 자녀의 에너지는 방전이 되어 회복되기 어려운 상태에 처할 수도 있습니다.

사춘기 아이들은 자신이 하고싶은 말만 하고 듣고 싶은 것만 듣습니다. 그리고 상대방을 이해하는 코드가 성인과 다릅니다. 그래서 분위기 파악을 잘못하고 엉뚱한 반응을 보일 때가 많습니다. 심각한 분위기를 오래 견디지 못하고 지루해하기도 합니다. 어른들의 눈에는 인내심이 부족하게 보이죠. 때문에 긴 훈계는 어른과 아이의 관계를 힘들게 하는 주요한 원인이 되기도 합니다. 그래서 사춘기 자녀가 보이는 반응에 부모는 놀라 그들을 두려워하기도 하고 걱정을 하기도 합니다.

아마존 강에 서식하는 위험한 물고기로 알려져 있지만 실제로는 사람이나 다른 물고기를 공격하는 빈도가 드문 피라니아라는 물고기가 있습니다. 이 사실을 몰랐을 때 많은 사람들은 피라니아를 두려워했습니다. 그러나 피라니아가 덜 위험하다는 것을 알게 된 사람들은 이제는 더 이상 피라니아를 두려워하지 않습니다. 그리고 피라니아와 함께 생존하는 방법을 터득해 나가게 되었습니다. 피라니아가 지니는 상징성은 과장된 위험성에 대한 두려움입니다. 우리가 사춘기 자녀에게 갖고 있는 두려움 역시 지나치게 과장되어 있다는데 주목해야 합니다. 부모는 자녀에 대해 늘 걱정으로 노심초사합니다. 특히 자녀가 사춘기가 되고 질풍노도해지면서 부모와 거리감을 갖게 된 경우는 더 두렵습니다. 점점 자녀는 부모로부터 멀어져가는데 자녀를 되돌릴 수 없다고 생각하는 부모는 현재에 처한 사항이 두렵습니다. 더군다나 자녀가 인식하지 못하는 또는 감추고 싶은 자신의 잘못된 흑역사가 부모에게 깊게 각인되어 있다면 더욱 더 자녀의 일상이 불안하고 걱정이 될 것입니다. 그런 부모의 걱정이 자녀가 성장할 기회를 차단하거나 박탈하는 경우를 우리는 많이 봅니다.

심리학자 어니 젤린스키에 의하면 우리가 하는 걱정의 40%는 절대 현실로 일어나지 않는 일에 대한 것이고, 걱정의 30%는 이미 일어난 일에 대한 것이며, 걱정의 22%는 사소한 고민, 걱정의 4%는 우리의 힘으로 어쩔 수 없는 것으로 걱정의 96%는 해도 그만 안 해도 그만인 쓸데없는 걱정들이라고 합니다. 단지 우리가 하는 걱정의 4%만이 우리가 바꿔 놓은 수 있는 것이라는 것을 기억해야 합니다.

쉽게 지치고 쉽게 감정이 변화되고 쉽게 상처를 받게 되는 사춘기 아이들은 심신의 여유가 없습니다. 사춘기에는 쉽게 상처를 받기 때문에 작은 꾸지람이나 오해에도 토라지고 기가 죽을 수 있습니다. 이때 받은 상처는 집이 지어질 때 시멘트가 굳지 않은 상태에서 발자국이 남는 것과 같이 오래 남거나 깊은 후유증을 남길 수 있습니다. 그래서 격려하고 지지하고 기다려 주어야 합니다. 어른이 먼저 차분하게 감정을 조절하고 평정심을 유지해야 아이들이 감정을 조절하고 통제하며 정서적 안정을 되찾게 될 것입니다. "할 수 있어 넌", "넌 소중하니까"라는 믿음으로 그들을 지지해야 하고 그들이 부모나 어른이 진정으로 자신을 지지하고 있다고 느낄 수 있도록 해야 합니다. 그래야 심리적인 안정감을 찾고 발달과업을 수행해 나갈 수 있습니다. 그래서 사춘기 자녀는 이해가 안되고 받아들일 수 없는 행동을 했음에도 불구하고 그들의 긍정적 의도를 파악하고 그들을 있는 그대로 수용해주어야 합니다. 자녀의 에너지가 방전되기 전에 쉴 수 있도록 돕고 편안함을 느낄 수 있도록 환경을 조성해 주는 것은 사춘기 부모의 역할 중 하나라고 할 수 있습니다.

❀ 이유 있는 방황, 사춘기의 뇌

사춘기 자녀의 뇌는 성인과 다르다고 합니다. 사춘기의 뇌에 대한 이해는 종잡을 수 없는 사춘기 아이들의 행동에 대한 비밀을 푸는 강력한 열쇠가 될 것입니다. 사춘기 자녀의 뇌는 전두엽의 과도한 활성화로 통제감을 상실하기 쉽습니다. 그래서 생각과 행동이 다르게 나타날 수 있는 거죠. 그러므로 사춘기 자녀를 둔 부모는 그들의 숨은 긍정적인 의도를 읽을 수 있어야 하고 그것에 긍정적인 반응을 해주어야 합니다. 그러기 위해서 부모는 사춘기 아이들이 보이는 눈에 거스르는 행동들이 부모를 약올리거나 괴롭히기 위해하는 것이 아닌 그들도 어쩔 수 없는 뇌의 작용으로 인해 잘못된 길로 향하는 자신을 바르게 잡으려고 애쓰고 있는 절규하는 과정에서 나타나는 절박한 몸짓이라는 것을 인정해주어야 합니다.

1960년대 뇌과학자였던 폴 맥린 박사는 인간의 뇌가 크게 3개의 층으로 이루어져 있다는 것을 밝혀냈습니다. 제일 아래층은 '뇌간'으로 호흡, 혈압 조절, 체온 조절, 삼장 박동 등 생명을 유지하데 필요한 기능을 담당합니다. 생명을 관장하는 '원초적인 뇌'인 만큼 엄마의 뱃속에 있을 때 거의 완성되어 태어납니다. 그래서 갓난아기가 세상에 태어나자마자 숨을 쉬고 젖을 빨수 있는 것입니다. 뇌간의 구조와 기능은 파충류와도 같다고 해서 뇌간을

'파충류의 뇌' 라고 부릅니다.

　뇌간 위 1층은 '변연계' 로 대뇌구반의 안쪽 밑면에 있습니다. 주로 감정을 다스리고 감정을 기억하고, 식욕, 성욕을 주관합니다. 그래서 '포유류의 뇌', '감정의 뇌' 라고도 부릅니다. 변연계는 영유아기, 아동기, 사춘기를 통해 왕성하게 발달을 합니다. 포유류는 대부분 변연계를 갖고 있습니다. 그래서 강아지도 주인이 오면 반가워하며 꼬리를 흔들고, 낯선 사람이 오면 놀라거나 흥분을 해 울부짖고 으르렁거립니다. 두려울 때는 꼬리를 내리고 움츠리기도 하고 심지어 질투를 하기도 하고 미워하기도 해 미움의 대상의 물건을 물어뜯기도 합니다. 이렇게 다양한 감정을 나타낼 수 있는 것은 변연계가 발달했기 때문입니다. 파충류에는 없고 포유류에만 나타난다고 해 변연계를 '감정의 뇌' 또는 '포유류의 뇌' 라고 부릅니다.

　마지막으로 변연계 위 2층은 대뇌피질입니다. 그중에서도 이마 뒤 약3분의 1을 차지하는 전두엽은 말과 글을 배우고, 생각하고, 판단하고, 통합하고, 종합해서 결론을 내리고, 우선순위를 정하고, 정리정돈하며, 감정이나 충동을 조절합니다. 고도의 정신기능과 창조기능을 담당하고 있고 인간만이 가진 뇌이기에 '인간의 뇌' 또는 '이성의 뇌' 라 부르며 뇌의 총사령부 기능을 합니다.

　사춘기에 접어든 아이들은 비록 몸이 어른만큼 성장하였다 하더라도 감정에 예민하게 반응하고, 감정과 생각, 행동에 균형과 조화를 잘 이루지 못합니다. 감정을 어떻게 표현해야 할지 모르거나, 충동적인 행동으로 감정을 표출하기도합니다. 그래서 거짓말, 변명, 시치미떼기 및 도벽 등도 변연계의 과잉활성화로 인한 충동억제 실패로 일어나는 경우가 있습니다. 이렇듯 변연계는 사춘기에 왕성한 발달을 해 사춘기가 끝날 즈음에 거의 완성됩니다.

반면 전두엽은 발달하는데 시간이 많이 걸립니다. 전두엽은 초등기 후반에 가완성되지만 수준은 일상에 필요한 정도이지 어른처럼 복잡한 사고 판단을 하기에는 부족한 그리 높지 않은 수준입니다. 그러다 사춘기가 되면 전두엽은 대대적인 리모델링 작업에 들어간다고 합니다. 따라서 사춘기에는 아직 생각하고 판단할 수 있는 힘이 여전히 약하다는 것입니다. 청소년기에 리모델링에 들어간 전두엽이 완성되려면 평균27~28세가 되어야 완성된다고 합니다. 이른바 철들었다고 표현할 만큼 계획, 판단, 우선순위, 감정 조절, 충동조절을 할 수 있으려면 평균적으로 사춘기를 벗어나야 한다는 것입니다. 하여 사춘기에는 당연히 철들기가 어렵다는 것입니다. 그래서 사춘기 자녀가 이전까지 약속도 잘 지키고 말도 잘 알아듣던 아이가 말을 못알아듣는 것도 그 때문이고, 공사 중인 뇌는 이전 보다 더 많은 수면을 필요로 해 잠이 많아지고 잠패턴도 달라져 늦게 자고 늦게 일어나게 되는 것도 이러한 뇌의 변화 때문이라고 설명하고 있습니다.

뇌과학 연구에 따르면 사춘기에 보이는 충동적이고 감정기복이 심하며 반항행동은 전두엽이 리모델링 중이기 때문에 변연계의 과잉활성화로 인해 사춘기 뇌발달의 불균형과 혼란으로 인한 것이라는 것입니다. 한 마디로 사춘기의 일련의 반항은 모두 '사춘기 뇌'라는 '이유 있는 반항'이라고 할 수 있습니다. 뇌과학이 연구되기 전에 많은 어른들이 사춘기를 오해를 했습니다. 체격이 크고 성숙해 보이는 사춘기는 판단도 어른만큼 할 수 있을 거라고 생각했습니다. 그래서 사춘기 아이들의 이해 할 수 없는 언행을 의도적인 사악함으로 해석하는 경우도 많았습니다. 그러나 최근 뇌과학자들이 들려주는 리모델링을 하는 사춘기의 뇌이야기는 우리로 하여금 사춘기에게 한 발작 더 다가갈 수 있는 안도감을 주었습니다. 사춘기의 뇌는 농부의 뇌(규칙적이고 안정적인 뇌)에서 사냥꾼의 뇌(항상 긴장을 하고 있는 뇌)로 변화되고 고도의 긴장감에 쌓여 질풍노도 해진다는 것입니다.

사춘기는 어린이의 뇌에서 어른의 뇌로 살기위한 '제2의 탄생기'를 거치고 있는 것입니다. 사춘기 자녀가 무엇을 생각하고 무엇을 느끼고 어떤 활동을 하느냐에 따라 자기 뇌를 창조할 수 있는 창의적 존재가 될 것입니다. 이것은 놀라운 일이기도 하고, 무서운 일이기도 합니다. 그리고 사춘기의 뇌는 쓰는 세포는 살리고 쓰지 않는 세포는 소멸하는 정전작용이 나타납니다. 따라서 엄청난 양의 정보를 받아들임과 동시에 많은 것을 잃어버리기도 합니다. 그래서 사춘기의 뇌는 항상 피곤합니다. 자꾸 까먹고 멍 때리는 행동들은 사춘기의 뇌가 과로로부터 탈출구를 찾는 것과 같습니다. 피곤한 사춘기의 뇌를 쉬게 해주는 것은 건강한 뇌발달을 위해 꼭 필요한 일일 것입니다. 수면이 부족한 사춘기 아이들에게 여유롭게 쉬고 피로를 풀 수 있도록 여가활동시간을 갖도록 하는 것은 꼭 필요합니다.

❀ 사춘기 딜레마 10

사춘기에는 많은 선택의 기로에 서서 선택을 하고 책임을 지게 됩니다. 가치관이 어떻게 성립되었는지 또 주변 사람들에게 어떤 피드백을 받느냐에 따라서 사춘기는 성장할 수 있거나 아니면 상처를 받을 수 있게 됩니다. 사춘기에 흔하게 빠지는 딜레마를 이해하는 것은 사춘기 자녀를 이해하는 데 도움을 줄 것입니다.

사춘기 딜레마란 사춘기가 겪는 특성으로 사춘기의 이중성을 말합니다. 어른인 듯 어른 아닌 어린이 같은 10대 청소년들의 무섭고 거칠 것 없는 질풍노도의 심리상태에 대한 '성장하는 사춘기 vs 어긋나는 사춘기'로의 양 갈래의 방향성을 말합니다. 사춘기의 특성을 잘 극복하느냐 아니냐는 이후 발달에 있어 삶의 질을 변화시키는 중요한 마스터키가 됩니다. 사춘기라는 터널을 지나면서 만나게 되는 많은 과업들로 인해 아이들은 긍정적 방향성을 가진 성장의 길로 가게 되던지 아니면 부정적 방향성을 가진 일탈의 길에서 주저앉게 될 것인지가 결정됩니다. 그래서 부모는 사춘기 자녀가 사춘기 딜레마를 잘 극복하고 멋진 청년으로 성장할 수 있도록 자녀를 건강하게 도와주어야 합니다.

사춘기 딜레마1. 깐깐한 사춘기

사춘기에 접어들면 아이들의 생각은 이전과는 확연하게 달라집니다. 합당한 논리나 근거가 없으면 움직이지 않고, 객관적인 근거가 아니면 못마땅해 하며 상대를 무시합니다. 그게 어른이라 할지라도 개의치 않고 무시합니다.

"너 내일 엄마 모시고와"

"왜요? 왜 모시고 와야 되는데요?"

"네가 말썽을 부렸으니까 그렇지"

"벌점을 주면 되잖아요. 학칙에 그런 말 없잖아요."

"모셔오라면 모셔 오는거지 왠 잔말이 많아"

"규칙에도 없는데 왜 자꾸 하라고 그러세요?"

"뭐야?, 너 혼나볼래?"

"그러 시든지요."

사춘기 전에는 부모말도 선생님 말도 잘 듣던 아이가 부모나 선생님의 지시와 명령에 이유와 목적을 확인하려고 합니다. 지시나 명령이 논리적으로 합당하다고 판단되어야 행동으로 옮기려고 하는 성향이 강해집니다.

엄기호 선생님이 쓴 '교사도 학교가 두렵다'를 보면 교사들이 학생들이 처한 상황에 무감각하고 무책임하다고 하지만, 학생들은 교사와 관계 맺는 것 자체를 거부하고 있다고 지적합니다. 학생들에게 다가가려 애를써도 "당신이라고 꼰대가 아니겠냐?"고 밀쳐냅니다. 그럼에도 학생들에게 의미 있는 수업을 만들어주고 싶어서 다른 시도를 하면 관리자가 "학생들 데리고 실험하지 말고, 시키는 일이나 잘하라"고 면박을 줘 주저앉게 된다고 합니다. 이러한 현장에서 사춘기를 외계인으로 취급하지 않고 위대한 변화를 위한 뼈아픈 몸부림을 치고 있는 아이들로 봐주는 건 쉽지 않을 것입니다. 그래도 사춘기의 허물벗기가 끝이 나면 멋지게 날개 짓을 할 아름다운 날개를 연상하며 사춘기를 인정하고 지지하며 응원을 해주는 것이 필요합니다. 그래서 아이들에게 가정도 학교도 성장을 위한 꿈을 꿀 수 있는 공간이 될 수 있게 해주어야 합니다.

사춘기 딜레마2. 허세돌 사춘기

　해보지 않았어도 해본 것처럼, 가보지 않고도 가본 것처럼, 가지지 않았어도 가진 것처럼, 알지도 못하면서 아는 척하는 것, 이 모든 것이 사춘기 허세의 대표적인 척하기입니다.

　"야, 너 담배 필 줄 알아? 아니면 꺼져"

　"아냐 나도 필 줄 알아, 콜록콜록"

　"병신, 해본 척하기는…"

　"야"

　"뭐"

　"이리 와봐"

　"니가 와"

　"선배한테 까불래?"

　"선배면 다냐? 누가 센지 맞장 떠볼까?"

　"짜식, 센 척하기는"

　"너, 야동 봤어?"

　"말밥(당연하다는 비속어)이지"

　"그럼 직접 해봤냐?"

　"　…　"

　"짜식, 그것도 못해봤냐?"

"ㅠ.ㅠ"

"나는 너희와는 달라", "나는 너희보다 우월해," 등의 착각에 빠져 허세를 부리는 아이들을 가리키는 용어가 바로 중2병입니다. 그만큼 중2병의 가장 큰 특징이 바로 허세라고 할 수 있지요. 허세란 남보다 뛰어나 보이고 싶은 욕망에서 비롯되는데 사실 이 시기의 아이들이 남들보다 뛰어날 만한 요인은 그리 많지 않기 때문에 기껏해야 자기가 알고 있는 것을 과장 하거나 자기 경험처럼 말하는 정도로 자기를 과시하게 됩니다. 또한 남들이 해보지 않는 것에 과감히 도전할 만큼 자신이 용기 있다는 것을 보여주려고도 하는데, 이때 아이들은 대부분 금기에 도전하면서 만족감을 얻고 무리로부터 인정을 받게 됩니다. 허세는 사춘기 아이들이 보이는 거의 모든 문제의 원인이 되기도 합니다. '센' 척하려고 친구들 앞에서 술이나 담배를 아무렇지 않게 마시거나 피우고, 욕설을 서슴없이 내뱉는가하면 자기보다 힘 센 친구나 어른에게도 무조건 대들기를 합니다. 교칙을 어기거나 무서워도 무섭지 않은 척하며 자기를 과시하려고 하기 때문에 목숨을 걸고 과시하며 돈키호테처럼 무모하게 돌진을 하기도 합니다.

허세는 혼자일 때보다 집단으로 있을 때 더 두드러지게 나타나는데 갱을 형성하는 사춘기에는 집단에 속하기 위해서 나쁜 짓인지 알고 있으면서도 쫄지 않고 하려고 합니다. 작은 물건을 훔쳐 달아나거나, 벨 누르고 도망가기, 불장난하기, 달리는 버스에서 손잡이 잡지 않고 서있기, 전철에서 문 닫히기 전에 쓰레기 버리고 들어오기, 침뱉기, 슬리퍼 신고 등교하기, 교복 줄여 입기, 염색하기, 담배피기, 술마시기, 연애하기, 컨닝하기 등 학칙을 어기면서도 쫄지 않고 당당하게 벌점으로 위세를 떨기도 합니다. 사춘기의 허세는 부모에게 혼나는 것도 별로 두려워하지 않는다는 것을 증명해 보이려고 일부러 학원을 빠지고 도망가 놀거나, 성적에 연연해하는 애송이로 보이기 싫어 보란듯이 공부를 안하며 버티기도 합니다. 수업시간에도 센척하기 위해 선생님을 골탕 먹이거나 말대꾸하기, 선생님께 혼나면서도 웃고 장난을 치는 등 영웅본색놀이에 푹 빠지기도 합니다. 어른이 보기에는 어처구니 없는 행동 같지만 사춘기는 자기가 대단한 사람이라는 것을 입증해 보이기 위해 허세를 부리는데 가히 천재적인 창의성을 보입니다. 부모의 속은 터져 나가는데 안타깝게도 아이들의 허세를 막을만한 별다른 대처법이 없다는 것입니다. 그냥 시간이 지나가기를 기다리며 '너는 그런 행동을 하지 않아도 충분히 멋있고, 더 멋있는 사람으로 자랄 것이다' 라고 말해주며 자녀의 자존감을 높여주며 동시에 '난 너를 믿는다' 라는 메시지를 끊임없이 전하며 기다려주는 것이 최상책일 것입니다.

사춘기 딜레마3. 감정노예 사춘기

하루에도 열 두 번도 더 이랬다 저랬다, 좋았다가 싫었다가 도대체 어디에 장단을 맞춰야 할지 모르게 감정의 널을 뛰는 아이들을 쉽게 발견할 수 있을 것입니다.

"시험은 잘 봤니?"
"몰라"
제 방으로 쌩하니 들어간다. 잠시 후 콧노래를 부르며 나온다.

"엄마, 나 용돈"

"뭔 일인데?"

"응 친구만나기로 했어"

"기분은 좀 나아 졌어? 화내고 들어가더니"

"(표정이 바뀌면서) 아이 짜증나, 빨리 돈이나 줘"

부모는 기가 막힙니다. 우리 아이가 왜 이러는지 도저히 이해가 안갑니다. 달라져도 너무 달라진 아이, 어떻게 해야 좋을지 모르겠습니다. 화냈다 웃었다 짜증냈다. 어느 장단에 맞춰 춤을 춰야할지 정말 모르겠습니다. 그런데도 자식 눈치를 보는 자신의 모습이 낯설지 않다고 합니다. 사춘기에는 감정과 기억, 욕구등을 관장하는 변연계가 한층 예민해집니다. 덕분에 식욕과 성욕도 왕성해지죠. 또한 감정의 기복을 완화시켜 주는 역할을 하는 감정조절제인 세로토닌이라는 신경전달물질이 아동기나 성인기보다 40% 적게 생성되기 때문에 감정기복이 심해진다고 합니다. 10분 전에 이성친구에게 좋아한다는 말을 듣고 하늘로 날아오를 듯한 기분이던 아이는 잠시 후 누군가에게 무슨 핀잔이라도 들으면 단 10분 만에 죽고 싶을 정도로 괴로운 기분이 되기도 합니다.

칙센트 미하이 교수가 1970년~80년대에 흥미로운 연구를 했습니다. 사춘기 아이들에게 호출기를 주고 잠자는 시간을 빼고 무작위로 하루에 열두 번 정도 연락을 해서 지금 무엇을 하고 있고 기분이 어떤지를 적게 하는 실험이었습니다. 그 결과, 청소년들은 10분, 15분 만에도 감정이 크게 변하는 것으로 밝혀졌습니다. 기분이 굉장히 좋았는데, 몇 분 만에 굉장히 나빠지기도 하는 것이 사춘기 감정의 특징이라는 것이지요. 사춘기에는 이렇게 기분이 급상승하거나 급강하하는 감정기복이 정상이며, 감정을 조절하기 힘든 것도 정상입니다. 그래서 부모는 자녀의 감정에 공감하려는 노력이 필요한 것입니다. 자녀가 하는 불편한 행동에 초점을 맞추기 보다는 먼저 자녀의 감정에 초점을 맞춰 공감해야 합니다. 공감을 받고 자란 자녀는 타인을 배려할 수 있는 힘이 생겨 정서적인 안정을 찾아가게 될 것입니다.

사춘기딜레마 4. 침묵하는 사춘기

무슨 말만 시키면 '몰라요', '냅둬요', 들은 척도 하지 않고 입을 다물고 뚱하게 있는 아이들을 우리는 쉽게 발견할 수 있습니다.

"문열어봐"

"...(인기척이 없다)"

"문 좀 열어봐"

"...(문만 열어주고 의자에 앉는다)"

"말을 해, 그래야 알지"

"...(미동도 없다)"

"도대체 왜 그러는데? 말 안 할 거면 눈에 거슬리지나 말든지"

부모는 속상해 한 마디 남기고 돌아서 나온다.

(쾅, 철컥) 아이방문이 닫히는 소리에 가슴이 철렁 내려앉습니다.

사춘기가 되더니 애가 도통 말을 하지 않으려고 한다는 호소를 하는 부모가 늘고 있습니다. 침묵으로 일관하는 자녀를 상대하는 부모는 정말 답답합니다. 아이들 방문에 '관계자외 출입금지' 라는 팻말이 붙어 있기도 합니다. 그 밑에는 '노크하세요' 라는 팻말도 붙어 있고, 그 밑에는 '사장실' 이라고 씌여져 있습니다. 이 방문을 열고 사춘기를 만나기가 대통령만나기보다 더 어렵습니다. 방문 앞에서 춤추는 글씨들은 '건들지마세요' '심사숙고하세요' 라고 노래를 부르는 것같이 부모의 머릿속에 윙윙거립니다.

사춘기에 흔하게 나타나는 증상 중에 하나가 침묵하며 혼자 있으려하는 것입니다. 사춘기는 자아가 발달하면서 자기 자신에 대한 생각으로 머릿속이 가득할 때입니다. 나는 누구인가? 나는 무엇을 해야 하는 건가? 무엇을 해야 먹고 살 수 있을까? 별별 생각, 별별 고민을 다합니다. 질문에 해답을 찾고 생각정리를 해야 하기 때문에 혼자만의 시간과 공간이 필요합니다. 그리고 아직 완성된 것이 아니기 때문에 굳이 긁어 부스럼 만들고 싶지 않아 부모에게는 비밀로 하는 경우가 많습니다. 그런데 그런 아이를 볼 때면 부모는 조급증이 생깁니다. 잔소리도 하고싶고 참견도 하고 싶어 일방적인 해결책을 주면서 조기종결을 시도하려 합니다. 그래서 집에서 아이가 할 수 있는 일이란 방문을 걸어 잠그는 것뿐입니다. 이런 행동에 부모들은 자녀가 잘 못 될까봐 걱정을 앞세우고 무리한 소통을 요구하거나, 자녀가 부모를 무시한다는 생각에 상처를 받고 아이를 다그쳐 자녀와의 관계를 더 악화시키기도 합니다. 하지만 사춘기의 침묵은 지극히 자연스러운 현상이라는 것입니다.

아이의 방을 귀빈실이라고 생각하면 됩니다. 귀빈과 접견하기 위해서는 허락 받고, 노크 하는 것은 에티켓이죠. 그래도 자녀가 너무 혼자 있어 가족과 대화할 시간이 부족하다고 생각되면 온 가족이 함께 식사하기, 주말에 함께 운동하기, 하루에 30분은 가족과 대화하기 같은 규칙을 만들어 자연스럽게 함께하는 시간을 늘릴 수 있어야 합니다. 이때도 사춘기 자녀의 허락을 꼭 받아내야 합니다. 안그러면 사춘기는 혼자 있고 싶어 아예 집을 나가 버릴 수도 있으니까요.

사춘기딜레마5. 친구뿐인 사춘기

그동안은 어떻게 살았을까요? 친구 없인 못살 것 같이 친구에 빠져드는 아이들, 친구가 곧 자신이라고 생각하고 친구에게 동일시하는 것은 사춘기의 특성 중 하나입니다.

"휴일에 여행가자"

"안돼요"

"왜 안되는데?"

"친구랑 놀기로 했어요."

"이번 여행은 1박2일이라 같이 가야돼"

"그래도 안돼요. 잠자는 게 걱정되면 친구랑 같이 잘게요."

"그렇게 친구랑 놀면 밥이 나오냐? 떡이 나오냐?"

사춘기에게는 밥보다 떡보다도 친구가 더 좋습니다. 부모가 아닌 다른 사람에게 자신의 존재를 인정받고 자신의 인간적인 매력을 발산하며 타인과의 진실한 관계를 맺기를 배우는 중요한 시기이기 때문에 친구에게 몰입

합니다. 친구관계를 통해 자신이 얼마나 존재감 있는지를 알고 싶어하고, 또래 관계로부터 떨어져 나가는 것에 대해 공포감을 갖게 됩니다. 상실의 아픔이 두렵기 때문입니다. 그래서 별 것 아닌 친구의 말 한마디에 상처받고 크게 고민을 하게 되는거죠. 그래서 때로는 친구들과 함께 하는 일이라면 상식적·도덕적으로 옳지 않아도 당연히 함께하려고 합니다. 절친(친한 친구)의 말이라면 죽는 시늉까지 내기도 하죠. 사춘기는 친구관계가 아주 중요한 시기이므로 친구들에게 왕따를 당하게 되면 크게 상처를 받게 됩니다. 존재감 없는 나에 대한 부정적 자아상을 형성하며, 투명인간 취급하는 친구들에게 배신감을 느끼며 고립되어 갑니다. 외로움에 우울해 질 수 있고 심하면 고독에 빠져 우울증을 호소할 수도 있습니다. 부모는 사춘기 자녀가 친구들과 친교활동을 할 수 있도록 배려해주어야 합니다. 그리고 자녀가 혹시 친구문제로 고통받고 있지 않은지 잘 살펴주어야 합니다. 그리고 절대로 자녀의 친구를 자녀 앞에서 대놓고 욕하지 마십시오. 사춘기에게 있어 친구는 곧 자신이기 때문에 친구를 욕하는 것은 대놓고 자기가 욕먹는 것 이상의 감정을 느껴 그 순간 부모를 적으로 만들 수도 있으니까요.

사춘기딜레마 6. 거울공주 사춘기

중·고등학교 여학생교실에는 꼭 서너명의 거울공주가 있습니다. 수업 중에도 쉬는 시간에도 손에 거울을 들고 자신을 보고 또 보며 뭔가를 하는 아이들, 도대체 거울에 비친 자신의 어떤 모습을 보고 있는 걸까요? 보고 또 봐도 질리지 않는 자기 얼굴에 푹빠진 아이라면 그래도 건강한 아이가 아닐까합니다.

"뭐해?"

"머리 빗어"

"뭔 머리를 30분씩 빗고 있어?"

"다해가"

"안가? 학교 늦겠다."

"갈거야"

그 후 20분이 지나서 화장실에서 나오더니 밥도 안먹고 등교를 합니다. 부모는 고작 학교에 가면서 몇 시간씩 거울 앞에 서있는 자녀의 모습을 이해하기가 쉽지 않습니다. 그럴 시간 있으면 잠을 더 자든가, 차려 놓은 밥을 먹고 가든가, 도대체 꾸미나 안꾸미나 거기가 거긴 것 같은데 시간 낭비하는 자녀가 마땅치 않습니다. 사춘기 자녀가 화장을 하고, 몸에 딱맞는 옷을 입고, 깔창 깐 신발에, 머리엔 왁스에 염색까지 그게 뭐라고 그렇게 정성을 쏟는지 이해하기 쉽지 않으시죠? 모의고사 전 날이면 꼭 풀 메이크업을 해야만 공부한다는 고등학생 자녀를 둔 부모, 3년을 싸우다 결국 두 발 두 손 다 들고 딸을 이해하고 받아들이고 지켜보느라 속이 시커멓게 타들어 갔는데 그 사실을 알았는지 딸아이가 수능을 치르고 나와서는 엄마를 안아주며 "자기를 이해해 줘서 고맙다"는 말을 해 딸 품에 안겨 펑펑울었다는 어머니도 있었습니다. 이런 아이들을 부모가 맨 정신으로 어떻게 이해할 수 있겠습니까?

그러나 자녀의 학교생활을 살펴보면 그리 어려운 일도 아닌 것 같습니다. 아이들 세계에 있어 친구를 평가하는 큰 기준은 성적과 외모(겉모습)입니다. 이들 사이에서는 성적과 외모를 통해 인기순위가 결정되기도 하지요. 사춘기에게 있어 둘 중 무엇을 끌어올려 인기 순위를 높일것인가는 사춘기 아이들에게는 중요한 무의식적 선택입니다. 대부분의 아이들은 외모라는 전략을 세우게 되죠. 외모는 성적보다 비교적 쉬운 목표물이기 때문입니다. 외모를 통해 사춘기는 성취감을 경험하고 있는 것입니다. 그래서 유행하는 옷을 사지 못하면 아이들은 생명이 끊어지는 양 민감하게 반응하기도 합니다. 사회적 성공에 동일시함으로써 적응해가는 거지요. 그리고 부모의 눈에는 이상한 패션임에도 불구하고 또래가 인정한다면 그건 위대한 창작이 됩니다. 거울을 보며 자기의 외모를 가꾸는 행위는 사춘기가 창작활동을 하고 있는 것입니다. 그건 개성이며 다른 사람과 구별되는 자기만의 특별함을 증명하는 과정입니다.

"봐, 예쁘지?"

"응, 예쁘다. 나도 갖고 싶었는데…넌 좋겠다."

"너도 해봐."

"거울 줘봐, 나도 잘 어울리지?"

"응"

"어디서 샀어?"

현재 교육부가 추구하는 학교교육의 목표는 창의인성인재육성입니다. 창의와 인성이 만나는 교차점에 사람이 서있어야 한다는 것이지요. 창작은 모방과 확장으로 발달되는 역량입니다. 해보지 않으면 절대로 개발되지 않는 후천적인 역량이 창의성입니다. 그래서 부모는 지나치지 않은 선에서 사춘기 자녀의 창작활동을 도와줘야 합니다. 그 중에 하나가 자기를 비춰보는 것입니다. 자기를 가꿀 줄 아는 아이는 자기를 사랑할 줄 아는 아이입니다. 만약 창작활동이 지나치게 특별하다고 생각이 들면 그 아이는 그 분야에 탁월한 재능이 있는 아이일 것입니다. 그것을 강점으로 키워주는 부모의 지혜가 자녀를 창의인성인재로 키울 수 있을 것입니다.

사춘기딜레마 7. 스타탄생 사춘기

주인공으로 산다는 것은 참으로 설레이고 흥분되는 일입니다. 사춘기 아이들은 자신이 스타가 될 것이라는 것을 믿어 의심하지 않습니다. 다만 부모의 비웃음을 살까봐 혼자의 비밀로 감추는 것뿐이라는 것을 알아야 합니다.

"꿈이 뭐야?"

"말해도 돼요?"

"그래 말해봐"

"연예인이요"

"왜 연예인이 되고 싶은데?"

"멋있잖아요"

내가 어릴 적에도 나의 우상은 산울림의 김창완 오빠였습니다. 노래가 좋았고, 노랫말이 인생의 교과서가 되기도 했습니다. 산울림의 노래를 들으며 위로 받았고 노랫말을 음미하며 꿈을 키웠었습니다. 용돈을 모아 산울림의 음반은 한 장도 빠뜨리지 않고 다 사모았던 나의 사춘기가 생각납니다. 내가 중학생일 때 방한을 한 레이프가렛, 지금의 아이돌가수와 같은 세계적인 가수였습니다. 숭의음악당 공연장에서 만난 레이프가렛의 노래와 몸짓은 소녀들을 열광케 했고 그 흥분으로 나도 내 안에 숨쉬는 열정을 쏟아냈던 적이 있습니다. 살아오는 동안 가장 짜릿하고 개운한 흥분이었습니다. 그 때 반짝이는 조명과 삼각 깔대기 모양의 스포트라이트는 연예인을 동경하게 했고, 내가 그 무대에 선 주인공인양 환상에 젖어 화려한 무대를 꿈꾸게 되었던 것 같습니다. 그래서 오늘날 나는 강의를 하기 위해서 무대 위에 서면 행복한가 봅니다. 그리고 죽기 전에 꼭 한 번은 뮤지컬 배우로 무대에 서고 싶은 꿈을 갖고 있습니다. 나의 버킷리스트 중의 하나도 바로 뮤지컬하기랍니다.

스타연예인은 그 시대를 살아가는 사춘기 아이들이 좋아할만한 조건을 두루 갖춘 사람들입니다. 그래서 연예인, 스포츠 맨, 아이돌 스타는 사춘기의 우상이 됩니다. 스포트라이트를 한 몸에 받는 스타, 화려한 조명을 받고 부를 누리는 스타들의 삶은 부러움의 대상이 됩니다. 자신도 그렇게 돼보고 싶습니다. 그러나 그럴 수 없다는 것을 아는 아이들은 더욱 더 자신의 우상인 스타에게 정성을 들이게 됩니다. 사춘기 자녀들의 스타를 향한 열광의 몸짓은 사춘기 아이들이 자신의 정체성을 표현하는 수단이기도 합니다. 스타에 열광하는 자녀를 한심하게 보지 말고 자녀가 스타를 통해 롤모델링할 수 있도록 지지하고 지원해보십시오. 스타는 성공한 사람들입니다. 성공한 사람들에게는 성공할 만한 이유가 반드시 존재합니다. 자녀가 스타를 막연한 갈망의 대상인 스타바라기로 끝나지 않고 언젠간 너도 네 인생의 스타가 될 수 있다는 믿음으로 자녀를 응원해주는 겁니다. 자기분야에서 성공하면 그게 바로 스타이니까요.

눈씻고 찾아봐도 내 자녀에겐 스타탄생의 재능이 없다고요? 그러지 마십시오. 누가 압니까? 당신의 자녀가 서있을 자리가 바로 스타의 자리일 수 있다는 것을 부인하지 말아야 합니다. 재능없다 치부하지 말고 기회를 줘보십시오. 만약 재능이 없다는 부모님의 말이 참이라면 아마도 아이가 더 빨리 자신을 인정하고 있을 테니까요. 그래도 자기가 결정해서 하는 것과 시켜서 하는 것의 결과는 큰 차이가 난다는 것을 잊지마세요. 그리고 하지 말라고 하면 더하고 싶은 것이 인간의 심리라는 것도 기억해주세요. 이러한 부모의 배려는 자녀에게 도전의 기회를 제공하게 되고, 살아 온 날보다 살아갈 날이 더 많은 자녀에서 '포기하지 않는 한 실패는 없어, 끝까지 해 보는 거야'라는 인생의 지혜를 선물하게 될 것입니다.

사춘기딜레마 8. 충동적인 사춘기

하고 싶은 것은 꼭 해야만 직성이 풀리는 아이들이 있습니다. 하고싶은 것이 있다는 것은 참 건강하지만, 하지 말아야 할 것을 하는 것은 바람직하지 않습니다. 하고 싶은 것과 하지 말아야 하는 것에 고민하고 괴로워하는 아이들을 부모는 도와줘야 합니다.

"왜 그랬어?"
"나도 모르겠어요."

"네가 모르면 누가 알아?"

"훔칠 때나 때릴 때는 흥분이 되요."

"…"

"안 된다는 생각이 들었지만 그 순간엔 멈출 수가 없었어요."

"어쩌려고 그래?"

"나도 이런 내가 너무 싫어요."

"낼 시험인데 언제까지 게임만하고 있을 거야"

"이것만하고 그만 할게요"

"그만한다고 한지가 벌써 30분이나 지났는데, 당장 꺼"

"에이 씨"

"뭐라고?"

"이것만 한다구요"

"공부를 그렇게 해봐라"

내 아이가 공부를 못하는 아이도 아닙니다. 공부를 안하는 아이도 아닙니다. 말썽을 많이 부리는 문제아도 아닙니다. 아침이면 지각하지 않으려고 서둘러 등교를 하고 성적이 떨어질까 걱정하며 학원도 다니는 아이입니다. 가정형편이 어려워 돈이 부족한 아이도 아니고, 친구들과 잘 지내기도 하고 때로는 친구들과 갈등을 겪으며 세상을 배워 나가는 아주 평범한 사춘기 아이입니다. 그런데 충동을 억제하기 힘들다고 하네요. 많은 아이들이 그렇습니다. 사춘기 아이들은 욕을 하고, 폭력을 휘두르고, 거칠게 행동하고, 성욕과 식욕이 왕성하며, 무례하고 '짐승' 같은 행동도 서슴없이 하며, 게임에 과몰입(중독)하며, 가상과 현실을 착각하기도 합니다. 그렇게 사춘기 아이들은 충동적인 일탈을 즐깁니다. 그렇게 하는 이유에 대해 사춘기 아이들은 스트레스 때문이라고 합니다. 공부도, 스팩도, 진학도, 학교도, 가정도, 그리고 자기 자신도 자기 뜻대로 되지 않고, 자기편은 아무도 없는 외로움과 불투명한 미래에 대한 두려움으로 우울하기 때문에 스트레스를 풀어야 한답니다. 아니면 죽을 것같이 힘들고 무료하다고 합니다.

설상가상으로 10대 초반부터 시작되는 전두엽의 리모델링현상은 감정의 뇌를 과잉활성화를 하게 합니다. 다시 말해서 사춘기의 뇌는 늘 스트레스 상황이라는 것이지요. 그렇기 때문에 사춘기는 일상에서 받는 스트레스에 더 취약하여 충동적이고 자기 억제력에 문제를 보이며 순간 판단력에 오류가 생기기도 합니다. 사춘기의 충동은 사람 뇌의 30%를 차지하는 전두엽이 미성숙하기 때문에 나타나는 현상이라고 합니다. 그래서 사춘기의 충동은 충동성보다는 통제력과 조절력에 초점을 맞추어야 합니다. 충동행동을 비난하고 처벌에 초점을 맞추면 자존감은 낮아지고, 자존감이 낮아지면 더욱더 충동조절이 어렵게 되어 문제행동을 반복하게 되는 악순환에 빠지게 될 수 있습니다. 사춘기 자녀를 둔 부모는 자녀가 감정적으로 덜 흥분할 수 있도록 자녀의 감정변화에 공감을 해주고, 과도한 스트레스를 피하고 운동을 더 많이 해서 에너지를 발산하도록 해 전두엽의 정상적인 발달을 도와야 합니다. 사춘기 자녀의 행동을 뜯어 고치려 하기 전에 자녀가 느끼는 감정에 공감적 반응으로 소통해야 합니다.

자녀가 보이는 행동 중에는 잘못된 행동이 있을 수 있습니다. 잘못된 행동은 교정되고 수정되어야 합니다. 그러나 자녀가 경험하는 희노애락애오욕(喜怒愛樂哀惡慾)이라는 감정은 잘잘못을 따질 성격의 것이 아니고 묻지도 따지지도 말고 있는 그대로 받아들여주어야 할 성질의 것이기 때문입니다. 자녀가 화를 참지 못하고 충동적으로 반응한다면 먼저 그 사실과 상황으로 인해 느끼는 감정에 반응하고 수용해 주시기 바랍니다. 그러면 자녀 스스로 문제행동을 수정하려는 동기를 생성하게 될 것입니다. 그래서 부모는 바른 말보다는 좋은 말로 자녀를 응대해야 합니다.

사춘기딜레마 9. 과몰입된 사춘기

꼭 써야 한다면 선용할 수 있는 것도 지혜입니다.

"잠 안자고 뭐해?"

"잘 거야"

"지금 몇 신데 아직도 스마트폰 하는 거야?"

"아니야"

"아니긴 뭐가 아니야. 늦잠자지 말고 그만해"

"내가 알아서 해"

'알아서 하긴 뭘 알아서 한다는 건지' 부모는 자녀의 꼴이 곱지 않습니다. 뺏을 수도 없고 그렇다고 그냥 둘 수도 없고, 웬수같은 스마트폰 때문에 사춘기 자녀와 부모는 오늘도 씨름 중일 수 있습니다.

"공부를 하는 거야?"

"왜요?"

"문자질 하면서 공부가 되니?"

"괜찮아요"

"그러니까 성적이 오르지 않는 거야, 집중해서 해도 모자랄 판에..."

"에이 씨, 나가요 내가 알아서 한다니까"

"핸드폰 내놔"

"중요한 문자야, 반톡(반 아이끼리 하는 단체 카카오톡) 중이라구"

오른 손으론 팬을 들고 왼 손으론 스마트폰 자판을 두드리며 쉴 새 없이 책과 전화기를 오가는 아이의 모습을 보는 부모는 답답합니다. 울화가 치밀어 한 대 쥐어박고 싶습니다. 공부를 하는 것도 아니고 안하는 것도 아니고, 밥을 먹으면서도, 잠을 자면서도, 공부를 하면서도 손에서 스마트폰을 못 놓는 자녀를 보면 부모는 걱정이 깊어지고 곱지 않습니다. 딱 갖다 버렸으면 좋겠는데 당장 없으면 부모가 더 답답할 것 같아 그러지도 못합니다. 그런 부모의 마음을 아는지 모르는지 '그만해' 라는 말만하면 자녀는 폭발을 합니다.

"위험해"

"뭘요"

"길을 걸으면서 스마트폰을 쳐다보고 가면 어떻게 해"

"괜찮아요."

"사고 나면 어쩌려고"

"아이 괜찮다니까요"

"뭘 보는데 그래?"

게임을 하면서 걷는 아이들, TV를 보면서 걷는 아이들, 유트브 동영상을 보며 걷는 아이들, 핸드폰으로 음악을 들으며 걷는 아이들, 길을 걸을 때도, 횡단보도를 건널 때도, 스마트폰에서 눈을 떼지 못합니다. 한 번에 여러 가지를 다하는 이 아이들은 정말로 스마트합니다. 위험을 알리는 경적소리도 못들은 체 그렇게 스마트폰 세계에 빠진 아이를 보며 부모는 안심이 안됩니다. 사춘기 아이들은 왜 스마트폰에 빠져 사는 걸까요? 몰입을 하면 우리의 두뇌에서는 도파민이라는 화학물질이 분비됩니다. 도파민이란 신나게 뛰어놀 때, 맛있는 것을 먹을 때, 갖고 싶은 것을 얻었을 때와 같이 기분이 좋아지면 분비되는 신경전달물질입니다. 어른의 경우는 술이나 마약, 담배, 도박, 섹스 등을 할 때 분비되기도 합니다. 이것이 지속적으로 분비되면 우리 뇌는 이 즐거움에 익숙해지고 분비되지 않을 때 오히려 불안감마저 느끼게 된다고 합니다. 도파민 부작용이지요. 결국 아이들은 스마트 폰을 하지 않을 때 불안감을 느끼게 되고 자꾸 즐거움, 쾌감을 찾아 게임이나 스마트한 자극에 빠져들게 된다는 것입니다.

스마트폰은 우리들에게 편리성과 유익함을 주는 기기입니다. 그러나 유해한 환경을 제공하기도 하죠. 문제는 스마트폰에서 제공되고 교환되는 정보들이 어른에게도 유해할 수 있는데 자녀들은 부모들보다 더 빠른 속도로 유해한 환경에 그대로 노출된다는 사실입니다. 손에 스마트폰이 없으면 불안증이 생겨 잠잘 때도 끼고 자는 아이들이 늘고 있습니다. 스마트폰은 아이들에게 없어서는 안 될 귀중품이지요. 그래서 부모는 자녀의 스마트폰 생활을 통제하고 규제하기 보다는 선용할 수 있도록 도와야 합니다. 무엇보다도 내 생각에는 의무교육기간 중인 중학생까지는 스마트폰을 사용할 수 없도록 법으로 규제화 했으면 딱 좋겠습니다만 그것이 당장 현실불가능하다면 스마트폰 선용법을 한 가지 알려드릴 테니 꼭 활용 해보시고 이웃 분들에게도 널리 퍼뜨려주시기 바랍니다.

스마트 폰 선용 문화운동 : '스마트폰 단잠 BOX'

일정한 시간을 정해 놓고 온 가족이 '스마트 폰 단잠시간'에는 스마트폰 BOX에 스마트 폰의 전원을 끄고 넣어 둡니다. '폰 단잠 BOX'는 공동의 장소인 거실에 마련하는 것이 효과적입니다. 그리고 자녀에게만 시키지 말고 부모도 본 운동에 동참하는 것이 성공포인트입니다. 습관적으로 스마트 폰을 손에서 또 일상에서 멀리하는 노력으로 사춘기 자녀의 건강과 건전성을 보장해주고자 하는 것이 본 문화운동의 목적입니다.

사춘기딜레마 10. 모태솔로 사춘기

지남철처럼 끌리는 이성에 대한 호기심과 가슴 떨림은 사랑입니다. 이성에 관심을 갖고 호감을 표현하며 관계를 건전하게 이어가는 것은 아주 자연스러운 사춘기의 성정체성 발달특성입니다.

"해줘도 뭐라 하고 안해주면 안해줬다고 뭐라 하고"

"누가?"

"있어"

"누가 그러는데"

"아니 여친말이야. 가방 들어 줄까했더니 싫다고 해서 그냥 왔더니만
  그랬다고 짜증이잖아"

어떤 말을 믿어야 하는지 당체 헷갈려하는 남자는 여자의 심리를 모르겠습니다. 분명 우리나라 말인 것 같은데 그녀의 말은 외계어 같습니다. 그냥 말하면 되지 왜 그렇게 뱅뱅돌려서 말을 하는지 그 뜻을 알려면 아무래도 해독기가 있어야 할 것 아 머리가 아프고 가슴이 답답해져 옵니다. 여친을 사귄다는게 영 피곤한게 아닙니다. 그래도 이성 친구를 사귀어 보고 싶고 , 여친이 있는 게 좋습니다.

"어떻게 하지?"

"뭘"

"같이 여행가자는데"

"누가?"

"남친이"

"가도 되는 거야? 자게?"

"미쳤니?!"

여자가 생각하는 남자는 짐승같습니다. 왜 자꾸 좋다는 것을 행위로 확

인하려는지 모르겠습니다. 좋아한다고 원하는 대로 허락해야 하는지 모르겠습니다. 엄마에게 물어 볼 수도 없고 친구들에게 물어보자니 소문날까봐 두렵습니다. 그런데 남자는 자꾸 여자를 만지고 더듬습니다. 좋지만 이러면 안될 것 같은데 이럴 땐 어떻게 처신해야 할지 몰라 난처하기만 합니다. 그래도 남친이 있다는게 좋습니다.

우리 아들이 16번째 생일을 맞이했을 때 입니다. 케익에 불을 켜고 소원을 빕니다. "모태 솔로를 탈출하게 해주세요" 우리부부는 그 소리를 듣고 얼마나 웃었는지 모른답니다. 아마도 이성 친구와 썸을 타보고 싶은 모양입니다. 설레임이 뭔지 느껴보고 싶은가 봅니다. 언제 저렇게 컸는지 대견하기도 하면서 아직 여친이 없는 아들이 안쓰럽기도 하고 또 한편으로는 참 다행이라는 생각도 들었습니다. 공부에 집중할 수 있을 테니까요. 가볍게 격려와 희망을 덕담으로 남기고 생일파티를 끝냈던 기억이 있습니다. 부모들은 자녀의 이성친구 사귀기에 다소 부정적인 시각을 갖고 있습니다. 충동적인 아이들이기에 못 미더울뿐더러 공부에 방해가 되니까 이성친구는 대학가서 사귀었으면 딱 좋겠다고들 합니다.

이 시기의 성교육은 성행위를 하느냐 마느냐에 대한 문제가 아닙니다. 성은 행위가 아닌 관계임을 가르쳐 주어야 합니다. 관계를 통해 소통하고 생명이 탄생되는 것을 알려주어야 합니다. 생명은 존중되어야 하고 그 누구도 이 세상에 태어날 때는 부끄럽게 태어나고 싶지 않아야 한다는 것을 깨닫도록 도와주어야 합니다. 그러기 위해서는 자신이 얼마나 환영받고 경이롭게 탄생되었는지 자녀의 탄생스토리를 들려주어야 합니다. 조금은 미화를 시켜서라도 소중하고 아름답게 탄생스토리를 들려주어야 합니다. 자녀의 마음에 깊게 각인될 수 있도록 말입니다. 그러면 만족지연능력이 생겨날 수 있습니다. 진정으로 사랑받아 본 사람은 타인을 사랑할 수 있고, 환영받아 본 사람은 타인을 기꺼이 환영할 수 있는 이타심이 자라게 되니까요. 부모가 자식의 뒤를 따라다니면 언제까지나 지시하고 막을 수 있다고 생각하십니까? 그래서 혹시라도 이성간에 성적 행위에 직면하게 됐을 때도 한번만이라도 더 충동이 아닌 '생명존중'이라는 것을 생각할 수 있다면 후회 없는 선택을 하고 그 선택에 책임지는 자녀가 될 것이기 때문입니다. 건전한 이성관계를 할 수 있도록 부모는 자녀의 이성친구를 받아들이고, 밝은 곳으로 나올 수 있도록 해야 합니다.

❀ 사춘기 딜레마 뛰어넘기

사춘기 전에는 간혹 귀여운 반항을 하기는 했지만 부모의 관심을 끌기 위해서라도 부모가 하라면 하고, 시키면 시키는대로 말도 잘듣던 아이가 갑자기 부모 말에 토를 달고, 부모 말은 들은 척도 안하는가하면, 조금이라도 제 마음에 안들면 버럭 화를 내는 등 본격적으로 부모에게 반기를 들며 하라는 것은 안하고 하지 말라는 것만 골라 해대는 아이들 때문에 숨막혔던 부모들의 응어리가 조금 풀리셨기를 기대해봅니다. 사춘기의 발달특성과 사춘기 뇌이야기를 통해 우리는 사춘기 자녀가 보여주는 놀라운 변화들이 사춘기 자녀에게 조차 버거운 것들이라는 것을 알게 되었습니다. 그래서 그 어느 때보다 아이들의 기분을 살피고 올바른 방향으로 나갈 수 있도록 이끄는 것이 부모에게도 힘들었다는 것을 알게 되었을 것입니다. 그렇지만 사춘기를 어떻게 보내는냐에 따라 아이의 인생이 판이하게 달라질 수 있기 때문에 사춘기 딜레마를 잘 극복해 나갈 수 있도록 또 어긋난 일탈이 아닌 건강한 성장의 길로 갈 수 있도록 부모는 자녀를 적극적으로 도와야 한다는 것도 알게 되었습니다. 그러기 위해서는 사춘기 부모는 무엇보다도 자녀의 감정기복에 주의를 기울이고 감정을 다스릴 수 있도록 사춘기 감정에 공감하고 언행에 심사숙고해야 합니다.

세계적으로 알려진 감정연구가 가트맨 박사는 사춘기의 입장에서 보면 변덕스럽고 감정이 격한 것이 정상이라고 합니다. 그래서 사춘기 자녀의 변덕이 죽끓듯 하더라도 사춘기 감정을 다받아주라고 충고합니다. 왜냐하면 모든 선택은 감정이 결정하기 때문이라고 합니다. 생각하고 판단하고 선택하는 것은 생각의 뇌인 전두엽이 관장을 하지만 감정의 뇌가 충분히 제 역할을 하지 못하면 생각의 뇌 또한 정상적으로 자기 기량을 발휘하지 못한다는 것입니다. 가트맨 박사도 언급했지만 엘리엇의 사례를 보면 감정이 배제된 이성이 얼마나 무력한지 알 수 있습니다. 엘리엇의 사례는 이렇습니다. 엘리엇은 뇌에 종양이 생겨 뇌의 일부를 제거하는 수술을 받았습니다. 그 수술로 전전두피질이 손상되었는데 이 부분은 감정과 사고를 종합해 감정을 통제하고 판단과 결정을 내리는 역할을 합니다. 다행히 엘리엇의 사고능력은 아무 문제가 없었습니다. IQ도 수술 전과 똑같았고, 운동이나 언어능력, 기억력도 전혀 떨어지지 않았습니다. 인격도 수술 전과 동일했습니다. 수술 후 변한 것은 단지 그 어떤 감정도 느끼지 못한다는 것 말고는 변한 게 없었습니다.

엘리엇의 주치의는 엘리엇이 정상적인 사회생활을 하는데 아무런 문제가 없을 것이라고 예상을 했습니다. 비록 감정은 느끼지 못하지만 사고의 뇌는 지극히 정상이었으니 당연한 예견일 수 있었습니다. 엘리엇은 대기업에서 높은 연봉을 받은 경영인이었는데, 수술 후 회사에 적응하지 못하고 퇴사를 했습니다. 그는 어떤 결정도 하지 못했습니다. 고도의 판단이 필요한 사항뿐 아니라 파일을 정리하는 단순한 일부터, 식사할 장소를 정하는 일, 약속을 정하는 등의 간단한 일도 처리하지 못했다고 합니다. 아무리 노력을 해도 결정을 내리지 못하고 일을 처리하지 못하는 일이 많아지자 회사를 더 다닐 수 없게 되었고 종국에는 회사를 그만두게 되었다고 합니다. 엘리엇의 아픔을 통해 감정은 재평가되는 계기가 되었는데 감정은 단순히 이성과 구분되는 요인이 아니라 오히려 이성을 도와 적절한 판단과 결정을 내릴 수 있도록 돕는 내비게이션과 같은 역할을 한다는 것이었습니다.

이처럼 감정은 생각보다 훨씬 그 영향력이 크고 어떻게 활용하느냐에 따라 상당한 지혜를 주기도 합니다. 우리는 중요한 판단을 내리려고 하는데 이러지도 저러지도 못하고 판단이 어렵고 망설여지면 이런 말을 합니다. 마음이 시키는 대로 하라! 말썽을 부리고 상담실에 불려온 아이들에게 "왜 그랬어?"라고 물으면 "생각은 그러려고 그런게 아닌데 나도 모르게 했어요"라는 말을 하곤 합니다. 그런데 조금 더 그 아이의 마음속으로 들어가면 자신의 부정적인 감정들로 인해 충동적인 또는 마음이 시켜서 하는 일이 많다는 것입니다. 그럴 때 그 아이들에게 죄를 묻고 벌을 주기에 앞서 그 아이가 느끼고 있는 마음 상태인 불안, 걱정, 분노, 화, 억울함 등에 대한 감정이 읽어주고 공감하며 마음을 진정시킬 수 있도록 도와주는 것이 더 먼저 필요합니다. 그러면 아이들은 자신의 잘못을 깨닫고 뉘우칠 수 있게 됩니다. 그러면 아이들에게 양심이 자라게 되고 이후 어떤 나쁜 일이나 바람직하지 않은 일을 할 때는 마음속에서 찜찜함을 느끼게 되고 그 일을 하려는 자신의 행동에 단호한 제지를 가하게 되는 힘을 키울 수 있게 됩니다.

그러나 만약 아이들의 감정에 공감하지 않고 나무라고 비난하며 무시만 한다면 아이들은 더욱 더 주체할 수 없는 화난 마음으로 더 큰 화를 자초하게 될 수 있다는 것을 잊어서는 안됩니다. 왜냐하면 감정은 일순간에 일을 저질를 수 있는 아주 무서운 파괴력을 가진 존재이기 때문입니다. 마음이 가는 곳은 감정의 영향을 받습니다. 비록 감정이 그 쪽 방향으로 쏠리는 이유를 논리적으로 설명할 수 없을지라도, 마음은 그동안의 경험을 바탕으로 감정에 즉각 반응하고 아주 빠른 순간에 직관적으로 어떤 방향으로 가야할지를 감지합니다. '왠지 모르게 그 사람에게 끌린다. 뭐라 설명할 수는 없지만 그 사람이 그냥 좋다' 라는 말들은 다 마음이 직감한 감정에 의한 산물들입니다. 그래서 감정이 더더욱 중요하며 감정이 엉뚱한 선택을 하지 않도록 자신이 경험하는 감정에 적절히 대응하는 방법을 사춘기 자녀가 터득할 수 있도록 부모는 지혜로서 도와줘야 합니다.

하교길 음악을 전공하는 아들에게서 전화가 옵니다.

"엄마, 나 오늘 안경 다시 맞추고 갈께요."

"내일 토요일에 하기로 했잖아"

"그냥 오늘할래요"

"시간이 오래 걸릴텐데, 레슨시간에 늦으면 어쩌려고 그래"

"괜찮아요."

"뭐가 괜찮아. 내일 해"

"끊어요."

다음 날 아침부터 외출을 서두르는 아들, 안경 하러 가려고 그러나 보구
나 하고 덩달아 나도 따라 나갈 채비를 서두릅니다.

"엄마, 나 9시에 나갈거예요."

"안경점은 10시에 문연다고 했다며..."

"오늘 안경 안해요"

"왜"

"급한 거 아니예요. 오늘은 그냥 빨리 연습실에 가서 연습하려고요."

"..."

"왜요? 뭐가 잘 못됐어요?"

"아니...그럼 안경은 언제할건데?"

"나중에 필요하면 할께요."

몇일 전부터 안경이 불편해서 집중이 안된다며 안경을 빨리 새로 맞춰야
한다고 강력하게 요구했던 그 아이 맞나 싶을 정도로 변덕스럽습니다. 혼란
스럽습니다. 어느 장단에 맞춰 춤을 춰야 할지...어쨌든 기분 좋아 보이는
아들을 보니 오늘 하루 안심이 됩니다.

"오늘은 컨디션이 좋은가 보구나?"

"네, 컨디션 좋을 때 땡겨야죠"

이처럼 사춘기 아이들의 감정은 죽 끓듯 합니다. 이런 사춘기 자녀와 소통하는 게 쉬운 일이 아닙니다. 그럼에도 불구하고 사춘기 자녀를 지속적으로 사랑하기란 어려운것 같습니다. 그러나 언어가 달라도, 세대가 달라도 말이 통하지 않는다 하여도 언제 어디서나 소통되는 관계의 언어는 바로 감정입니다. 잘못된 소통은 시간이 지나갈수록 마음의 빗장을 단단히 걸어 잠그게 합니다. 마음 안에서 잠긴 빗장을 열기 위해서는 부모가 먼저 따뜻한 마음으로 공감하며 자녀의 긍정적 의도로 생성된 마음까지도 알아주고 '지성이면 감천' 이라는 말이 있듯이 조금 더 자녀에게로 다가가는 노력이 필요합니다. 그러면 사춘기 자녀의 거칠고 반항적인 행동도 긍정적으로 변화 할 것입니다. 부모는 사랑을 베푸는 존재입니다. 부모가 먼저 자녀의 마음을 받아주고 감정에 공감 또 공감해주는 것이 사춘기 자녀를 제대로 사랑하는 법입니다.

공감, 공감 그리고 또 공감입니다!!!

아무리 컴퓨터게임이 재미있고
스마트폰에 푹 빠졌다 하더라도
이 세상에는
그보다 더 소중한 것이 있습니다.
사람들과의 따뜻한 만남,
인간관계가 바로 그것입니다.

04

자녀에게 한 발짝
더 다가가기

당신이 어디에 서있건 지금이 바로 시작할 때입니다.
오늘 당신이 기울이는 노력이
분명 세상을 바꿉니다.

-앤드류 매튜스-

자녀에게 한 발짝
더 다가가기

부모들이 사춘기의 반항을 인간의 자연스러운 성장 과정에서 발생하는
일로 받아들이고 자녀의 인격과 자율성을 존중하고 사춘기를 이해하며 받아들이면서
한 발짝씩 더 다가가도록 노력한다면 사춘기 자녀의 태도는 달라질 것입니다.

❀ 꼭 해야 할 말, 네가 곁에 있어 참 좋아!

귀가 시간이 넘어도 들어오지 않는 아이, 무슨 일인가 싶어 전화를 해도
받지를 않습니다. 시간이 흐를수록 걱정은 깊어집니다. 그렇게 몇 시간이
지났을까 아이는 아무 일없다는 듯이 인사도 안하고 자기 방으로 들어갑니
다. 뭔 일이 있는 건 아닐까 걱정하며 가슴조이던 부모의 마음은 어디가고
슬그머니 화가 치밀어 오릅니다. '이걸 죽여? 살려!' 그래도 반기는 인사는
하고 따져 봐야지 하며 치밀어 오르는 화를 누르며 한마디 한다는 것이 그

만 "지금까지 뭐하다가 이제야 기어 들어오는 거야"라며 볼멘소리를 했습니다.

아이는 들은 척도 하지 않고 문을 닫습니다. 금세 집안 분위기는 전쟁터로 변하고 결국 반가운 인사는커녕 얻고 싶은 정보도 못얻은채 부모는 참패를 당합니다. 분이 삭히지 않습니다. 화를 내고만 자신이 한심하기도 하고 버릇없는 아이에게 실망감이 들어 온 몸에 기운이 빠집니다. 부끄럽고 한심한 생각까지 들어 우울해집니다.

"중학교 3학년이 되더니 아이의 귀가 시간이 자주 늦어집니다. 전화라도 해주면 좋으련만 전화도 없고 들어와서도 별말이 없어 답답합니다. 그럴 때면 "일찍일찍 다녀"라고 명령을 하거나 "뭐하다 이제야 와"하며 언성을 높이곤 했습니다. 아이의 귀가가 또 늦어진 어느 날 "늦었구나, 무슨 일이 있었니? 걱정했잖아"부드럽게 이야기 한다고 했는데도 아이는 귓등으로도 듣지 않고 자기 방으로 차갑게 들어가 버렸습니다. 문제행동은 해결되지 않고 서로 적대적인 감정은 쌓여갔습니다. 도저히 이해할 수 없는 아이의 행동에 노여워지고, 엄격하게 버릇을 고쳐 올바로 가르쳐야 한다는 책임감에 부모는 잔소리가 늘어납니다. 아이는 점점 멀어져 가고 이제는 마주하는 시간이 지옥같아 서로 피해 다니고 있습니다. 부모랑은 눈도 안마주치려는 아이가 너무 밉습니다. 자식이 아니라 웬수입니다. 그래도 집에는 들어오니 감사하지않냐고 위로해보지만 어떨 때는 아예 내 눈에서 사라졌으면 하는 모진 마음이 들 때도 있습니다. 더 이상 이렇게 살 수는 없습니다."

이 이야기는 내게 가족코칭을 받은 사춘기 부모자녀의 사례입니다. 그러면 우리는 이러한 문제행동을 어떻게 개선할 수 있을까요? 최근 각광받는 NLP(Neuro Linguistic Programing, 신경언어 프로그래밍)에서는 말합니다. 우리는 습관대로 행동하고 그것을 프로그래밍화해서 행동하기 때문에 좋은 행동도 나쁜 행동도 다 프로그래밍된 것이다. 때문에 관계에서 바람직한 행동을 원한다면 새롭게 프로그래밍화를 하면 된다는 간단명료하고 과학적인 방법을 제시하고 있어 소개해볼까 합니다. LNP에서 말하고 있는 몇 가지의 전제 중 대표적인 것이 '사람의 모든 행동은 긍정적인 의도가 있다' 입니다. 이 전제를 활용해서 해법을 찾아보도록 해보겠습니다. 긍정적 의도란 아무리 부정적으로 보이는 행동도 그 행동을 한 본인에게는 긍정적인 의도가 있다는 것이다. 다시 말해 그 행동이 가져다주는 유익이 있다는 것입니다.

예를 들면, 부모에게 꾸중을 들으면서도 반복적으로 장난을 치는 아이는 '부모의 관심을 얻고 싶다', '부모에게 자신의 존재를 알리고 싶다', '부모와 함께 시간을 보내고 싶다', '장난으로 보이는 행동을 통해 놀이를 하거나 익숙해지고 싶다' 등의 긍정적 의도(욕구)에 기인한다는 것입니다. 장난이라는 행동을 통해 부모에게 꾸중을 듣는 결과는 비록 부정적인 피드백이기는 하나 관심을 끌어냈고, 교류를 하게 했으며, 부모에게 자신의 존재를 인식시키는데 성공한것 입니다. 이는 표면적으로 볼 때 부정적으로 보이는 행동이지만 그 행동의 긍정적 의도를 헤아린다면 부모는 자녀로부터 다른 긍정적인 행동을 취할 수 있도록 도울 수 있다는 가능성을 발견하게 해줍니다. 긍정적 의도를 수용하는 것은 자녀의 행동 선택범위를 넓혀주고 바람직한 상호작용을 이끌어 내는데 그 의의가 있습니다.

위의 사례를 통해 연습을 해보겠습니다. 중학교에 다니는 정원이는 종종 학교생활에서 겪는 친구관계에 대한 불만을 호소하며 친구를 비난합니다. 부모는 그런 아이의 행동이 못마땅해 아이의 말에 귀기울여 주지 않습니다. 아이는 감정이 진정되지 않고 앙금이 남아 어긋장난 언행이 점점 강도와 빈도가 강해집니다.

어느 날 학교에 다녀온 정원이가 같은 반 친구 중 자신의 물건을 자꾸 감추는 아이가 있어 짜증난다며 하소연을 합니다. 평상시에는 "네 물건이니까 네가 잘 챙겨야지"라고 충고하거나 "그걸 가만히 둬! 너 바보야? 당장 내일 찾아서 가지고 와"라고 소리를 지르곤 했으나 '아이들의 모든 행동에는 긍정적 의도가 있다'는 말을 듣고 부모코칭을 받은 정원 엄마는 다르게 시도해 봅니다. 아이가 물건을 빼앗겨 화가 나서 짜증을 내며 투덜대는 상황에서 이렇게 이야기를 했습니다.

엄마 : "네가 아끼는 물건이 없어져 속상하구나. 그 물건은 누군가 자꾸 관심을 갖고 만질만큼 매력적이고. 그런데 그런 네 물건을 가져 간 친구가 있다는 거지. 아끼는 네 물건을?"

정원 : "네, 바로 그거예요. 나는 내 물건을 아끼고 소중히 하는데 말도 없이 가져가서는 돌려주지 않는다니까요."

엄마 : "그래 많이 속상했겠구나. 네 물건이 없어졌다고 속상해하는 정원 이를 보니 네가 물건을 소중히 챙기고 있다는 생각이 들어 안심된 다."

정원 : "정말 짜증난다니까요. 나도 그 놈이 아끼는 물건 그냥 훔쳐다가

쓰레기통에 버리고 싶어요."

엄마 : "그래, 그 정도로 화가 치밀어 오른다는 말이구나."

정원 : "네"

엄마 : "그래 그러면 속상하지. 엄마라도 그럴 것 같아"

조금 화가 누그러진 듯 아들의 목소리가 차분해집니다. 이렇게 1)감정을 충분히 수용한 다음 대화를 이어갑니다.

엄마 : "그런데 정원아 그 친구가 네 물건을 가져가게 되면 그 친구는 어떤 유익을 얻을 수 있을까?"

정원 : "그거야, 자기가 갖고 싶은 것을 가지면 기분이 좋아지겠죠."

엄마 : "원하는 것을 가지게 되어 기분이 좋아지면 그 친구에게는 또 어떤 유익이 있을까?"

정원 : "뽐내고 다니겠지요. 나도 이런 게 있다하고요. 그러면 친구들이 자기에게 관심을 갖게 되고 친구랑 더 친하게 지낼 수 있다고 생각할 것 같아요."

친구가 한 행동이 가져다주는 유익점을 생각해 보는것으로 2)행동의 동기를 이해하게 됩니다.

엄마 : "그래 그렇구나. 친구들의 주목을 받고 친구랑 친하게 어울릴 수 있는 방법은 뽐내는 일 말구 또 뭐가 있을까?"

잠시 생각이 깊어지고 답을 찾은 듯 격앙되어 대답을 합니다.

정원 : "자신이 노력해서 얻은 것을 갖고 자랑할 때 당당해진다고 생각해요. 남의 것을 빼앗거나 말도 없이 가져가서 뽐내면 부끄러운 마음이 들 것 같아요."

계속해서 부모자녀는 이야기를 주고받게 됩니다. 평소와 다르게 이야기가 흐르고 대화가 길어집니다. 계속되는 이야기에서 아이는 3)의미가 전환되고 깊게 생각할 수 있게 된다.

엄마 : "그렇겠구나. 올바른 생각이다. 그럼 그 친구에게 너는 어떻게 하고싶니?"

정원 : "내 것이니까 돌려 달라고 할거예요. 내가 아무 말 하지않고 짜증만 내는 것은 그 친구가 나쁜 사람이 되도록 내버려 두는 것인데 친구라면 그러면 안될 것 같아요."

엄마 : "그런 생각을 해내다니 정말 대견하구나. 그렇다면 이제 너는 어떻게 할래?"

이번에는 4)자신의 긍정적 의도를 통해 자신의 부정적 행동에 대한 의미 전환을 할 수 있도록 돕는 이야기를 해보겠습니다.

엄마 : "네가 이렇게 엄마에게 이야기함으로써 얻게 되는 좋은 점은 뭐가 있을까?"

잠시 머뭇거리다 대답을 합니다.

정원 : "일단 누군가 나를 이해해주고 있구나 하니까 내 잘못이 아니야 하
는 위로가 되구요. 내 물건을 내가 지키지 못한다고 생각하니까 바
보 같다고 생각했거든요. 아마도 나는 내가 바보가 아니라고 말
하고 싶었던것 같아요."하며 엄마를 쳐다봅니다.

엄마 : "그래 그렇지 너는 절대 바보가 아니지. 때로는 너도 어쩔 수 없는
일을 만나게 되기도 하지. 그럴 때면 속상하게 돼서 자신에 대해
실망하게 된단다. 그러면 기운이 빠지지." 하고 아이의 생각을 지
지 해주자 아이는 기분이 좋아진 듯 말을 이어갑니다.

정원 : "그렇죠?"하고 다시 확인을 합니다.

엄마 : "그럼"

"좋아 네가 바보가 아니라는 것을 확인하게 됨으로인해 너는 어떤
유익을 얻을 수 있을까?"

아이는 당황한 듯 잠시 생각에 잠기더니 이내 말을 이어갑니다.

정원 : "내가 바보가 아니니까 내가 원하는 것을 해도 된다는 자신감이 생
겼어요. 어떻게 하면 친구에게 되돌려 달라고 말할까하고 생각하
게 되면서 할 수 있다는 힘도 생겨나요. 그래서 걱정되고 짜증나기
보다는 머리가 맑아지고 마음이 가벼워지는 것 같아요."

이렇듯 아이는 자신의 감정을 솔직하게 이야기하고 공감받는 것으로
자신에 대한 확신을 갖게 되며 5)스스로 문제를 해결하고 자존감을 높여

갑니다.

우리는 우리 스스로 자신이 괜찮은 사람이라는 것을 확인하고 싶고, 의미 있는 타인에게 인정받고 싶어 합니다. 그러나 자신의 감정이나 생각을 표현할 때 지적받고 비난받았던 경험 때문에 자신을 부정하고 부정적인 자아상을 굳혀가게 되는 거지요. 이럴 땐 망설이지 말고 의미전환을 할 수 있도록 도와주시면 됩니다. 위의 사례처럼 따라 해보고 싶어도 바로 되지 않을 것입니다. 연습과 훈련으로 방법을 익혀나가야 하는 과정이 필요합니다. 번거롭다는 생각이 들 수 있습니다. 그래서 '되겠어, 나도 해볼 만큼 했는데 안 돼' 하는 변명이 올라올 수 있습니다. 이것이 바로 새롭게 변화하려는 시도에 대한 저항이라는 사실을 아셔야만 합니다. 모든 변화에는 저항이 따릅니다. 저항은 익숙했던 악습이 거부를 하는 것이니 용기를 내서 도전해보시기 바랍니다.

엄마 : "그래 바로 그거야. 네가 화가 나서 짜증을 내며 친구의 잘못을 내게 이야기 한 것은 네 자신을 괜찮은 사람으로 인정하고 싶고 지혜롭게 해결하고 싶은 마음이 있기 때문에 한것이지. 원래 넌 그렇게 괜찮은 아이지. 난 오래 전부터 네가 멋지다는 것을 알고 있었단다."

정원 : (아이는 입가에 미소를 지으며)"그렇네요. 그렇다면 그렇게 짜증내지 않고도 얼마든지 내 의견을 말 할 수 있을 것 같고 그래야 될 것 같아요. 아, 이런 거군요. 긍정적인 의도를 수용한다는게요. 머리가 맑아지고 마음이 가벼워지고 희망이 생겨 기분이 좋아지네요. 엄

마, 감사합니다"

엄마 : "그래, 너는 내 아들, 나는 네 엄마. 네가 내 곁에 있어 참 좋다."

긍정적인 의도를 물음으로써 서로가 서로의 생각을 대변해주고 알아줄 뿐 아니라 실천방법까지 찾게 도와 줍니다. 서로 긍정적인 방향으로 성장할 수 있도록 도와주면서 서로의 의견을 나누는 과정에서 6)부모자녀가 동반성장을 하고 서로를 이해하게 돼 관계가 친밀해집니다. 이처럼 긍정적인 의도를 수용한다는 것은 아이들의 의욕을 소중히 여기면서도 바른 행동으로 지도해 나갈 수 있게 이끄는 힘입니다.

─── | NLP활용대화을 위한 귀띔 | ───

1. 자녀의 감정을 충분히 수용한 다음에 행동을 수정합니다.
2. 타인의 행동의 동기를 이해하게 돕습니다.
3. 의미가 전환되고 깊게 생각할 수 있도록 합니다.
4. 자신의 긍정적 의도를 통해 자신의 부정적 행동에 대한 의미 전환을 합니다.
5. 스스로 문제를 해결하고 자존감을 높여갑니다.
6. 부모자녀 동반성장을 하게 되고 서로를 이해하게 돼 관계가 친밀해집니다.

NLP활용 대화의 핵심은 우선 아이들의 좋은 면에 관심과 초점을 맞추고 긍정적인 말로 좋은 상호작용조건을 만들어가는 것입니다. 정원이의 경우

자신의 물건을 가지고 간 친구에 대한 적대감과 부모님에게 꾸중을 듣고 잔소리를 듣게 되면 부정적인 정서만을 남긴 채 친구관계도 부모자녀관계도 악화될 수 있었습니다. 그러나 비록 허용되지 않는 행동을 했을지라도 그 행동에 대한 긍정적 의도를 생각하게 되면 불필요한 오해를 하지 않게 되고, 지혜롭게 대처할 수 있는 아이디어가 떠오르게 됩니다. 그래서 긍정적 의도에 초점을 맞춘다는 것은 자녀가 올바른 성장을 할 수 있도록 격려하고 지원해주는 것입니다. 그러면 부모,자녀는 서로 참 좋은 사이가 될것입니다. 그리고 '네가 곁에 있어 참 좋다' 는 말을 하는 것 또는 그 마음을 전달하는 것은 행복에너지를 충전하는데 큰 도움이 됩니다. '네가 곁에 있어 참 좋다' 라는 말은 관계에서 행복감을 주는 말입니다. 그리고 '네가 곁에 있어 참 좋다' 라는 메시지는 살아가는데 있어 든든한 지원군인 내 편이 있다는 만족감을 줍니다. 까다로운 자녀의 행동에 눈살을 찌푸리기 전에 함께 팀을 이뤄 해결해나가는 한 팀이 된다는 건 즐거운 일일 것입니다. 행복한 동행 파트너로서 사춘기 부모자녀가 한 팀이 될 수 있도록 나는 네 편이, 너는 내 편이 되어 서로의 곁에 머물러 줍니다.

❀ 절대하지 말아야 할 것, 잔소리

사춘기 아이들에게 '부모' 하면 떠오르는 말을 써보라고 하면, 답답하다, 숨막힌다, 독재자, 잔소리 꾼, 구토난다 등 다소 부정적인 이미지가 압도합니다. 사춘기 아이들이 부모에게 불만이 많다는 것입니다. 사춘기는 부모에 대해 '부모가 너무 걱정을 많이 함', '항상 부모 자신만 옳다고 함', '부모는 말과 행동이 다름', '부모는 우리의 인권을 무시함.', '우리의 사생활을 보장하지 않는다' 며 아우성입니다. 한 마디로 사춘기 아이들은 부모를 향해 '우리의 일은 우리가 알아서 결정할 수 있도록 하게 해주세요.' 라고 외치는 것 같습니다.

완숙을 향해 성장하는 비교적 짧은 기간인 사춘기, 이 시기 부모의 양육태도는 사춘기 자녀의 성장발달에 지대한 영향을 미치며, 자녀의 발달수준에 따라 부모의 역할도 변화되어야 함을 사춘기 부모는 받아들이고, 자녀를 독립된 인격체로서 그들의 생각과 느낌을 존중해주어야 합니다. 따라서 자녀의 사생활을 유지할 수 있는 권리가 있음을 이해하고 사춘기의 사생활을 침범하지 않도록 해야 합니다. 그런데 사춘기 부모는 그러기 쉽지 않습니다. 『세상 모든 엄마의 잔소리』라는 UCC동영상을 보신 적 있으신가요? 엄마가 힘차고 당당하게 부르는 노래 동영상입니다. 노래가 끝나면 모인 청중들이 모두 기립박수를 칩니다. 너무도 공감이 가고 하는 말마다 다 구구절절 그럴싸합니다. 그래서 엄마인 내 속이 다 후련해지기도 합니다. 동서고금을 막론하고 엄마들은 다 비슷한가보다는 공감대를 형성하게 해주는 노래입니다. 사춘기 아이들도 '우리 엄마가 저렇다니까' 하며 자신들의 자녀로서의 삶의 노고를 목 놓아 하소연합니다. 『세상 모든 엄마의 잔소리』라는 노래의 가사를 풀어 적어봅니다. 잔소리 대마왕의 잔소리를 감상하겠습니다.

일어나, 일어나 침대에서 좀 나오렴.

세수 좀 하고 양치질도 해야지!

뻗친 머리 빗질 좀 하고, 옷하고 신발도 챙기렴.

내 말 좀 들어, 일어나 어서 잠자리 정리하고

더우니! 추우냐? 그렇게 입을 거야? 숙제한 건 다 챙겼지?

외투랑 장갑도 챙겨라! 목도리랑 모자 챙기는 것도 잊지 말고!

강아지 밥 주는 것도 잊지 마!

아침밥은 꼭 챙겨 먹고, 전문가들이 항상 말하잖아 가장 중요하다고!

비타민도 먹으렴. 그러면 언젠간 쑥쑥 크겠지!

오늘 3시에 치열교정 있는 것도 절대 잊지 마려무나.

오후에 피아노 레슨 있는 것도 절대 잊지 말아라!

막 쓸어 먹지 말고 천천히 씹어 먹어야지

하지만 늦겠다. 어서 서둘러라! 제발 조심 좀 해라!

이리와 봐, 목이랑 깨끗이 씻은 거 맞아?

이제 나가서 놀아라, 너무 과격하게 놀지는 말고!

얍삽하게 놀지 마라! 항상 예의 바르게 해야 해!

친구 좀 사귀렴. 좋은 건 나눠 먹고 해야 할 일은 끝내렴.

항상 순서를 지키고 절대로 무례하게 굴진 마라

사이좋게 지내라! 내가 신경 안쓰도록

방 좀 치우렴, 옷도 개어 두고 네 물건은 네가 치워야지

잠자리 좀 당장 치우라니까! 하루 종일 할거냐? 네가 바보야?

내 말을 듣고 있는 거야? 전화 좀 받아라. 전화 좀 끊어라.

TV에서 좀 떨어지고 소리 좀 줄여

식탁에서 문자질 말고, 오늘은 컴퓨터 시간은 끝이야!

자꾸 그러면 네 스마트폰은 압수 하겠어!

누구랑 어딜 가니? 언제쯤 돌아올거냐?

감사합니다. 제발 실례합니다. 어디 가서나 이 말들을 잊지 말고

네가 나이 들면 지금 내 말들을 고맙게 여길게다.

너도 너랑 똑같은 자식 낳아 기르는 꼴 한 번 보고 싶구나

그 때는 이 잔소리들은 고맙게 여기게 될게다.

그러니 지금 그렇게 눈 부라리지 마라!

입 벌린채로 씹지 말고, 음식에 감사하는 마음을 가지렴.

두 번 이상 씹어 삼키렴. 네가 싫어하는 건 더 더욱!

숟가락을 쓰렴. 트림하지 말고, 네 몫은 네가 다 먹으렴

성적은 A 받고, 문 좀 닫아라. 내 앞에서 잔머리 쓰지 말고

정신 차리고 이리오렴, 셋 센다.

취직 좀 하렴. 박사학위도 따야지! 네가 할 수 있는 만큼

누가 시작 했던 지간에 서른여섯까지 넌 외출금지다!

바로 말해. 딱 한 번만이라도 사실을 말해다오.

네 친구들이 죽으면 너도 따라 죽을 테냐? 나이 값 좀 하라고!

한 번만 더 말하면 천 번도 넘겠다.

누굴 닮아 그러니, 분명히 네 아빠를 닮아 그런 게야!

내가 말할 때는 고개를 들어라. 등을 펴고 걷고

모든 물건에는 제자리가 있는 법이다. 그러니 물건 좀 제자리에 놓으렴.

울지 마, 뚝 그쳐! 아니면 진짜 울게 해줄테다!

하! 세수해라, 이 닦아라, 팬티 차림으로 돌아 다지 말고

좀 자라, 엄마 안아주고, 자 같이 기도하자!
 내가 널 사랑한다는 걸 잊지 마렴. 사랑한다(쪽)
그리고 너와 난 내일도 이 짓거리를 반복해야 되겠지
왜냐하면 엄마의 일이 끝나는 법이 없으니까 이유따윈 필요 없다
왜냐하면, 왜냐하면, 왜냐하면, 왜냐하면, 왜냐하면,
누누이 말하지만 내가 네 엄마
오마니, 어무이, 엄마다!

2015년 2월 8일자 EBS뉴스에 보도된 내용입니다. 10대인 사춘기, 사춘기가 지난 대학생, 그리고 성인이 자동차 운전 게임이라는 실험에 참가했습니다. 이 게임은 결승선에 빨리 도착할수록 보상이 커지는 게임입니다. 그런데, 중간엔 노란 신호등이 있습니다. 신호등이 켜질 때 멈추면 결승선까지 3초가 더 걸립니다. 신호를 무시하고 지나가면 빨리 도착할 수 있습니다. 그러나, 중간에 충돌 사고가 일어날 경우에는 6초 더 늦을 수 있습니다. 이 실험에 참가한 사춘기아이들은 어떤 선택을 했을까요? 과감하게 신호를 무시하지는 않았을까요? 예상과는 달리, 가장 신호를 잘지킨 사람들은 10대 사춘기 아이들이었습니다. 통념과는 달리 이성적으로 판단하는 사춘기 그러나, 실험 조건을 달리하자 선택은 달라졌다고 합니다. 조건을 달리한 두 번째 자동차 운전 실험에서 사춘기 아이들의 신호위반은 첫 번째실험보다 20%가 늘어났습니다. 사춘기 아이들의 행동을 변화시킨 요인은 바로 지켜보는 친구가 있었기 때문이었습니다. 친구가 지켜보는 두 번째 실험에선 위험을 알면서도 무모한 선택을 한 겁니다. 이처럼 사춘기는 누군가를 의식

하고 그들의 평가에 민감하게 반응을 합니다. 사춘기는 친구든 부모든 어른이든 그들이 들려주는 칭찬을 갈망하고 그들에게 인정받기를 갈구합니다. 만약, 사춘기에게 권위를 인정받는 기성세대라면, 그의 말 한 마디가 엄청난 파급력을 가질 수 있는 이유가 바로 여기에 있습니다.

그런데, 민감하게 반응하는 사춘기의 뇌를 멈추게 하는 목소리가 있다고 합니다. 미국 피츠버그대와 UC버클리, 하버드대가 공동연구한 결과에 의하면, 14세 사춘기들에게 특정한 녹음을 30초간 들려주었더니 사춘기의 뇌 중 부정적인 감정에 관한 영역은 점점 활성화된 반면 상대방의 입장을 헤아려 공감하는데 필요한 뇌의 활동은 점점 줄어드는 현상을 보이는 목소리가 있었다 합니다. 사춘기의 뇌가 공감하길 거부했던 목소리, 누구의 목소리일까요? 실험에서 사춘기 아이들이 들었던 그 목소리는 바로 말과 행동이 다른 부모의 잔소리였습니다. 즉, 부모의 잔소리를 들을 때, 사춘기의 뇌는 멈춘다는 것입니다. 이는 잔소리를 듣게 된 아이들의 뇌가 사회적 인식 처리를 중단하고 있는 것으로, 아무리 부모가 목청을 높여 '너 잘되라고 하는 소리'라며 강조를 하더라도 그것이 잔소리라면 자녀가 부모의 심리 상태를 이해하려고 하지 않을 수 있음을 시사하는 것입니다. 즉, 사춘기 자녀에게 하는 부모의 잔소리는 자녀에게 독이 된다는 것입니다.

일반적으로 사춘기 부모들은 자녀가 유아일 때와 같은 방식으로 사춘기 자녀들을 대하는데 이럴 경우 부모의 목소리는 갈수록 커지고 거칠어지기 마련입니다. 자녀도 강압적으로 나오는 부모에게 거부감을 느낄 수밖에 없겠지요. 사춘기에 접어들면서 아이들은 부모의 말에 반항하거나 거부하는 태도를 보입니다. 이 경우 대다수의 부모는 반항 자체를 심각하게 받아들이면서 자녀가 바른 길을 벗어나고 있다고 간주하고 자신이 이를 바로잡아야 한다고 생각하기에 다급해지기 마련입니다. 하지만 부모들이 사춘기의 반항을 인간의 자연스러운 성장 과정에서 발생하는 일로 받아들이고 자녀의 인격과 자율성을 존중하고 사춘기를 이해하며 받아들이면서 한 발짝씩 더 다가가도록 노력한다면 사춘기 자녀의 태도는 달라질 것입니다.

❀ 기억하라, 입술에 머문 30초 말의 위력

부모는 자녀와 대화를 하고 싶어서 "우리 아들(딸), 엄마(아빠)랑 이야기 좀 할까?"하고 부드럽게 말을 걸지만, 자녀는 부모의 대화요청에 '뭘 잔소리를 하려고 이러는거야…' 하며 머리를 쥐어짜고 싶을 정도로 인상을 쓰며 거부하고 싶은 마음이 생겨납니다. 그래서 부모는 어떻게 하면 아이들과 더 많은 이야기를 할까를 궁리하기 전에 자녀가 부모인 나랑 대화를 하고 싶어 할까 아닐까를 살펴야 합니다. 사춘기 아이들에게 "너희들은 부모님이랑 왜 애기하기 싫어해?"라고 물어보면 아이들은 다음과 같이 대답을 합니다.

"애기를 끝까지 들어보지도 않고 화를 내요."
"내 말을 잘 듣지도 않으면서 당신들 말만 잘 들으라고 해요."
"말만 하면 혼만 내요."
"말이 통해야 말을 하지요."

그래서 아이들은 대화를 '대놓고 화내는 것'이라고 정의하고 있는지도 모르겠습니다. 아이의 말문을 막고 부모만 일방적으로 하는 말은 대화라 할 수 없습니다. 대화와 잔소리는 엄연히 다릅니다. 대화와 잔소리는 어떻게 다를까요? 자녀에게 다음과 같은 말을 한 적이 있다면 당신은 잔소리하는 부모입니다.

"너는 대체 언제 철들래?"

"너 나중에 커서 뭐가 되려고 그래?"

"계속 늦게 오면 집에서 쫓겨날 줄 알아!"

"그렇게 공부만 하는대도 도대체 성적이 그게 뭐니?"

"내가 너 때문에 못살겠어!"

"도대체 어쩌려고 그러는거야?"

"네 일이니 이제 네가 알아서 해! 난 신경 끊을테다."

"옆집 00이 반만이라도 따라가면 내가 이러지는 않아!"

"이거 밖에 못하겠니?"

"이 바보야!"

"도대체 생각이 있는 애야 아니야?"

"제발 공부 좀 해라"

"그렇게 해도 안되는 걸보니 이젠 정말 포기해야겠다."

만약 부모인 당신이 다른 사람으로부터 이런 말을 듣는다면 어떤 기분이 들겠습니까? 기분이 나빠지는 것은 당연하고 그런 말을 하는 사람과는 상종도 하고싶지 않을 만큼 빈정이 상하게 될 것입니다. 그런데 우리는 자식이라는 이유만으로 너무도 쉽게 아이들에게 이런 잔소리를 해댑니다. 대화는 두 사람 이상이 말을 주고받으면서 마음을 나누고 정보를 나누는 의사교환의 과정입니다. 그러나 잔소리는 감정조절을 하지 않은 채 잘못된 것을 지적하거나 못마땅한 감정에 대한 분풀이를 하는 대놓고 화를 내는 말들입니다. 감정조절을 한다는 것은 자신이 경험하는 감정을 목적에 맞게 잘 활용하는 것으로서 긍정적인 감정 뿐만 아니라 부정적인 감정도 목적에 맞게 잘 활용할 수 있는 힘입니다. 그러나 감정을 조절하지 않고 내뱉는 일방적인 잔소리가 계속되면 자녀는 부모와 대화를 기피하게 되고 자녀에 대한 정보를 얻거나 마음을 여는 소통을 할 수 없어 자녀와 부모는 점점 심리적으로 멀어지게 될 것입니다.

❀ 인정받고 있다고 느끼게 사랑하라

대화에 있어 중요한 대원칙은 대화의 양(量)도 중요하지만 대화의 질(質)이 더 중요하다는 것입니다. 그리고 무엇을 말할까도 중요하지만 어떻게 말할까가 더 중요합니다. 자녀와의 관계에서 부모는 어른이기 때문에 그리고 부모는 권위가 있어야 한다는 신념 때문에 자녀보다 말을 많이 하며 훈계하고 가르칠 가능성이 있습니다. 그러나 듣는 자녀의 입장에서 부모의 소리가 의미가 없는 말이라면 잔소리가 되기 쉽습니다. 잔소리는 자녀로부터 거부감을 갖게 하고 갈등과 관계를 균열시키게 됩니다. 인간관계는 대화의 관계로서 대화에는 감정이 실리게 마련입니다. 감정이 실린 대화를 통해 우리는 감정의 상승작용을 하게 됩니다. 대화를 통해 긍정적인 감정의 상승작용을 할 수 있고 부정적인 감정의 상승작용도 할 수 있습니다. 부모와 자녀간의 대화도 마찬가지입니다. 때문에 모진 마음을 먹고 대화를 하면 대화는 모질어지고 말 속에 칼날이 세워져 상대에게 비수가 될 수 있지만 고운마음으로 한 대화는 좋은 기운이 담겨 따뜻한 기운이 감도는 훈훈하고 정겨운 대화가 될 것입니다. 향 싼 종이에는 향내가 나고 생선 싼 종이에는 비린내가 나듯 말입니다.

'입술에 머문 30초의 말이 30년 가슴에 남는다' 는 말 있습니다. 30년 가슴에 새겨 둔 말은 언제라도 기운나게 하고 기분 좋게하는 긍정적인 자원이 되는 말도 있고, 가슴에 사무쳐 기운 빠지고 살맛나지 않게 하는 말도 있습니다. 조용히 눈을 감고 당신의 부모가 들려 준 말 중에 떠오르는 말이 어떤 말인지 생각해보시기 바랍니다. 그리고 당신의 자녀는 당신에게 들은 말 중에 어떤 말을 가슴에 깊게 새겨 놓았을까를 생각해보십시오. 어린 시절 나의 아버지는 언제나 어디서나 내가 달려가면 팔벌려 안아주시면서 "재수 좋은 딸, 예쁘다"라고 하셨습니다. 아버지가 제게 주신 사랑은 자신감이 되었고 그 품은 포근하고 따뜻했으며 나는 사랑받는다는 느낌이 들었습니다.

어머니는 맞벌이를 하시는 분으로 살림과 일 그리고 다섯 남매를 키우시느라 늘 바쁘셨습니다. 특히 겨울철 김장을 담글때면 3박 4일 눈 코 뜰 새 없이 바쁘셨습니다. 300포기 정도의 배추를 자르고 소금에 절여 씻기를 3일 밤과 새벽잠을 줄여가며 꼬박 그렇게 김장을 담가 내셨습니다. 어린 시절 우리 집은 4층 양옥집으로 계단이 많았습니다. 그 때의 겨울은 참으로 추웠습니다. 어머니는 목장갑하나 달랑 끼시고는 1층에서 배추를 자르고 2

층에서 저리고 씻어 3층에서 버무린 다음 4층의 장독에 채우셨습니다. 300 포기가 되는 김장을 말입니다. 거기에 더해서 알타리, 파김치, 동치미까지 어린 내가 들어가 숨어도 될 만한 크기의 독 여러 개에 김치를 다 채우셨습니다.

김장하는 날에는 동네의 아줌마들이 4~5명이 모이셨고, 힘쓸 삼촌들과 아제들로 집이 어딜 가나 북적거렸습니다. 북적거리는 집이 신났고 김장이 끝나고 나면 벌어질 축제에 대한 기대감으로 어린 나는 꽤 흥분을 했던 것 같습니다. 절인 배추에 돌돌 말아먹던 굴도 먹고 싶었고, 솥에서 삶아지는 수육이 다 되기만을 기다리는 나도 무척 분주했으니까요. 그래서 이유 없이 평소보다 더 엄마를 많이 찾았습니다. 그렇게 부산하고 바쁜 날, 엄마 뒤를 쫄쫄 따라다니며 엄마를 찾아대는 내가 귀찮을 법도 하셨을텐데 어머니는 한 번도 짜증을 내지 않으시고 엄마를 부를 때마다 제 말에 귀기울여주셨습니다.

"엄마"라고 부르면 고무장갑도 끼지 않아 팔목까지 고춧가루로 벌겋게 물든 손을 하얀 배추 잎으로 쓱쓱 닦으시고는 구부렸던 허리를 펴거나 서 있는 키를 낮추어 제 눈높이에 맞추시고는 "왜?"라고 응답해주셨습니다. 혹시라도 제 옷에 고춧가루가 묻을까봐 염려하시며 언제나 한결 같이 저의 눈을 맞추고 봐주셨습니다. 그래서 그 때부터 저는 거룩한 보물로 굳게 가슴에 새겨진 신념이 생겼습니다.

'세상의 모든 사람은 언제나 나를 환영해주고 반겨준다.' 는 믿음입니다. 그 믿음은 지금도 나에게 용기를 주며 도전을 할 수 있도록 해 결국 사람들에게 다가갈 수 있는 힘을 줍니다.

대중강의를 위해 강단에 설 때면 환영하는 청중들도 있지만 때로는 마지못해 불려와 동원 돼 앉아 있는 청중들은 '뭐야? 귀찮게' 하는 경계의 시선을 줄 때도 있습니다. 당혹스럽고 위축되지요. 또 '어디 얼마나 잘하나 보자' 하는 간보기를 하는 청중들도 있습니다. 그 때도 물론 떨리고 긴장됩니다. 하지만 이내 내 마음 안에는 '세상의 모든 사람은 언제나 나를 환영해주고 반겨준다' 는 믿음으로 '할 수 있어' 를 외치며 그들에게 다가갈 수 있는 힘을 줍니다. 그 힘으로 지금도 난 강당에 서면 설레고 기쁩니다. 지금의 나를 만들어준 거룩한 신념을 유산으로 남겨준 부모님께 감사하는 마음이 큽니다.

철들어 내 어머님께 그 때 왜 그렇게 하셨냐고 물어보니 "너희들 맛나게 먹일 생각을 하니 너무 기뻐서 힘든 줄도 몰랐다. 너 또한 그것이 기뻐서 엄마를 찾는데 뭐가 힘드냐"는 것입니다. 그렇게 내 어머님은 자식을 키우는 부모의 역할이 행복해서 한 순간도 힘들지 않으셨다는 말씀을 해주셨습니다. 어머니의 삶에 자식인 내가 기쁨이었다는 말을 들었을 때 나는 참 행복했습니다. 그러나 사춘기인 내 아이의 가슴에도 나와 같은 정서적 자원과 달달하고 고소한 기분좋은 부모냄새가 새겨져 있을까? 난 내 아이에게 어떤 유산을 남겨주고 있는 걸까? 이 질문에 자신 있게 답을 할 수는 없지만 그래도 한 가지, 자식에게 알고 짓는 죄는 짓지 않으려고 오늘도 노력하고 또 심사숙고하고 있다는 것으로 작은 위안을 삼아봅니다. 사춘기 자녀를 둔 당신은 어떻습니까?

🍀 말이 인격이다

대화에도 수준이 있습니다. 대화의 수준을 보통 5단계로 설명합니다. 첫 번째가 인사를 나누는 정도의 대화로 '다녀오겠습니다, 잘 다녀와라, 안녕하세요, 안녕히 주무세요' 등과 같은 인사말을 교환하는 형식적인 대화를 말합니다. 두 번째 단계는 일상의 정보를 나누는 대화로 '숙제를 했니, 밥 먹었니, 별일 없었니' 등과 같이 말로 하루의 일과를 체크하는 정도의 말로 가벼운 일상 대화를 하는 것입니다. 세 번째 단계는 부모자녀가 서로 의견을 교환하는 대화로 상대의 의견을 들어주고 자신의 의견을 말할 수 있는 관계로 서로 의견을 주고받는 의사교환으로 구체적인 일상 대화를 하는 것을 말합니다. 그리고 네 번째 단계가 마음을 나누는 대화로 말의 이면에서 작용하는 감정을 공감하고 서로의 말이나 행동을 통해 느껴지는 감정을 나누고 고민상담도하는 공감적으로 이해하는 소통의 대화입니다. 마음을 나누는 대화는 서로를 향해 마음을 열고 생각과 느낌을 공유하며 서로에게 편이 되어 주며, 기꺼이 곁을 내주게 되는 단계입니다. 마지막으로는 정보교환, 의견교환, 마음소통을 바탕으로 서로의 비전을 공유하고 인정하고 격려할 뿐 아니라 축하해주는 관계에서 교류되는 숨김없이 털어놓을 수 있는 비전공유대화 입니다.

당신은 당신의 자녀와 어떤 수준의 대화를 하고 계시나요? 안타깝게도 많은 부모들이 사춘기 자녀와의 대화에서 정보교환이나 의견제시 정도에서 머물러 있다는 것입니다. 사춘기에 달성해야 할 발달과업이 자아정체성 확립입니다. 나는 누구이며, 나는 누구여야 하는가에 대한 답을 찾아야 하는 시기이지요. 발달심리학적 관점에서 보면 사춘기는 많은 인생에 관한 질문이 생기는 시기로 진로를 고민하고 꿈을 키워나가는 시기로 친구도 필요하고, 선배도 필요하고, 스승도 필요합니다. 사춘기 자녀들은 대화를 통해 그 숙제를 풀어갑니다. 때문에 대화다운 대화가, 수준 높은 단계의 대화가 절실히 필요한 시기입니다. '아 해서 다르고 어 해서 다르다' 는 말도 대화에는 품격이 있다는 것입니다. 그러나 현실에서는 그리 쉽지 않다는 게 문제입니다.

"네가 그런 식으로 말하면...(너-메세지)"

"니가 그딴식으로 말하면...(비난, 조롱)"

"내가 그 말을 들으니...(나-메세지)"

같은 의미 다른 느낌의 말들입니다. '네가 그런 식으로 말하면...' 은 부드럽게 말을 해도 상대를 비판하는 뉘앙스가 생길 수 있고, '니가 그딴식으로 말하면...' 은 여지없이 상대를 비난하게 들립니다. 그러나 '내가 그 말을 들으니...' 라는 말은 감정의 상승작용이 있다하더라도 대화를 지속하겠다는 부모의 뜻을 자녀에게 전하게 되고, 자녀가 부모를 이해할 수 있도록 도울 수 있게 됩니다. 사춘기 자녀가 경험하는 수준 높은 대화는 부모자녀의 윈윈시너지를 창출하게 될 것이고 그러한 상생을 통해 부모자녀는 사춘기를 극복하고 동반성장하게 될 것입니다.

사춘기 자녀랑 하루에 얼마나 대화하십니까? 혹시 아침부터 잠자리 들

때까지 어떤 말로 대화를 하고 있습니까? 바른말을 많이 하십니까? 아니면 좋은 말을 많이 하십니까? 초등학교 자녀를 둔 가정에서조차 부모-자녀 간 대화시간이 하루에 30분이 채 안된다는 작금의 현실 속에서 자녀와 의도적으로라도 대화의 시간을 늘리고 질적인 대화를 나누는 것은 자녀의 건강한 성장과 가족의 행복감을 증대시키기 위한 필수요건이며, 부모-자녀의 친밀감형성을 위해서도 부모자녀가 소통하는 대화는 필요하다 하겠습니다.

하루에 한 끼 식사를 가족이 다 모여하기 힘든 현 실태에서 자녀와 대화다운 대화를 길게 하기란 쉽지 않을 것입니다. 그래도 자녀와 대화하는 시간도 늘리고, 단순히 명령, 지시나 일상에 대한 정보를 교환하는 대화의 수준을 넘어 마음을 공유하고 의견을 교환할 수 있는 수준의 대화를 할 수 있도록 의도적인 노력이 필요합니다. 자녀와 함께 식사하는 횟수를 늘리고 마주할 수 있는 시간을 늘리는 것은 큰 도움이 될 것입니다. 아무 말도 없이 밥만 먹기, 밥은 아이만 먹고 엄마는 지켜보거나 다른 곳에 있기, 같이 밥을 먹기는 하나 밥상머리에서 훈육하느라 밥도 제대로 먹을 수 없게 하기, 밥 먹는 아이 혼내기, 오늘의 할 일 브리핑하기, 업무지시나 일과체크하기, 빨리 먹으라고 재촉하기 등의 말을 하는 것으로 밥상머리 대화를 하기 보다는 훈훈한 정을 나누는 밥상 대화가 될 수 있도록 합니다.

물론 그 시간 아니면 아이와 마주할 시간이 없기 때문에 그럴 수밖에 없다고 변명하고 싶은 분도 계시겠지만 말입니다, 아이의 기억 속에 가족과 함께한 식사시간 또는 부모와 함께한 식사시간이 참 기분 좋은 시간이었다고 기억하게 해주셔야 합니다. 그러기 위해서는 대화다운 대화가 필요합니다. 우리의 사춘기 자녀의 기억 속에 가족과 부모와 함께한 집 밥의 추억 어떻게 기억되어 있을까요?

　언어학자 메러비안 여사는 대화에서 오고가는 말 중 언어적 내용은 불과 7%정도만 작용할 뿐 그 나머지 93%는 말할 때 전달되는 미묘한 어투, 뉘앙스, 표정과 같은 비언어적인 내용에 더 많은 영향을 받는다고 했습니다. 때문에 말하는 화자가 아무리 그런 의도 없이 말했다하더라도 듣는 사람의 입장에서 불편하거나 심지어 공격받고 있고, 상처 받았다고 느낄 수도 있기 때문에 조심을 해야 합니다. 대화를 통해 상처를 주는 사람은 없어도 상처받는 사람은 있을 수 있기에 주고받은 말에는 반반의 책임이 있습니다. 그러하기에 말의 책임을 온전히 부모 혼자 다 지려하지 말아야 합니다. 이런 과잉책임의식이 화를 불러오고 분노를 표출하게 할 수 있기 때문이죠. 대화 상황에서 벌어지는 당혹스런 상황에 부딪치면 '그럴 수도 있지', '그러련', '그럼에도 불구하고' 공감적으로 수용하려는 태도를 갖추는 것이 중요합니다. 그리고 자녀를 가르치고 훈육하여 올바른 아이로 키워야 한다는 책임감을 조금만 내려놓고 그 보다 자녀가 사랑받고 있다고 느낄 수 있도록 자녀에게 좋은 말, 사랑의 말, 격려의 말, 위로의 말을 더 많이 해줍니다.

❀ 소통을 방해하는 소음을 꺼라

　소통은 관계가 맺어진 것들에서 이루어져야 하는 것입니다. 우리는 너와 관계를 맺기도 하지만 나와도 관계를 맺습니다. 또한 과거 · 현재 · 미래라는 시간선 안에서도 관계가 이어집니다. 이렇듯 소통은 나, 너, 우리 그리고 시간과도 소통되어야 합니다. 소통을 통해 좋은 기가 흘러야 하고 좋은 기운이 흐르도록 해야 합니다. 그리고 소통은 어떠한 상황 또는 맥락적으로 발생되기에 의사소통이 잘 이루어지기 위해서는 의사소통의 구성요소인 관계, 메시지, 상황과 맥락 사이의 원활한 상호작용이 있어야 합니다.

소통이 잘 되지않아 어딘가 막히거나 소통의 통로가 좁아지면 관계에서 흘러야 할 기는 막혀 '기막힌 병'이 생기게 마련입니다. 여름철에 겨우내 꺼두었던 에어컨을 가동시키려면 반드시 필터를 꺼내어 닦아주고 필터상태를 깨끗하게 해주어야 하듯이 소통을 위해서도 필터링이 잘 되어야합니다. 이렇듯 소통은 자신을 중심에 두고 관계되어진 것들과 통하는것이며 이어짐 안에서 건강하고 행복함을 만날 수 있습니다. 부모노릇을 하면서 자녀와 잘 통한다는 것은 참으로 기쁜 일일 것입니다. 자녀가 말끝마다 "엄마랑은 말이 안통해"하며 짜증을 내고 있다면 자녀와의 소통길에 기막힘이 생길 것입니다. 사춘기 자녀가 있는 자녀의 집에 CCTV를 설치하면 어느 부모도 소통에서 겪는 기막힘에 자유롭지 못할 것이다.

부모자녀의 소통은 상호간에 편안하고 활기찬 분위기 속에서 메시지가 적절하게 전달되어야 합니다. 그런데 부모는 자녀와 대화를 할 때보면 자녀가 말하고 있는 언어와 태도만보고 못마땅해 하며 자녀를 가르치거나 훈계하려 들 때가 많습니다. 아직 미성숙한 자녀는 그러한 부모의 행동에 발끈하여 대들거나 반항하고 담쌓는 등을 하며 부모에게 상처를 남기고 상처를 안은 채 멀어져가려 합니다.

명령, 지시, 요구하는 말투

경고, 위협하는 말투

당부, 설득, 설교하는 말투

도덕적 행동을 요구하는 말투

충고, 제안하는 말투

평가, 비판, 우롱하는 말투

탐색질문, 심리분석 하는 말투

둘러대기, 비교, 비판, 비난하는 말투

꼬리표 달기, 지적하기, 잔소리하는 말투

 평균적으로 하루에 30분도 채 안되는 부모자녀의 대화를 관찰해 보면 소통에 방해되는 말투를 많이 쓰며 대화를 합니다. 이러한 말투는 자녀로부터 수치감과 좌절감을 느끼게 하고 자신을 부정하게 하며, 자신을 싫어하는 등 자녀의 자존감을 추락하게 합니다. 자존감이 낮은 아이는 자신감을 잃게 됩니다. 분명 부모는 자녀를 도와주고, 사랑하고 있다는 것을 표현하고자 했을텐데도 그리고 잘하라고 하는 소리였을텐데도 자녀는 이러한 말투를 들으면 들을수록 더 잘하지 못하게 될 가능성이 높아지고 말을하면 할수록 무슨 영문인지 도움을 주기 보다는 피차 상처만 주고 받으며 심리적으로 등지는 안타까운 관계를 야기시킵니다. 이러면 안되는 것도 알고 자신의 대화법에 문제가 있다는 것을 알면서도 계속 되풀이되는 대화의 걸림돌 때문에 소통이 어려워진다는 것을 부모자녀는 관과해서는 안됩니다. 대화를 나눈다는 것은 곧 마음을 나누는 일이니까요. 자녀가 부모의 말을 들을 준비가 되었을 때 훈육은 효과를 볼 수 있으나, 자녀가 들을 준비가 되지 않았는데 가르치는 것은 모두 잔소리로 변해 바람직한 변화라는 교육적효과도 저해할 뿐 아니라 자녀와의 관계도 멀어지게해 꼭 해야 할 대화까지도 차단하게 될 수 있습니다.

왜 부모는 자녀의 무기력한 마음을 제대로 돌보지 못하고 도리어 화를 내며 윽박지르듯 재촉하는 것일까요? 왜 풀죽은 아이의 마음을 느끼지 못하고 오히려 자신의 애쓰는 노력에 부응하지 못하는 아이를 원망하며 야단치고 어떻게든 부모식대로 고치려고만 드는 것일까요? 부모는 도대체 왜 자녀와 고무줄 줄다리기를 하는 것일까요? 그리고 왜 부모는 자녀의 말에 귀를 기울이기가 힘든 것일까요? 자식에 대한 선지식(선입견)이 듣기를 방해하고 내부적 · 외부적인 소음으로 속시끄럽기 때문입니다. 기계가 돌아가는 공사장을 연상해보세요. 그곳에서는 제대로 대화를 나누기가 쉽지 않습니다. 소음은 듣기를 방해해 대화에 집중하지 못하게 하고 의미전달을 방해해 듣기를 방해합니다.

어릴적 부모로부터 받았던 아픈 경험이 치유되지 않은 채 미해결과제로 남아있는 부모라면 부모자신의 내면에서 울고있는 어린아이의 속시끄러운 소리가 소음이 될 것입니다. 그리고 배우자와의 싸움으로 화가 나있는 상태이거나, 몸이 아프거나, 가치관이 달라 충돌이 생겼을 때, 졸릴 때, 감정이 상해 있을 때, 컨디션이 안좋을 때, 걱정이 있거나, 다른 일에 집중하고 있을 때 등 여러 가지 내외부적 소음 때문에 자녀의 말에 경청하기가 어려워질 수 있습니다. 소음은 소통의 문을 닫게 해 불통이 되게 합니다. 부모가 자신의 미해결 과제를 해결하지 못한 채 자녀와 소통을 시도한다면 대화에서 불통 현상은 가중되고 증폭되어 갈등은 악화될 것입니다. 인간관계에서 빚어지는 많은 갈등의 67%정도는 영속적이라는 것을 잊어서는 안됩니다. 이 말은 부모자신의 문제를 해결하지 않는 한 어디서나 누구와도 부정적인 의사소통은 반복될 것이라는 것입니다. 즉 '자식, 너 때문에 이 모양 이 꼴로 산다!' 라고 탓하기 전에 자신을 돌아보고 진정한 자신 즉 참 나를 만나는 일을 선행해야 합니다. 왜냐하면 부모의 말한마디가 자식을 살릴 수도 있고 죽일 수도 있기 때문이며 부모는 자식을 사람다운 사람으로 만드는 최고의 스승이기 때문에 항상 부모는 자식을 향한 몸짓에 심사숙고 해야 합니다.

❀ 가슴에 새겨지는 응원의 말을 하라

　오래된 우화 '장님 코끼리 만지는 이야기' 처럼 지금 내가 아는 것은 전체의 일부분이며, 내가 모든 것을 아는 것은 아니라는 걸 우리는 알고 있습니다. 그러나 서로 상반된 생각이나 감정으로 갈등을 겪는 그 순간, 이 쉬운 지혜를 기억하는 사람은 많지 않은 것 같습니다. 그래서 그러지 말껄 하면서 때 늦은 후회를 하게 되지요. 사람들마다 각자 자신의 환경, 성격, 관심사 등 다양한 차이에 따라 여러 감정, 생각 등을 표현하는게 다채롭고 무궁무진하며, 독특하고 특별하며 차이가 납니다. '사랑' 이라는 똑같은 주제로도 끊임없이 새롭게 나오는 시, 노래, 소설, 그림 등을 봐도 알 수 있지 않습니까? 사람의 마음이 메말라 죽지 않는 한 계속 다채로워질 것입니다. 관계에서 서로의 다름을 인정한다면 생각의 틀은 유연해지고 자유롭게 돼 부모 자녀 사이 행복의 공간은 더욱 넓어질 것입니다.

낯선 길을 가는 경우 길을 잃어 사람들에게 물어볼 때 가르쳐주는 사람들 각자의 관심사에 따라 다양한 대답을 듣게 됩니다. 만약 그 행인이 술을 무척 사랑하는 애주가라면 "저쪽 모퉁이에 맥주집이 있습니다. 거기서 왼쪽으로 좀 더 가면 해장국집이 보입니다. 거기서 100미터 직진하면 됩니다."라고 대답한다는 것입니다. 신부님께 길을 물으면 이번엔 자연스럽게 "저기 성당 보이시죠? 그 성당을 지나 200미터 쭉 가시면 하얀 대문의 성당이 보이고 거기서 오른 쪽으로 돌면 됩니다." 실제로 아이들에게 학교에서 집까지 가는 길의 약도를 그려보게 하면 컴퓨터 게임을 좋아하는 아이의 약도에는 PC방이 표시되어 있고, 먹는 걸 좋아하는 아이는 분식집이나 슈퍼 등 각자의 취향이 드러나게 그려지는 것을 볼 수 있습니다. 이러한 제각각의 관심사는 그 아이의 특성과 관심을 들어 내주기에 진로지도에 활용하기도 합니다.

내가 사랑에 빠져 있으면 세상의 소리는 사랑의 소리만 더 들리고, 임신하거나 임신을 하고 싶어 할 때면 주변에 임산부가 유독 눈에 잘 보이고, 내 아이가 고3이면 입시관련 뉴스만 귀에 더 잘 들린다는 것입니다. 내 아들이 군대 가면 전철을 타도, 버스를 타도 군인이 눈에 보이는 이런 일들이 나의 중심으로 세상을 보고 판단한다는 것의 또 다른 예입니다. 지금 당신의 귀에 자주 들려오는 소리는 무엇입니까? 그리고 자주 보이는 것은 무엇입니까?

사람들에게 똑같이 '+'가 그려진 그림을 보여주면 수학자는 플러스 기호라고 하고, 산부인과 의사는 배꼽이라고 하고 목사는 십자가, 교통경찰은 교차로, 간호사는 적십자, 약사는 녹십자라고 대답한다는 우수갯소리가 있습니다. 각자 자신의 입장에서 바라보고 해석하기 때문에, 소통에서 완벽한 사람은 없습니다. 그저 더 좋은 곳을 향한 더 바람직한 모습으로 실수를 반복하지 않기 위해 노력할 뿐입니다. 그러한 노력이 자녀에게 곱게 비춰지고 자녀의 마음 속 깊이 부모님에 대한 감사함으로 자리 잡는다면 더 할나위 없이 기쁘고 보람찰 것이라는 소망으로 오늘도 또 내려놓기를 한없이 반복하는 부모님들께 감사의 박수와 위로의 포옹을 나누고 싶습니다.

"지금부터 코끼리 생각하지 마세요. 특히 서커스장에 있는 코끼리를 생각하시면 안됩니다. 서커스장에서 가장 잘 생기고 건장한 코끼리로 머리에 형형색색의 수를 놓은 베일을 쓴 코끼리는 절대로 생각하시면 안됩니다. 물론 큰 무지개 공을 굴리는 코끼리를 생각하면 큰일 납니다. 그러니 생각하지 마세요."

이 말에 코끼리를 생각하지 않으신 분 있으십니까? 아마도 보지 못하거나 듣지 못하고 한 번도 서커스의 코끼리를 경험하지 못한 분 외에는 생각나지 않는 분은 한 분도 안계실 것입니다. 대부분은 묘사하고 강조하는 것에 따라 더 생생하게 생각이 날 것입니다. 바로 이것입니다. 우리는 더 자주 말하고 더 열정적으로 강조하는 말을 더 깊게 마음속에 새겨놓게 된다는 것입니다. 그렇다면 말입니다. 부모로서 우리는 지금까지 자녀에게 어떤 말을 더 많이 했고, 더 자주했으며, 더 강조해서 말을 하고 있을까요? 칭찬하고 격려하는 말을 더 반복적으로 강조해서 말할까요? 아니면 지적하고 비난하며 존재를 부정하는 말을 더 반복적이고 강조해서 말할까요? 자신의 경우는 어떤지 생각해 보시기 바랍니다.

심리학자들이 한 실험입니다. 세 가지 실험 상황을 조작한 실험입니다. 실험A에서는 참가자에게 5분 동안 자유롭게 생각하고 생각한 것을 말해보라고 했습니다. 실험B에서는 5분 동안 자유롭게 생각을 하는데 흰곰생각은 하지 말라고 했습니다. 실험C에서는 5분 동안 자유롭게 생각하는데 흰곰을 생각해도 된다고 했습니다. 어떤 결과가 나왔을까요? 실험A에서는 생각하는데 방해받지 않고 자유롭게 생각할 수 있었습니다. 그런데 실험A와는 달리 실험B와 C에서는 자꾸 자유로운 생각을 하려고 해도 흰곰이 생각납니다. 뭘 먹지... (흰곰), 내 꿈은... (흰곰), 친구가 왜 그랬을까...(흰곰) 등 생각하지 말라고 했던 흰곰도, 생각해도 좋다는 흰곰도 모두 생각을 방해하며 불숙불숙 머리 속에 튀어나와 생각을 방해했다고 합니다.

이 실험을 통해 볼 때, 사람은 무언가에 사로잡히면 그것에 집착하게 되고 사로잡힌 부분만을 보며 전체를 보기 어려워진다는 것입니다. 그래서 때로는 자녀를 위한 잔소리도 단소리도 아이들의 생각과 사고를 방해할 수 있다는 것을 알아야 합니다. 자녀의 생각을 사로잡히게 하는 그것이 무엇이든 간에 자녀에게 문제나 걸림돌이 되지 않도록 하는 지혜가 필요합니다. 자녀에게 더 깊게 새겨 주고 싶은 말인 자녀의 존재를 인정하고 힘을 북돋아주는 격려와 고래도 춤추게하는 칭찬의 말을 더 자주 그리고, 더 강조해서 말해주시기 바랍니다.

누군가와 친해지고 싶은 고슴도치 한 마리가 있었습니다. 하지만 누군가와 정작 친해져서 사이가 가까워지면 자신의 가시 때문에, 그리고 상대의 가시 때문에 서로 상처를 주고받게 되는 고슴도치. 그래서 고슴도치들이 내린 결론은 '아예 처음부터 다가가지 말자'가 되어버렸습니다. 이러한 현상을 '고슴도치 딜레마'라고 표현합니다. 때로 우리는 사춘기 자녀와 부딪치기 두렵고 싸우기 싫어 아예 대화조차 시도도 하지 않고 있는 고슴도치 딜레마에 빠진 부모는 아닌가? 하고 생각해 봅니다. 사춘기 자녀는 고독합니다. 또 두렵습니다. 그래서 누군가가 필요합니다.

어느날 갑자기 무인도에 혼자 떨어졌다고 생각해보십시오. 무인도에 홀로 떨어졌다면 살아갈 수 있을까요? 홀로 무인도에 남겨진다면 과연 얼마 동안 살아갈 수 있을까요? 무인도에서 살아남기 위해서 정말로 필요한 것은 무엇일까요? 영화 『케스트 어웨이』를 보면 마음을 터놓을 수 있는 단 한 명의 친구가 있다는게 살아가는데 얼마나 큰 도움이 되는지를 알게 됩니다. 크리스마스이브 비행기 사고로 무인도에 떨어진 영화 속 주인공 척 놀랜드는 생존을 위해 무인도에서 혼자 살아가야 합니다. 그러던 어느날 비행기와 함께 추락한 택배용품 가운데 하나였던 배구공을 발견합니다. 그리고 우연히 그 배구공에 자신의 핏물로 눈, 코, 입을 그려 넣게 됩니다. 무인도에 '친구 윌슨'이 탄생합니다.

그 뒤부터 척 놀랜드는 탈출을 계획하면서 윌슨에게 항해 일정에 대해 설명하기도 하고, '왜 그가 탈출해야만 하는지'에 대한 이유를 설명하기도 하며 대화를 합니다. 혼자가 아닌 둘이 되어 반려상대가 만들어 집니다. 물론 아무런 대꾸도 없고 아무런 표정도 짓지 못하는 찌그러진 배구공 얼굴의 윌슨이긴 하지만 말입니다. 그래도 척 놀랜드는 더 이상 혼자가 아닙니다.

그러다 어느날 그만 윌슨이 파도에 휩쓸려 가버립니다. 그 때 척 놀랜드는 절규하듯 울부짖습니다. "안 돼! 돌아와 윌슨!" 사실 윌슨이 척 놀랜드를 위해 특별히 한 일은 아무것도 없었지만 윌슨은 척 놀랜드의 기나긴 외로움을 달래주었고, 고통을 나누었으며, 함께 공유한 시간이 있었기에 그에게는 그냥 배구공이 아니었습니다. 그렇다면 윌슨은 척 놀랜드에게 어떤 존재였을까요? 윌슨은 척 놀래드가 무인도에서 생존할 수 있는데 어떤 힘이 되었을까요? 또 윌슨이 우리에게 주는 메시지는 무엇일까요?

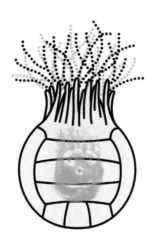

윌슨처럼 그 존재만으로 힘이 되는 사람
자녀가 부모에게 마음을 터놓을 수 있는 진정한 친구같은 부모
그런 부모가 바로 깨어있어 지혜로운 사춘기 부모입니다.
깨어있어 지혜로운 부모의 말은 가슴에 새겨져 역경 속에서도 회복할 수 있는 힘이 됩니다.

❀ 듣기를 원해야 들을 수 있다

일상에서 주어지는 대화의 시간은 비교적 짧기 때문에 적절한 방법으로 대화를 하고, 점층적인 대화를 시도하는 것은 사춘기 자녀의 성장을 돕는데 필요한 부모의 역량 중에 하나라고 할 수 있습니다. 자녀와 대화를 나누는 목적은 무엇입니까? 우리는 서로를 이해하고 위로해주고, 용기와 지혜, 자신감을 주기 위해 대화를 할 때도 있고, 문제해결을 위한 대화를 할 때도 있습니다. 대화의 목적을 달성하기 위해서는 목적에 부합되는 대화법을 활용하는 것도 필요하지만 무엇보다도 대화의 목적을 달성하기 위해서는 감정을 조절하고 대화하는 것이 중요합니다.

결과가 좋지 않은 자녀의 성적표를 봤을 때 부모는 당혹스럽기도 하고 화도 납니다. 그 순간 다음과 같이 마음속으로 생각하고 느낄 수 있습니다. '저걸 성적표라고 가져 온거야?, 그렇게 투자를 했는데도...저 정도 밖에 안 된다니...걱정이네...이제 엄마들 모임에는 어떻게 나간담...저 놈을 앞으로 어떻게 해야 되는 거야...아 답답하다...' 그런데 부모는 그 속마음을 감춘 채 화를 내거나 자녀를 비난하고 무시하며 일방적으로 해결책을 제시하며 폭풍잔소리로 대화를 마무리 할 수 있습니다. 이때는 부모의 감정을 다스린 후에 대화를 시도하는 것이 좋습니다. 밖을 한 바퀴 돌고 온다든가, 시장을 보러간다든가, 잠시 화장실로 들어가 생각을 한다거나, 아니면 차 한 잔을 마시며 마음을 가라앉힐 필요가 있습니다. 그렇지 않으면...

"도대체 네가 잘하는 것이 뭐가 있니? 너 때문에 못살겠다. 도대체 넌 누굴 닮아서 그 모양이니? 공부만 하라는대도 그걸 못하면 나중에 어떻게 먹고살려고 그래, 이 바보야! 다 때려 쳐, 당장!!!"

이런 말로 아이에게 상처를 주고 부모는 죄책감으로 고통스러워 할 수 있습니다. 그래서 부모가 느끼는 복잡한 정서를 다스린 다음 자녀에게 필요한 지혜를 줄 수 있는 상태가 되었을 때 대화를 시도하는 것이 필요합니다. 감정이 다스려졌을 때 부모는 비로소 자녀를 배려하고 자녀 입장에서 생각할 수 있는 마음의 여유가 생기게 되며, 마음의 여유는 정리된 말로 대화를 할 수 있도록 도와 줍니다.

"노력한 만큼 성적이 좋지 않아 너도 많이 속상하고 답답하지?", "엄마도 네가 노력한 것을 알기에 많이 속상하단다.", "열심히 노력한 것이 지금 당장 나타나지 않지만 우리가 노력한건 어딘가 꼭 남아서 언젠가는 큰 힘을 발휘할 거라고 믿어.", "오늘은 많이 속상하고 지쳤으니 좀 쉬면서 고민해봤으면 하는데 네 생각은 어떠니?", "쉬면서 네가 할 수 있는 일도 찾고, 엄마가 도울 수 있는 일도 있으면 이야기 해다오. 그러면 엄마가 기꺼이 도울게", "난 항상 네 편이야. 그리고 네 곁에 있단다."

충분히 속상하고 지쳤을 아이의 감정을 위로하고 감정을 추스릴 수 있도록 돕고 난 다음 아이가 시험과정을 되돌아보고 앞으로의 시험을 계획할 수 있도록 질문을 해준다면 아이는 안전한 정서를 유지하며 더 나은 방향을 위한 계획을 기꺼이 주도적으로 세우려고 할 것입니다.

"지금부터는 시험에 대한 피드백을 하려하는데 괜찮겠니?"

"이번 시험이 네게 주는 유익점은 무엇이라고 생각하니?"

"이번 시험을 통해서 네가 알게 된 것이 있다면 무엇인지 말해주겠니?"

"어떤 점이 보완되면 만족할 만한 결과를 얻을 수 있을까?"

"다음 시험에서는 어떤 결과를 얻고 싶니?"

"다음 시험에서 좀 더 좋은 결과를 얻는다는 것은 네게 어떤 의미가 있지?"

"다음 시험을 위해 네가 해야 할 일은 무엇이니?"

"또 네가 할 수 있는 일이 있다면 무엇이 있다고 생각하니?"

"그 중에서 지금 당장 할 수 있는 일이 있다면 뭐가 있을까?"

"그래, 다시 한 번 해보는 거야! 힘내자 화이팅!!!"

제대로 된 소통의 대화는 부모가 자녀의 상황을 고려하며 이해하고 자녀의 속마음을 듣겠다는 태도로 다가갈 때 가능합니다. 자녀의 말을 듣고자 하는 마음이 없다면 부모는 자녀의 말을 끝까지 듣지 않게 되고, 자녀보다 앞서서 자녀가 해결해야 하는 문제임에도 불구하고 부모가 나서서 해결하려고 안달하게 될 것입니다. 이러한 부모의 해결사 본능은 자녀의 말을 경청하는데 방해가 됩니다. 또 부모의 훈육본능도 경청을 방해하는데 부모자녀의 서로 다른 의견은 틀린 거라고 생각하는 비합리적인 생각 틀 때문에 생기는 불신으로 자녀에 대한 부모의 불신은 듣기를 방해합니다. 비합리적인 신념에서 완벽하게 벗어나 온전히 객관적인 시각으로 통찰하며, 사물을 관찰하고, 친밀한 관계를 유지한다는 것은 사실 불가능한 일입니다. 그렇기 때문에 자기중심적인 시각으로 세상을 보며 판단한다는 숙명적인 한계성을 받아들이고 자녀를 바라본다면, 서로가 서로를 이해할 수 있는 수용의 범위가 훨씬 넓어질 수 있으리라 기대됩니다.

학문적으로 이론화된 비합리적인 신념이 무엇인지 모르더라도, 각자 스스로 만들어내는 자기방식의 '생각 틀'이 있다는 걸 의식하고 산다면, 섣부른 판단으로 인한 편견이나 선입견 등으로 부모-자녀 관계에 어려움을 겪는 일은 줄일 수 있으리라 봅니다. 인지성격이론의 대가인 A. 엘리스는 건강한 정서를 방해하는 비합리적인 생각들을 11가지로 정리해 놓았습니다. 몇 가지가 해당되는지 체크해보시기 바랍니다.

| 비합리적 생각들 11가지 |

1. 알고 있는 모든 의미 있는 사람들로부터 인정받고 사랑받는 것이 필연적 이라는 생각
2. 자신이 가치 있는 사람이라면 모든 측면에서 철저하게 능력이 있고 적절하고, 성취적이어야 한다는 생각
3. 어떤 사람은 나쁘고 사악해서 그러한 사악함 때문에 가혹하게 비난받고 처벌 받아야 한다는 생각
4. 일이 자기가 원하는 대로 되지 않을 때 이것은 끔찍하고 파국적이라는 생각
5. 인간의 불행은 외적인 사건에서 비롯되었고 사람들은 자신의 슬픔과 장애를 통제할 능력이 없다는 생각

6. 위험하거나 두려운 일이 있으면 그 일에 대해 몹시 걱정하고 그 일이 일어날 가능성을 계속해서 가져야 한다는 생각

7. 인생의 어려움이나 자기책임감을 직면하는 것보다 피하는 것이 보다 용이 하다는 생각

8. 사람은 다른 사람에게 의지해야 하고 의지할 만한 자신보다 강한 누군가가 있어야 한다는 생각

9. 자신의 과거사가 현재행동의 중요한 결정요인이며 일어났던 중요한 일이 자신의 인생에 영향을 미쳤던 것처럼 그것이 또한 유사한 영향을 미치리라는 생각

10. 타인의 문제나 장애로 인해 자신이 몹시 당황하거나 속상해야 한다는 생각

11. 문제의 완전한 해결책이 항상 있고 만약 이러한 완전한 해결책을 찾지 못하면 파국이라는 생각

비합리적인 생각을 따라 애쓰고 살고 있는 자신의 모습이 발견된다면, 큰 일 나지 않으니 조금씩 내려놓고 비합리적인 생각의 틀로부터 자유로워질 수 있도록 해보십시오. 그리고 부모가 자녀에 대한 무한 신뢰를 바탕으로 자녀의 말을 듣겠다는 태도로 다가갑니다. 그러면 그곳에 열려있는 자녀의 마음을 만나게 될 것입니다.

✿ 답하지 말고 질문하라

자녀 : "이번 중간고사에서는 성적을 올리고 싶어요. 그런데 공부가 쉽지 않아요."

부모 : "성적을 올리기 위해 얼마나 열심히 공부했었니?"

(탐색질문, 시도해 보지 않았을 것이라고 미리 판단을 한 질문)

자녀 : "..."

부모 : "좋은 성적을 받고 싶으면 더 열심히 노력해야지. 말로만 하고 싶다고 해서 얻어지면 누구라도 그렇게 하겠지. 나 같으면 걱정하는 시간에 가서 한자라도 더 공부를 하겠다. 쉰 소리 그만하고 가서 더 노력해 봐"

공부나 시험에 대한 걱정과 불안으로 고민했던 자녀는 부모의 일방적인 해결책과 더불어 비난으로 인해 문제를 해결하기는커녕 기가 꺾여 고개도 못들 정도로 완패를 당하고 맙니다. 이런 일이 반복되면 자녀는 고민이 있어 누군가의 도움을 꼭 받아야 하는 상황에서도 의논의 대상으로 부모를 떠올리지 않게 될 것입니다.

자녀 : "이번 중간고사에서는 성적을 올리고 싶어요. 그런데 공부가 쉽지 않아요."

부모 : "성적을 올리기 위해 지금까지 시도해 본 게 있다면 뭐가 있니?"

(자녀의 현재 상태를 미루어 짐작하거나 속단하지 않고 호기심을 갖고 질문함)

자녀 : "이번에는 시험 준비기간을 5일 정도 더 했어요."

부모 : "그랬구나, 그러한 노력을 통해 얻은 유익이 있다면 무엇이었니?"

자녀 : "내용을 한 번 더 볼 수 있어서 이해하는데는 도움이 되었던 것 같아
        요. 그래도 성적에는 큰 도움이 되지 않아 속상해요."

부모 : "그랬구나. 만약 반복해서 내용을 더 깊이 이해하게 된다면 어떤 일이
        생기게 될까?"

자녀 : "찍지 않고 푸는 문제가 더 많아 질 거예요."

부모 : "공부를 할 때 이해를 한다는 것은 어떤 의미일까?"

자녀 : "그 내용이 정말로 내 것이 된다는 것이예요."

부모 : "그렇지. 공부가 뭐라고 생각하니?"

자녀 : "성장하는 것이예요. 어제는 몰랐지만 오늘을 알게 되는 것이고 어제
        는 알아도 실천하지 못했지만 오늘은 실천할 수 있게 되는 것이요"

부모 : "그래, 그렇구나. 지금까지 한 이야기를 통해 볼 때, 성적을 올리고 싶
        은데 공부가 쉽지 않다는 네 고민에 대한 정리된 생각이 있다면 말해
        주겠니?"

자녀 : "음...너무 조급하게 생각하지 말고 더 해봐야겠어요."

이렇게 계속 부모와 자녀의 대화는 이어지고 이러한 대화를 통해 부모가
자녀에게 일방적으로 해결책을 제시하는 것이 아닌 자녀가 스스로 문제를
해결할 수 있도록 도와주기 위해 적절하게 질문을 해주는 기술은 자녀와의
소통을 위해 유용한 방법이라고 할 수 있겠습니다.

질문을 하면 자녀는 질문한 내용에 대해 깊이 생각함으로써 스스로 문제
의 답을 찾고, 부모가 설명하고 가르쳐 주지 않아도 스스로 해답을 찾아 목
표에 도전하고 자신이 선택한 바에 대하여 끝까지 책임을 다하고자 하는 내

적동기에 의해 노력하게 합니다. 질문은 스스로 깨닫고 주도성을 발휘하게 하는 강력한 힘을 갖고 있습니다.

좋은 질문은 질문 그 자체만으로도 자신을 돌보게 하고, 자신 안에 있는 여러 가능성을 찾아보게 하며, 자신이 해야 할 행동을 생각하게 해 줍니다. 또한 자신이 원하는 것과 원해야 하는 것에 대해 더욱 깊이 생각하고, 스스로 자신의 문제를 해결할 수 있다는 자신감과 성취감을 느낄 수 있도록 돕습니다. 이러한 질문의 힘과 질문의 유익점에 대한 확신은 '그 사람에게 필요한 해답은 그 사람 내부에 있다' 는 믿음을 바탕으로 하고 있습니다. 그리고 질문을 잘하기 위해서는 경청을 잘해야 합니다. 내면의 소리인 긍정적 의도까지 잘 들을 때, 질문의 힘은 더욱 더 강력해질 수 있기 때문입니다. 다시 말해서 경청의 질이 질문의 품격을 결정한다고 해도 과언이 아닙니다. 그러기 위해서는 중립적인 태도를 갖추어야 합니다.

중립적 태도란 자녀를 내 기준으로 평가하거나 사회가 요구하는 기준으로 평가하지 않고 자녀를 있는 그대로 받아들이려는 자세를 말합니다. 마치 사진을 찍었을 때 정지된 화면처럼 그 상황을 사실대로 보고 이해하려는 태도입니다. 그래서 중립적 태도를 갖추게 되면 섣불리 자녀의 말이나 행동을 해석하거나 판단하지 않게 되고, 충고나 제언을 하지 않게 됩니다. 예를 들어, 아이의 방문을 열었는데 아이가 컴퓨터 앞에서 앉아 엄마가 들어오는지도 모르고 컴퓨터를 하고 있는 상황이라고 가정해보겠습니다. 이런 자녀의 모습이 발견 될 때 부모는 어떻게 생각하고 또 어떤 반응을 보일까요? 대체로 그동안 아이가 보여줬던 경험치를 근거로 또는 부모가 아동에 대한 자녀상을 근거로 자신도 모르게 습관적으로 부정적 인식을 하게 되는 경우가 많습니다. 그래서 우리는 자녀의 경험이나 지식, 언어 그리고 행동 그 자체에 초점을 맞추기 보다는 자신의 경험치를 바탕으로 자녀의 언행에 좋지 않게 판단합니다. 이런 부정적 판단을 기초로 부모가 자녀에게 하는 피드백은 모두 자녀를 화나게 하고 의욕을 상실하게 해 억울한 감정만 쌓여 자녀의 감정을 상하게 합니다.

아이들은 아직 미완성 존재로 미숙하기 때문에 부모에게 완전한 신뢰감을 주기는 어렵습니다. 이 상황에서 부모는 습관적으로 다음과 같이 생각할 수 있습니다. '저런저런 하라는 공부는 안하고 또 게임만 하고 있구나!' 이러한 인식으로 인해 부모는 다음과 같이 반응을 하게 되지요 "이놈, 뭐하는 거야! 공부하라고 했더니 게임만하고 있네" 그러면 자녀는 화들짝 놀라 변명을 하거나, 부모가 오해를 하고 있는 것이라면 억울한 마음이 들고 부모가 자신을 의심만 한다는 생각에 자존심이 상할 수도 있습니다. 어쨌든 분위기는 망치게 되지요. 그러나 부정적인 판단을 근거한 반응보다는 중립적인 태도를 갖추게 되면 다음과 같이 상황이 바뀌게 됩니다. '컴퓨터를 하고 있군. 뭘 하길레 푹빠진 것처럼 보이지. 궁금하다. 한 번 물어봐야겠다.' 이러한 중립적인 태도는 다음과 같이 중립적인 언행으로 피드백을 할 수 있게 됩니다. "아들, 뭐해? 궁금한데 나도 좀 봐도 될까?" 이러한 부모의 태도는 전자와는 달리 자신이 의심을 받았다거나 부모의 느닷없는 행동이 아니기 때문에 자녀를 당혹스럽지 않게 하고 아이는 존중받았다는 느낌을 갖게 될 것입니다. 그러면 아이는 스스로 문제해결을 할 수 있는 기회를 갖게 되지요. 중립적 태도를 갖추고 상호작용을 하면 자녀는 스스로 선택하고 그 선택에 책임을 지는 연습을 통해 성장하게 됩니다.

부모가 자녀와 대화를 할 때 중립적인 태도를 취한다는 것은 하얀 캠버스에 화가가 자신이 담고자 하는 형태, 색, 느낌 등을 담을 수 있도록 배려하는 것과 같습니다. 그러기 위해서 자녀 앞에 놓인 캠버스는 부모의 편견, 선입견, 고집 등으로 오염되지 않은 깨끗한 캠버스여야 합니다. 부모는 자신의 편견, 선입견, 고집, 부정적 인식의 패러다임을 버릴 때 자녀에 대한 오롯한 호기심을 가질 수 있게 되고, 판단 없이 자녀의 말이나 행동에 집중할 수 있게 됩니다. 부모가 자녀에게 갖는 호기심은 자녀로 하여금 자신이 원하는 이미지, 생각, 느낌을 마음껏 펼쳐 창조물을 만들어 내게 합니다. 주인공으로 사는 삶, 주인공으로 살도록 인정하는 것, 이것이 바로 배려이고 이러한 배려는 부모자녀간 평화를 유지시켜 동반성장의 길로 인도하게 될 것입니다. 중립적인 태도를 갖추고 자녀와 질문대화를 하기 위한 귀띔을 하면 다음과 같습니다.

중립적인 언어를 사용하기 위해서
부모는 자녀에게 명확하게 질문을 합니다.
중요한 단어를 중심으로 질문을 합니다.
자녀가 한 말로 요점정리를 합니다.
무엇보다도 간단명료한 언어를 사용해 대화합니다.

　　부모는 사춘기 자녀에게 될 수 있는 한 "이래라 저래라" 하지 말고, "이건 이렇고 저건 저렇고" 답을 주려하지 말고, 질문을 함으로써 자녀가 스스로 해답을 찾을 수 있도록 돕습니다. 자녀는 질문을 통해 깨닫고 자신이 진정으로 원하는 해답을 찾아 심사숙고 할 때 생각이 열리고, 굳건한 내적동기가 생겨 흔들림 없이 나아가게 될 것입니다. 중언부언하는 말은 잔소리로 들리고 대화에 흥미를 떨어뜨리게 되기 때문에 부모는 사춘기 자녀와 이야기를 할 때 정리된 생각을 바탕으로 할 수 있도록 노력해야 합니다. 즉, 순간 욱하는 기분으로 구구절절 오른 말로 아이를 질리게 하지 말고, 한 마디를 하더라도 심사숙고해서 하는 노력을 보일 때 아이들은 안전한 부모의 울타리 안에서 성장해 나갈 수 있게 될 것입니다. 그러기 위해서 부모는 왜(Why)해야 하는 지에 대한 의미를 찾게 하고, 그것을 통해 어디(Wher)를 향해 정진할 것인지 목표를 설정하도록 도우며, 자녀 스스로 어떻게(How)하면 좀 더 잘할 수 있을까를 생각해서 언제(when), 무엇을(what) 할 것인지를 계획하고 실천해 나갈 수 있도록 부모는 끊임없이 응원해주는 것이 필요합니다. 이러한 것도 모두 부모가 직접 답을 주기보다는 질문을 함으로써 얻을 수 있는 성장이라고 할 수 있습니다.

  질문에도 지혜가 필요합니다. 질문에는 깨닫는 질문이 있는가 하면 생각을 방해하는 질문도 있습니다. 생각을 방해하는 질문들은 자녀의 생각을 방해할 뿐 아니라 자녀가 스스로 해야겠다는 자발적 동기를 상실시켜 무력감에 빠져 들게 하고 삶을 지치게 합니다. 그러므로 될 수 있으면 피하거나 하지 말아야 할 것입니다.

  생각을 방해하는 질문에는 네가 잘했다고 생각해?,

  너, 오늘 학원에 안 갔지?(탐색 질문),

  이걸 숙제라고 한 거니? (평가 질문),

  시험을 왜 망쳤니?(추궁 질문),

숙제는 다 했니?(닫힌 질문),

뭐가 불만이야?, 시험을 잘 못 본 이유가 뭐야? (부정 질문),

더 노력하면 될 텐데 노력이 부족한 거라 생각하지 않니?(꼬리표 질문)등이

있습니다.

질문은 스스로를 설득하고 귀를 기울여 마음을 열게하는 강력한 힘을 가지고 있습니다. 때로는 백 마디의 설명의 말보다 한 마디의 강력한 깨닫는 질문이 더 효과적일 때가 있음을 잊지 마십시오. 그리고 질문도 연습하면 더 잘할 수 있으니 어떤 질문을 할 것인가를 고민하고 연구해서 자녀에게 질문으로 다가갈 수 있도록 합니다.

도로시 리즈는 질문이 주는 일곱 가지 선물에서
아래와 같이 설명하고 있습니다.

질문이 주는 7가지 선물

1. 질문을 하면 답이 나온다
2. 질문은 생각을 자극한다.
3. 질문을 하면 정보를 얻는다.
4. 질문을 하면 통제가 된다.
5. 질문은 마음을 열게 한다.
6. 질문은 귀를 기울이게 한다.
7. 질문에 답하면 스스로 설득이 된다.

출처 : 도로시 리즈의 『질문이 주는 7가지 선물』

질문을 하면 답이 나온다. 사람의 뇌는 질문을 받으면 대답을 하도록
프로그램 되어 있어 응답반사가 일어난다. 응답반사는 매우 강력하며 대화에서
아주 중요한 힘을 가지고 있다.

질문은 사고를 자극한다. 질문은 사람의 사고를 자극한다. 에드윈 랜드
는 어린 딸의 질문 "아빠, 왜 사진을 금방 볼 수 없는 거죠?" 라는 질문으로 폴
라로이드 카메라를 발명했다.

질문을 하면 정보를 얻는다. 사람들은 자진해서 말하지 않고, 막연하게

말하며, 지레짐작하고, 같은 말을 다른 의미로 해석한다. 듣기만 한다면 내가 원하는 정보를 얻기 어렵다. 그러므로 질문을 해야 필요한 정보를 얻을 수 있다.

질문을 하면 통제가 된다. 모든 사람은 스스로 상황을 통제하고 있을 때 편안하고 안전하게 느낀다. 통제란 다른 사람에게 힘을 행사하는 것이 아니라, 다른 사람에게 해를 끼치지 않으면서 자신이 원하는 것을 성공적으로 달성하는 것이다.

질문은 마음을 열게 한다. 사람들은 자신의 사연, 의견, 관점에 대한 질문을 받으면 우쭐해진다. 질문을 하는 것은 상대방과 그의 이야기에 관심을 보여주는 것이므로 평소에 말이 없던 사람도 질문을 받으면 자신의 생각과 감정을 드러내게 된다.

질문은 귀를 기울이게 한다. 대답을 듣지 않는다면 질문은 아무 소용이 없다. 듣기와 질문하기를 결합하면 그 효과가 동반 상승한다. 귀를 기울이지 않으면 질문의 힘을 활용할 수 없다. 듣기에 집중할수록 좀 더 좋은 질문을 할 수 있고, 그러면 더 좋은 대답을 듣게 된다.

질문에 답하면 스스로 설득이 된다. 누군가에게 강요하는 것은 그것이 가장 쉽기 때문이다. 그러나 사람들은 스스로 발견하고 깨닫고 배우고 경험한 것을 가장 잘 기억한다. 질문을 하면 상대방은 대답을 하기 위해 생각하게 되는데, 이것이 바로 설득이다. 질문을 사용해서 스스로 설득이 된다면 자신과 다른 사람의 행동을 변화시킬 수 있다.

❀ 행복한 동행습관을 만들어라

사춘기 자녀에게 한발짝 더 다가가기 위해서는 새로운 시도가 필요합니다.

문제를 해결하는 방법은 1만가지가 있다고합니다. 계속해서 어떤 문제가 해결되지 않는다면 해결방법이 없기 때문이라기 보다는 해결방법을 다르게 시도해보지 않았기 때문일것입니다.

그리고 새로운 시도가 애써 노력하지 않아도 저절로 될 수 있게 되려면 몸이 기억하는 습관이 들어야 합니다.

어느 날 제자가 스승에게 물었습니다. "습관이란 무엇입니까?" 스승은 제자를 정원에 데려가 네 그루의 나무를 뽑아보게 합니다. 갓 심어놓은 첫 번째 나무는 너무나 쉽게 뽑혔습니다. 두 번째 나무는 심은 지 얼마 되지 않은 것이기 때문에 약간의 힘을 주니 뽑을 수 있었습니다. 세 번째 나무는 심은 지 꽤 된 상태라 그런 지 겨우 겨우 힘겹게 뽑았습니다. 그러나 네 번째 나무는 이미 깊이 뿌리를 내리고 오랜 시간 터를 잡고 있었던 상태라 제자가 아무리 힘을 쏟아 부어도 나무는 꿈쩍도 하지 않았습니다.

영국의 철학자 벤담은 '습관이란 내리는 눈과 같아서 처음에는 소리 없이 하나씩 떨어지지만 시간이 지나면 수북이 쌓인다고 했습니다. 습관도 처음에는 순간적인 하나의 행동에 불과하지만 반복적으로 쌓이면 거기에서 도망갈 수 없게 된다. 계속된 바람과 눈이 산기슭의 집이나 주민을 위협하듯 나쁜 습관이 모이면 그 하나하나가 그 사람의 인격을 파괴해 버린다.'고

했습니다. 습관이란 처음에는 거의 느끼지 못할 만큼 가늘지만 그것을 깨달았을 때는 쇠사슬처럼 강해져서 끊을 수 없을 정도로 옥죄고 단단해지는 것입니다.

한자에서 習(습)자를 보면 새가 날개짓하는 형상과 일백백이 합쳐진 글자입니다. 습자는 태어나 젖어 있는 날개를 말리기 위해 백번 이상의 날개 짓을 하여 날 수 있도록 준비한다는 뜻과 새끼 새가 어미 새가 날아가는 것을 보고 날개(羽)짓을 백 번 이상 반복해 움직여 스스로 나는 법을 익힌다는 뜻을 가지고 있는 한자로 習慣습관이란 글자로 씁니다. 반복할 때 만들어지는 것, 반복함으로 익숙해져 몸이 기억하는 것이 바로 습관입니다.

習 익힐 습 : 되풀이하여 익히다, 연습하다

습관은 우리가 미처 알아차리지 못한 순간에도 항상 나와 함께하는 것입니다. 그림자처럼 나를 따라다니며 작은 행동들까지도 결정하게 합니다. 즉 습관이란 내 삶을 움직이는 자동 시스템이라는 것을 잊지 말아야 합니다. 언젠가 자기주도학습을 위한 코치양과정에서 본 글귀입니다.

나는 누구일까요?

나는 당신의 영원한 동반자입니다.

나는 당신에게 가장 큰 힘이 되기도 하고, 가장 무거운 짐이

되기도 합니다.

나는 당신을 전진하게 만들기도 하고 당신을 실패하게

하기도 합니다.

나는 모든 일에 거의 당신의 명령을 받습니다.

당신이 하는 일의 절반 정도는 나에게 넘어오며,

나는 그 모든 일을 신속하고 정확하게 해치울 수 있습니다.

나를 통제하기는 아주 쉽습니다. 하지만 단호해야 합니다.

어떤 일을 어떻게 하고 싶다고 정확히 보여주기만 하면

몇 차례의 시도 끝에 자동적으로 그 일을 처리하게 됩니다.

나는 모든 위대한 사람의 충복이며,

동시에 모든 실패자들의 충복이기도 합니다.

나는 위대한 사람을 더욱 위대하게 만듭니다.

나를 통해 이익을 얻을 수 있고 또한 파괴될 수도 있습니다.

당신이 어떻게 되든 나는 상관이 없습니다.

나를 훈련하고 단호하게 통제하면

나는 당신의 발밑에 이 세상을 바칠 것입니다.

나와 함께 편안히 살아가십시오. 그러면 내가 당신을

파괴할 것입니다.

여기서 말하는 '나는' 바로 '습관'입니다. 이글이 전하는 멧세지는 좋은 습관이 필요한 이유에 대해서 잘 설명하고 있고 또한 올바르지 않은 습관을 새롭게 하기 위한 노력이 절실히 필요하다는 것에 대한 역설이기도 합니다.

해야할 말도 하지 못하고 사춘기 자식을 두려워하거나 포기하는 것으로 이 지랄같은 시기가 지나가기만을 넋놓고 기다리지 말고 사춘기 자녀를 향해 한 발짝 다가가는 실천으로 행복한 사춘기와의 동행을 하시기 바랍니다. 지금까지도 사춘기 자녀의 부모인 당신은 충분히 좋은 부모라는 것을 잊지 마시고 사랑의 용기를 내시기 바랍니다.

행복 그리고 동행, **이준숙** Dream

通한다는 말처럼

가슴 설레게하는 말은 드물 것입니다.

자녀를 이해한 다음에

이해시키기 위해서 부모는

먼저 자녀의 말에 경청(傾聽)하고

공감(共感)해주어야 합니다.

소通하지 않으면 고痛이 온다

아침에 눈을 뜨면 무엇보다도 먼저
오늘 한 사람에게라도 기쁨을 주겠다는
생각으로 시작하라

-벤자민 프랭클린-

소通하지 않으면 고痛이 온다

지혜로운 부모란 대화를 통해 소통하는 부모입니다.
부모는 자녀와 대화를 할 때 먼저 대화의 기본태도를 갖추어야 합니다.
대화의 기본태도란 자녀와의 대화에서 부모가 가져야 할 마음가짐을 말합니다.

어떤 사람이 4명의 친구를 초대했다고 합니다. 초대한 친구 중 3명이 왔고 나머지 한 명의 친구가 못온다고 전화가 왔습니다. 못온다는 친구의 전화를 받고 끊으며 "꼭 와야 하는 친구가 못온다네." 라고 했습니다. 이 소리를 들은 친구 하나가 화를 내며 "그럼, 난 꼭 올 친구가 아니잖아." 하면서 집으로 가버렸습니다. 이를 보고 집주인인 친구가 말했습니다. "가지 말아야 할 사람이 가버렸네." 그러자 또 한 친구가 현관문을 나서며 "그럼 내가 가야할 사람이란 말이군."하면서 기분나빠하며 문을 닫았습니다. 이를 보고 초대한 친구는 "저 친구에게 한 이야기가 아닌데."라고 했습니다. 그러자 혼자 남아 있던 친구가 "그럼 나에게 한 이야기

군."하며 그 친구마저 가버렸습니다. 다소 과장된 묘사이기는 하나 있을 법한 이야기입니다. 스마트폰의 카카오톡에 올라온 글로 잠시 멈추어 생각할 수 있게 해준 글이었습니다.

왜 이런 현상이 벌어지게 된 걸까요? 잘 못 말한 걸까요? 아니면 잘못 들은 걸까요? 우리는 모두 듣고 싶은 대로 듣고 의도하지 않았지만 말실수를 하고 삽니다. 그로 인해 오해가 생기게 되고 오해가 풀리지 않으면 관계에서 깊은 골이 파이고 때로는 가족끼리도 남보다 더한 사이가 되기도 합니다. '아' 해서 다르고 '어' 해서 다르다는 말이 있습니다. '말 한마디가 천 냥 빚을 갚는다' 는 속담이 있습니다. '콩으로 메주를 쑨다해도 안믿는다' 는 속담도 있습니다. 이는 모두 관계에서 소통과 불통에 관한 속담입니다. 소통하지 않으면 고통이 옵니다.

❀ 대화의 기본태도를 갖추어라

대화의 사전적 의미는 '두 사람 이상이 말을 주고받는 것을 뜻' 합니다. 그러나 말을 한다고 해서 대화를 한다고는 하지 않습니다. 대화는 의사교환으로 양방통행적인 교류입니다. 마치 테니스를 치는 것과 같이 두 사람이상이 말과 말에 담긴 의미를 교환하는 것으로서 관계를 형성하게 됩니다. 테니스를 칠 때 주고받기를 잘하면 파트너 관계가 유지되고 테니스치기는 즐거워질 것입니다. 그런데 만약 상대를 고려하지 않고 이리 저리 치고 싶은 대로 공을 친다면 상대는 잘 받을 수 없을 뿐더러 쉽게 지치고 테니스치기는 싫어지게 될 것입니다. 테니스를 잘치려면 먼저 상대가 잘 받을 수 있도록 잘 주는 것으로부터 시작해야합니다. 대화도 마찬가지입니다.

지혜로운 부모의 대화패턴

지혜롭지 않은 부모의 대화패턴

지혜로운 부모란 대화를 통해 소통하는 부모입니다. 그렇다면 지혜로운 소통이란 무엇을 말하는 걸까요? 한자 '聖(지혜로울 성)' 자를 통해 풀어볼까 합니다. 지혜로운 성聖자의 구성은 耳, 口, 千, 一입니다. 다시 말해서 지혜로운 부모는 먼저 듣고 난 다음에 말하기를 천 번을 한결 같이하는 부모입니다. 천 번을 한결같이 듣고 난 후 말하기를 하면 몸이 대화법을 기억하게 되고 대화습관이 바뀌게 될 것입니다. 그런데 대부분의 부모가 사춘기자녀와 하는 대화를 관찰해보면 먼저 말하고 듣지 않기를 천 번을 한결같이하고 있더라는 것입니다. 그래서 부모도 자녀도 듣는 사람은 없고 말하는 사람만 있는 일방적인 대화를 하는 경우가 많아지게 됩니다. 깨어있어 지혜로운 부모는 말하기를 앞세우기 보다는 듣기를 먼저하고 자녀가 들을 준비가 되었을 때 적절하게 말함으로써 훈육과 더불어 따뜻한 마음을 주고받아 부모-자녀 관계를 개선하고 부모 · 자녀 모두 행복한 동반성장을 이끌어 가는 부모입니다.

　그러기 위해서 부모는 자녀와 대화를 할 때 먼저 대화의 기본태도를 갖추어야 합니다. 기본태도란 자녀와의 대화에서 부모가 가져야 할 마음가짐을 말합니다. 자녀와 원만한 관계를 맺기 위한 대화의 기본태도는 자녀를 한 인격으로 존중하는 태도, 자녀를 성실한 마음으로 대하는 태도, 자녀를 공감적으로 이해하는 태도, 자녀를 수용하는 태도를 말합니다. 당신은 자녀와 대화시 이 네가지의 태도를 갖추고 대화를 하십니까? 어떤 태도는 갖추어 졌지만 어떤 태도는 갖추기 어려운 태도도 있을 것입니다. 어떤 태도가 갖추어졌고 어떤 태도를 갖추기 어렵습니까? 말은 마음의 알갱이들로 이루어져 있습니다. 마음의 알갱이가 존중, 성실, 공감, 수용으로 빚어진 것이면 말도 선한 기운을 갖게 되고 전달될 것입니다. 그러나 무시, 속임수, 판단, 허용으로 빚어진 알갱이의 말이면 칼날과 같은 기운을 갖게 되고 그렇게 전달되어 상대의 기분을 상하게 할 것입니다.

　아이들에게 "어떻게 하면 부모와의 대화가 설레이고 기다려질까?"라고 물으면 코웃음을 칩니다. 많은 아이들은 아마도 꿈꿀 수도 없고 그런 경험을 해본 역사도 없다고 말하고 있는 것 같습니다. 왜 그럴까요? 아마도 부모의 '훈계본능'과 '기대치 위반효과'로 인해 불편한 심기와 자녀의 언행에 대해 못마땅함 때문은 아닐까요? 자녀와 대화를 통해 소통하고 싶다면 '훈계본능'을 참아야 합니다. 그리고 기대치를 낮추고 작은 것에도 감사하고 기뻐하며, 대화할 때는 진심으로 듣고 성실하게 표현하며 격려를 아끼지 않겠다는 다짐이 필요합니다. 사실 아이가 하고 싶어 하는 말을 다 듣다보면 가르치고 지적해야 할 것이 수두룩해서 부모는 조급해지기 쉽습니다. 그러나 지적하고 가르치려는 순간 자녀는 부모와의 대화에서 흥미를 잃게 됩니다. 이는 납득도 설득도 안 되는 전형적인 소탐대실이 되고 맙니다. 자녀와의 대화에서 가장 중요한 것은 대화를 계속 이어 나가는 것임을 기억해야 합니다. 자녀와의 관계를 돈독하게 유지하여 자녀가 들을 준비가 되었을 때 훈계도 하고 훈육도 해야 효과적이라는 것을 잊어서는 안 됩니다. 자녀가 하고 있는 말이 무슨 말이든 자녀가 말하지 않은 말 이면의 긍정적인 의도까지 듣겠다는 열린 마음으로 부모자녀의 대화에만 집중할 수 있는 환경과 분위기를 조성하고 대화를 시작합니다.

대화를 잘하는 사람은 번지르르하게 말만 잘하는 사람이 아닙니다. 다소 어눌하고 서툴더라도 진심으로 하는 말이 오고가는 대화를 할 줄 아는 사람이 대화를 잘하는 사람입니다. 열린 마음으로 대화를 시작하고 대화를 하는 그 순간과 그 순간의 상대에게 집중할 줄 아는 사람이 대화를 잘하는 사람임을 부모는 기억해야 합니다. 대화를 잘하는 부모가 되기위해 해야 할 첫 번째 과정이 바로 대화의 기본태도를 갖추는 것입니다. 기본태도를 갖추게 되면 열린 마음으로 대화를 시작할 수 있고 자녀와의 대화를 즐기게 되며 절대하지 말아야 할 걸림돌 대화시 쓰는 방해되는 말투를 덜 쓰게 됩니다.

┤ 절대 하지 말아야 할 걸림돌 대화 ├

명령 · 지시 · 위협하는 말 : 일방적으로 지시하여 그대로 따르도록 강요하고 명령이 효과를 거두지 못할 때 협박하는 말이다. 스스로 판단하는 능력을 상실하게 되고 창의력과 자신감을 떨어뜨리며, 권위에 대한 저항감과 벌을 회피하게 한다.
예) "씻어라", "이 책 좀 치워라", "가서 자라", "당장 그만두지 않으면 가만 안둔다."

비교하기 : 비교는 타인의 잘한 것과 자녀의 잘못한 점을 비교한다. 그래서 백전백패이다. 비교는 수치심, 부끄러움, 시기심을 불러일으키는 말로 자녀에게 어른의 말에 반감을 갖게 하고 비교대상에 대해서도 적개심을 품게 한다.
예) "더도 말고 덜도 말고 형만큼만 해", "옆집 미래 반만큼만 해봐라"

평가 · 비판 · 우롱하는 말 : 상대의 말이나 행동을 자신의 기준에 따라 평가하여 비판하고 우롱하는 말투로 좌절감을 불러일으키는 말이다. 아이가 반항하거나 자존감을 잃기 쉽다.
예) "이걸 그림이라고 그린거야", "도대체 누굴 닮아 그 모양이니"

자녀와의 대화에서 가장 중요한 것은 대화를 계속 이어나가는 것임을 기억해야 합니다. 자녀와의 관계를 돈독하게 유지하여 자녀가 들을 준비가 되었을 때 훈계도 하고 훈육도 해야 효과적이라는 것을 잊어서는 안됩니다.

자녀가 하고 있는 말이 무슨 말이든 자녀가 말하지 않은 말 이면의 긍정적인 의도까지 듣겠다는 열린 마음으로 부모자녀의 대화에만 집중할 수 있는 환경과 분위기를 조성하고 대화를 시작합니다.

❁ 바른말보다 좋은 말을 더 많이 하라

부모들은 보통 자녀의 기를 살리는 좋은 말보다는 기분을 상하게 하는 지적하는 말이나 바르게 자라주길 바라는 당부의 말인 바른말을 더 많이 자주하게 됩니다. 자녀를 훈육하기 위해 하는 바른말은 가르침을 목표로 하는 말입니다. 즉 자녀가 부모의 말을 통해 올바른 행동을 할 수 있도록 변화를 추구하기 위해 하는 말입니다. 바른말을 할 때는 나를 주어로 하고 좋은 말을 할 때는 너를 주어로 말하는 것도 지혜입니다. 예를 들면, 아이가 방을 치우지 않고 어질러 놓은 상황에서 바른말을 하고 싶을 때 부모는 다음과 같이 말할 수 있어야 합니다.

"정리되지 않은 네 방을 보니 내 마음이 편치 않구나. **나는** 지저분한 것을 보면 치워야 한다는 부담감으로 짜증이 나. 그래서 **나는** 네 방이 약속대로 정리되기를 바란다. 그러니 방 정리를 부탁한다.(부모를 주어로 한 바른말)"

"너도 바쁘고 귀찮았을 텐데 시간을 내서 신속히 방청소를 했구나. **네가** 엄마의 부탁을 들어주니 고맙구나. **네가** 나를 존중해주는 것 같아 기분이 좋다.(자녀를 주어로 한 좋은 말)"

    사춘기 자녀와 대화를 할 때는 바른 말보다는 좋은 말을 더 많이 하려는 의도적인 노력이 필요합니다. 긍정심리학의연구를 통해볼 때 부정은 긍정보다 5배나 더 강력한 에너지를 갖고 있다고 합니다. 그래서 자녀를 교육하거나 훈육하기 위해 바른말을 한 번 했다면 적어도 5번의 좋은말을 의도적으로라도 해야 한다는 것입니다. 그렇게 했을 때 비로소 바른말로 인해 생긴 감정이 제로상태가 되는 겁니다. 그러나 자녀에게 긍정적인 감정을 더 많이 주려한다면 5번이 아닌 그 이상으로 바른말보다 좋은말을 더 해야 합니다. 자녀에게 긍정적인 에너지를 주는 좋은말에는 칭찬의 말, 위로의 말, 격려의 말, 응원의 말, 축하의 말, 자녀가 듣고 싶어 하는 말 등이 있습니다.

    사춘기 아이들은 부모가 "이라 와서 앉아봐, 나랑 얘기 좀 하자" 이 말이 가장 무섭다고들 합니다. 이럴 때는 자연스럽게 대화가 시작될 수 있도록 부드럽게 다가가서 아이의 장점과 칭찬 점을 찾아 말하는 것으로부터 시작을 합니다.

    "엄마가 해준 반찬을 맛나게 먹는 것을 보니 기분이 좋다. 맛있게 먹어줘서 고마워." (마음을 열고 자녀에게 다가가기)

    "중간고사가 얼마나 남았는지 말해보렴" (자녀에게 대화주제에 대해 준비태세를 갖출 수 있도록 여유주기)

    "시험계획을 어떻게 세우고 있는지 듣고 싶은데 말해주겠니?" (자녀에게 대화 요청하기)

서로 으르렁거리고 막말하며 분노를 폭발하지 않은 선에서 대화를 마무리 할 수 있도록 감정을 조절해야 하는 것은 자녀가 부모와 대화를 하고 싶은 마음이 들도록 하는 것으로부터 시작됩니다.

"엄마 생각에는 네가 좀 더 분발을 했으면 해, 그래서 말인데..." 하고 대화를 이어가려는데 자녀가 발끈하며 대화를 거부합니다. "내가 이럴 줄 알았다니까. 내일은 내가 알아서 할테니까 신경쓰지 말아요!..."(자녀가 부모에게 반격하기)

사춘기 자녀와 대화를 하다보면 잘 나가다가도 갑자기 돌변하는 경우가 있습니다. 이럴 때면 부모도 상당히 당혹스럽게 됩니다. 대화에서 당황하고 당혹스러우면 사람들은 화를 내거나 상대를 공격하는 반응을 보입니다. 그러나 부모도 자녀와 같이 감정이 격앙되어 한판승부가 붙게되는 형국이라면 그 순간 대화는 STOP 하는 것이 좋습니다. 그래서 부모는 깨어있어야 합니다. 깨어있으면 자신이 그 순간 무엇을 어떻게 느끼는지 알아차리게 되고 통제와 조절을 할 수 있게 되기 때문에 부모는 깨어있어 지혜로워야 한다는 말을 강조하는 것입니다.

"조금 생각할 시간을 갖는게 좋을 것 같다. 네가 시험을 잘 봐서 성적이 오르는 것도 중요하지만 엄마는 너와 싸우지 않고 좋게 대화를 하는게 더 중요하다고 생각하거든...어때 조금 시간을 갖고 생각한 다음에 다시 이야기해보는 건?"(자녀와 평화로운 정전상태를 유지하기)

이는 부모가 자녀와 대화를 지속하겠다는 태도로 자녀에게 다시 대화할

여지를 남기는 것입니다. 그런 후 대화를 다시 시작하고 좋게 대화를 끝냅니다.

"이야기를 끝까지 들어주고 대화를 나눠줘서 고맙다. 너를 이해할 수 있게 친절히 말해줘서 고맙구나. 그리고 네가 세운 계획대로라면 다음 시험에는 좀 더 희망이 보여 기대가 된다. 잘해보자. 엄마도 응원할게."(인정축하로 대화마무리하기)

인정·칭찬은 사람의 기분을 좋게 해줘 더 많은 것을 수용하고 가능케 해줍니다. 칭찬은 행동을 변화시키는 가장 강력한 도구이며, 칭찬은 사람을 더 잘 행동하게 하며 삶의 영역을 넓히는 모험을 받아들이도록 용기를 준다고 했습니다. 칭찬은 '고래도 춤추게하면서' 변화하게 할 수 있고 무엇보다 칭찬은 긍정적 정서를 고취시켜주고, 긍정적인 정서는 타인에 대한 이해와 용서, 사랑 등의 태도를 유발하는데 필수요건이 됩니다.

긍정적 정서를 더 자주 경험하고 표현하는 사람들이 삶에 만족할 가능성이 높고 더 많은 대인관계의 보상을 얻는다고 보고되고 있습니다. 실제 기분이 좋으면 더 개방적이고 호기심이 일게되는 것처럼 긍정적인 정서는 다른 사람들과 더 많은 상호작용을 하게하며, 새로운 경험을 찾아 나서고 창조적인 도전을 부추기며, 도움이 필요한 사람을 돕게 됩니다. 그래서 자녀와의 대화는 칭찬으로 마무리하려는 노력이 필요합니다.

결과보다는 과정을, 능력보다는 노력을 더 칭찬합니다.

동일한 행동에 동일한 칭찬합니다.

칭찬할 일이 있다면 충분히 칭찬합니다.

칭찬의 효과는 즉시 바로 하는 것이 좋습니다.

칭찬은 진심으로 해야 합니다.

창의적으로 칭찬을 합니다.

구체적으로 칭찬을 합니다.

사춘기 자녀를 구체적으로 칭찬하기 위해서는 버츄카드가 제공하는 52개 미덕 목록을 활용하면 좋습니다.

감사, 배려, 유연성, 창의성, 결의, 봉사, 이상 품기, 책임감,

겸손, 사랑, 이해, 청결, 관용, 사려, 인내, 초연, 근면, 상냥함, 인정, 충직,

기뻐함, 소신, 자율, 친절, 기지, 신뢰, 절도, 탁월함, 끈기, 신용,

정돈, 평온함, 너그러움, 열정, 정의로움, 한결같은, 도움, 예의, 정직,

헌신, 명예, 용기, 존중, 협동, 목적의식, 용서, 중용, 화합, 믿음직함,

우의, 진실함, 확신

발췌 :www.virture.or.kr

부모는 어떤 좋은말로 자녀를 기쁘게 해줄까를 연구하고, 좋은말 리스트를 작성해서 매일매일 연습하고 또 연습을 거듭한 후 아이에게 들려줄 수있어야 합니다. 고통과 노력없이 단박에 이룰 수 있는 귀한 것은 세상에 존재

하지 않습니다. 사춘기 자녀가 마음의 경계태세를 해지하고 편안한 마음으로 대화를 시작할 수 있도록 자녀의 장점이나 칭찬할 점을 찾아 대화를 긍정적으로 시작하고 반드시 큰소리가 나기 전에 대화를 끝내야 한다는 것은 아주 중요한 지침입니다. 연습하고 또 연습해서 몸이 기억하는 그 순간까지 노력한다면 언제나 자녀에게 힘을 북돋우는 지혜로운 부모가 될 것입니다. 바른말보다 좋은말을 더 하려고 노력하는 부모, 당신을 응원합니다.

❀ 아는 척하지 말고 끝까지 경청하라

소통하는 부모–자녀의 대화에도 기술이 필요합니다. 그 첫 번째 대화기술이 바로 경청기술입니다. 자녀와 대화할 때에는 자녀의 말을 적극적으로 관심있게 듣는 진정한 경청이 필요합니다. 진정한 경청이 되기 위해서 부모는 자녀를 이해하기, 돕기, 위로하기, 대화 즐기기, 배우기, 동반성장관계구축하기 등을 통해 부모자녀의 마음과 생각의 코드를 맞추어 나가야 합니다. 즉 진정한 경청은 깊이 듣기를 통해 가능합니다. 깊이 듣기는 자녀의 말을 잘 들음으로써 실제 말 뒤에 숨어 있는 의도나 실제적인 관점, 자녀의 속마음뿐만 아니라 자녀의 삶 속에 들어 있거나 배경으로 하여 나타난 사실을 듣고 보기위해 전후관계의 실마리를 놓치지 않고 맥락적으로 내용을 이해하는 것입니다. 깊이 듣기를 통해 자녀의 현재 욕구를 제대로 이해할 수 있고, 자녀로 하여금 이해받고 존중받고 있음을 느끼게 해준다면 자녀가 전달하고자 하는 내용을 왜곡해서 듣거나 오해하는 경우가 별로 없게 됩니다.

자녀의 욕구 중에 가장 강렬한 하나는 부모로부터 자신의 행동과 생각을 이해받고자 하는 욕구일 것입니다. 자녀의 말에 귀기울인다는 것은 부모가 진정으로 자신을 진지하게 받아들이고 생각과 감정을 알아주며 무엇보다 자녀의 말을 중요하게 여긴다는 메시지를 준다는 것입니다. 깊이 듣기는 방법으로 자녀와 대화를 시도해봅니다.

│ 깊이 듣는 방법 │

눈높이를 맞추고, 자녀의 호흡에 자연스럽게 부모의 호흡을 맞춥니다.
목소리의 음조, 고저, 억양, 속도, 강조에 자연스럽게 보조를 맞춥니다.
감정, 움직임의 방향, 체온의 정도 등에 자연스럽게 보조를 맞춥니다.
거울처럼 자연스럽게 특정적인 행동을 따라하며 몸의 높이를 맞춥니다.
자녀의 말을 끝까지 듣고 요약해서 이야기 해줍니다.
공감적 이해를 하면서 듣습니다.
말의 내용 이면에 숨겨진 긍정적 의도도 이해하려고 노력하며 듣습니다.

사춘기 아이들은 대화하기 까다로운 대상입니다. 자신의 생각이나 마음을 조리있게 잘 표현하는데 어려움을 갖고 있고, 부모와의 상호작용경험 속에서 부모가 자신의 이야기를 친절히 들어주지 않는다는 경험을 많이 한 자녀일수록 자신의 이야기를 하는데 편안하지 않고 긴장되어 대화가 여유롭지 못하게 됩니다. 혼이 많이 난 아이들은 부모와의 대화에서 눈치를 보면서 말을 하고 바짝 긴장한 상태로, 작은 거슬림에도 분노할 태세를 갖추고 대화한다고 해도 과언이 아닐 것입니다.

그러나 부모는 한가롭게 여유를 갖고 수다 떨듯이 자녀와의 대화를 즐기기에는 일상이 바쁩니다. 집안일에 자녀교육을 위한 정보 수집은 물론 가계경제를 위한 맞벌이를 하는 가정이 늘고 있기에 부모로 살면서 해야 할 역할들로 하루 24시간이 모자라다고 합니다. 그래서 부모의 마음과는 달리 현실에서는 자녀와 대화를 나눌 시간이 없다고 하소연을 하기도 하지요. 그래서일까요? 부모는 자녀에게 전해야할 정보를 일방적으로 하달하거나, 스케줄을 점검하고 일탈행동을 하지 않으면서 삼시세끼를 챙겨먹는지를 점검하고, 누구와 무엇을 어떻게 하고 지내는지 염탐하는 정도의 정보수집만을 위해 대화하는 경우도 많은 것 같습니다. 그래서 부모자녀의 대화는 짧게, 용건만 간단히, 대놓고 주문하거나, 건성으로 듣고 싶은 말만 듣는 수준에 머물지 않나 싶습니다.

더 결정적인 것은 부모는 자기 자녀를 너무 잘안다고 착각한다는 것입니다. 그래서 자녀가 하려는 말을 듣지 않고 넘겨집거나 아는 척을 하게 되지요. 때문에 자녀의 말을 끝까지 듣지 않으려고 합니다. 그래서 자녀는 부모가 자신이 하고자 하는 말의 이면에 있는 진심을 공감하지 않고 무엇을 했는지 그 행동의 잘잘못과 맥락을 무시한 진의여부만을 평가하려는 태도로 의심받고 무시당한다는 느낌을 축적해 나가는 것 같습니다. 그러나 그건 부모의 선지식과 선입견이 준 왜곡된 착각으로 오해와 의심을 불러오는 경우가 참 많습니다.

『옹달샘』이란 동요가사의 끝부분을 보면 깊은 산 속에 사는 토끼가 새벽에 눈비비고 일어나 옹달샘으로 가서 '세수하러 왔다가 물만 먹고 가지요'라는 구절이 있습니다. 자, 질문을 드려보겠습니다. "깊은 산 속에 사는 토끼가 그 새벽에 세수하러 왔다가 물만 먹고 간 이유는 무엇일까요?"

"세수하는 것을 까먹어서, 더 자려고, 세수하면 물이 더러워져 다른 동물이 쓸 수 없을까봐, 물에 비춘 자신의 모습이 굳이 세수를 하지 않아도 될 만큼 깨끗하고 예뻐 보여서, 깜빡 잊고 놓고 온 게 있어 가지러 가느라고, 운동하느라고, 손이 시려서, 비누가 없어서, 토끼니까 등등. 무성한 추측성 답을 하실 것입니다." 그런데 말입니다. 토끼가 세수하러 갔다가 물만 먹고 온 이유는 그 토끼만 알고 있다는 것입니다. 그런데 부모는 자녀의 일이라면 너 나 없이 아는 척을 하고 있다는 것입니다. 살아 온 경험 치와 상대에 대한 선지식을 기초해서 아는 척을 합니다. 아는 척을 하게 되면 다 알기에 토끼의 말을 들을 필요도 이유도 사라집니다. 그래서 자신이 생각한 대로 토끼에게 피드백을 해주게 될 것입니다.

"네 너 그럴 줄 알았어, 또 까먹은거야, 다시 가서 하고 와, 또 그랬단 봐라, 괜찮아 네가 씻어도 곧 깨끗해져, 손이 시리면 얼마나 시리다고 그래! 옛날에는 얼음물도 깨서 세수하곤 했어...약해 빠져가지고는...커서 뭐가 되려고 저리 엄살이 심한지...", 또는 그러거나 말거나 관심 끊고 냉대하기 등으로 반응할 수 있다는 것입니다. 이 모든 것이 아는 척하기 때문에 빚어진 걱정과 근심 그리고 훈계와 훈육본능입니다. 자녀와 공감대화를 하기 위해서는 Not-Knowing(호기심의 자세)의 태도를 취해야 합니다. 그래야 자녀의 말에 호기심을 갖고 끝까지 들을 수 있습니다. 다시 말해, 선입견과 경험치를 버리고 모른다는 자세로, 아는 척하지 않고 자녀의 말을 끝까지 경청하는 것입니다. 그러기 위해서 부모는 자녀와의 신뢰관계가 바탕이 되어야 합니다.

당신은 자녀와의 대화에서 얼마나 잘듣고 있습니까?

자녀는 부모가 자신의 말에 얼마나 잘 경청을 하고 있다고 생각할까요?

그럼 지금-여기서 자녀와의 대화에서 무엇을 변화시켜보겠습니까?

| 자녀와 대화시 꼭 해야 할 디딤돌 대화 |

신뢰하기 : 신뢰 형성하기는 부모 자녀 관계에서 부모가 자녀와 상호작용을 하기 위한 기초가 되며 부모가 자녀를 존중하고, 자녀에게 초점을 맞추는 것을 의미한다.

경청하기 : 경청을 하기 위해서는 집중해서 들어야 하는데 듣기에 집중하는 것을 방해하는 내부, 외부의 소음을 차단해야 경청이 가능하다. 당신은 자녀의 말을 얼마나 잘 듣는가? 경청의 방법들로 귀로 듣기, 입으로 듣기, 마음으로 듣기를 말한다.

질문하기 : 자녀가 생각의 폭을 넓히며 다양한 가능성을 찾도록 도와주고, 자녀 스스로 내면의 힘을 키워 자녀가 스스로 문제 해결을 할 수 있어서 스스로 할 수 있는 일들을 찾아 수행함으로써 성취감을 느낄 수 있다.

칭찬하기 : 부모가 자녀의 존재를 인정하는 행위와 언어를 사용하는 것으로 자녀가 긍정적인 행동을 했을 때 뿐 아니라 노력에 대해 행동 및 행동의 영향에 대해 구체적으로 언급하며 신뢰와 감사를 표현하는 것이다.

✿ 감정을 수용한 다음 행동을 수정하라

중학교 1학년인 영철이가 학원에 다녀와서 엄마와 하는 대화를 잠시 들여다보겠습니다.

영철 : "엄마, 나 내일부터 학원에 안갈래!"

엄마 : "왜? 무슨 일이야? 또. 친구들과 싸웠니?(탐색)

　　　선생님한테 야단 맞았어?(추측)

　　　도대체 무슨 일이기에 잘 다니던 학원을 안가겠다고 난리야(비난).

　　　말을 해봐.(추궁)

　　　말을 해야 엄마가 듣고 해결을 하든지 말든지 하지(무시).

　　　빨리 말해봐!!!(명령, 강요, 협박)"

엄마는 말이 길어질수록 화를 내고 자녀는 말문이 막힙니다. 영철이 어머님은 '해결사정신'이 투철한 것 같습니다. 그리고 자녀의 잘못된 행동을 보고 그냥 넘기기가 어렵습니다. 무엇보다도 잘못된 행동이라면 바로 고쳐주고 싶어 조급해지기도 하지요. 다 내 아이 잘되라고 그런 것이기에 "다 너 잘되라고 하는" 거룩한 잔소리를 하게 됩니다. 위 사례의 경우 영철이는 엄마에게 뭔가를 말하고 싶었을 것입니다. 그게 뭔지는 모르겠지만 영철이가 학원을 가지 않겠다는 말을 하면서 즐겁고 기쁘게 하지는 않았을 것이라고 보아집니다. 그러나 영철이의 느닷없는 선포는 부모를 긴장하게 하고 당혹스럽게 했을 것입니다.

그런데 부모도 영철이도 이러한 불편한 감정은 숨긴 채 영철이는 선포를, 부모는 수습을 하고 있는 것 같지 않습니까? 부모는 자녀가 해결할 수 있음에도 불구하고 일방적으로 해결책을 주고자 조급해하면서 자녀를 정신적인 좌절감이 들도록 잔소리와 비난을 합니다. 안그래도 마음이 좋지 않은 영철이는 감정의 홍수상태(감정폭발상태)로 아무 것도 들을 수 없고 평소에 잘 알고 있던 것조차 잊어버려 머리속이 새하얗게 변했는데 부모는 생각 같은 것 좀 하고 살라며 폭풍 잔소리와 버럭 화를 냅니다. 영철이는 멘탈붕괴인 멘붕상태로, 혼란스러운 마음에 의기소침해지거나 거세게 반항을 하게 됩니다. 그러면 부모자녀관계는 얼음물을 부은 듯 냉각되고, 집안 분위기는 긴장과 갈등으로 초토화될 수 있겠지요.

부모는 자녀가 바르게 성장하기를 바라기 때문에 평소에 잘한 점보다는 잘못된 점에 더 집중하게 되고 잡착하게 됩니다. 사춘기가 되면 독립심이 커져 자기 주도적으로 뭔가를 해보려는 도전을 많이 하게 됩니다. 자신의 시도가 타인으로부터 인정받지 못하고 거부당한다는 느낌을 받게 되면 앞뒤 가리지 않고 격하게 분노하며 불쾌감을 들어냅니다. 그럴 때 자녀의 언행이 거칠어질 수 있습니다. 그래서 부모는 자녀의 행동, 생각 이면의 느낌이나 감정에 공감하기 보다는 언행의 잘잘못을 따지고 바로잡으려고 애씁니다. 그러다 보면 부모의 의도와는 달리, 자녀의 행동도 고쳐지지 않고, 부모자녀간 관계만 깨지는 경우가 많아집니다. 이러한 눈에 거스르는 행동을 했을 때 행동만 보고 화를 내면 아이는 부모에게 대들거나 부모말을 무시해 버리는 것으로 불쾌감정을 표현합니다. 그러면 부모는 걱정이 되고 동시에 부모의 권위에 도전한다는 생각 때문에 부모도 감정이 격해지기 쉽습니다.

부모라는 책임감에 '지적본능'과 '훈계본능'이 올라와 자녀를 꾸짖거나 나무라게 됩니다.

심리학자 다니엘 골먼은 '인간의 행동은 이성의 지배를 받기 보다는 감정에 의해 더 많은 영향을 받는다'고 하였습니다. 즉 모든 생각을 행동으로 옮기는 선택은 감정이 좌우한다는 말입니다. 사춘기 자녀의 감정은 과잉 활성화된 뇌의 변형계의 영향을 받아 사춘기의 정서는 이성적이기 보다는 감정적이기 때문에 사춘기 자녀와의 대화는 감정의 상승작용이 증폭되기 쉽습니다. 그래서 사춘기 자녀에게는 지혜로운 대화를 할 수 있는 부모가 필요합니다.

우리의 감정은 모두 필요하기 때문에 존재합니다. '희노애락애오욕喜怒哀樂愛惡欲' 어느 하나 불필요한 감정은 없습니다. 다만 이러한 감정을 어떻게 표현하고 분출할 것인가 하는 문제를 해결하기 위해서는 지혜가 필요할 뿐입니다. 자녀의 잘못된 행동도 감정에 의해서 견인된 것이므로 일단은 감정을 수용해주는 것이 필요합니다. 자녀가 자신의 감정의 홍수상태에서 벗어날 수 있도록 부모는 자녀가 감정을 진정시킬 수 있도록 도와줘야 합니다. 자녀가 감정의 배수로를 열기 위해 부모는 다음과 같은 말로 대화를 시작하며 자녀의 감정에 반응하는 말을 할 수 있습니다.

"음~", "그래", "그랬구나!"

"역시!", "맞아 맞아!", "좋아", "정말이야?!(의문사가 아닌 감탄사)"

이러한 말은 자녀에게 부모는 지금 너의 말을 듣고 수용하고 있다는 메시지를 전달하게 되어 자녀는 부모와의 대화가 안전하다는 느낌을 받고 경계를 해지하게 됩니다. 그러면 자녀는 감정의 홍수에 빠져 마음이 진정되면서 더 깊은 마음 속 이야기를 꺼낼 수 있게 되지요. 자녀가 더 깊은 마음 속 이야기를 꺼낼 때 부모가 자녀의 감정을 공감해주면 자녀는 스스로 문제를 해결할 수 있게 됩니다.

자녀의 감정에 공감하기 위해서는 자녀가 느끼는 감정을 추측하고 그것을 감정의 단어로 표현해주는 것이 필요합니다. 위의 영철이 사례를 예로 들면 '영철이의 마음 속 감정은 어땠을까'를 생각해 보아야 합니다. 그러기 위해서 부모는 조급함을 내려놓고 잠시 멈추어서 '진정으로 내가 원하는 것이 무엇인가'를 생각해 볼 필요가 있습니다. 부모가 자녀와의 대화에서 진정으로 원하는 것이 자녀를 성장시키고 자녀와 소통하길 원한다면 그 순간의 영철이의 감정과 느낌에 공감적 이해를 바탕으로 감정을 수용하는 것입니다.

"속상 했겠구나", "억울했겠구나", "답답했구나", "불안하구나"

"기대가 컸었구나 그런데 좌절감을 갖게 되었다는 거로구나",

"인정받고 싶었어~" 등등

사랑하는 사람과 연애를 했을 때를 생각해봅시다. 사랑하는 사람에게는 상대가 좋아하는 말과 관심 있는 것에 같이 관심을 가져줍니다. 그리고 그 마음에 공감해주기 위해 귀를 쫑긋 세우고 온몸으로 경청을 하지요. 한마디도 놓치고 싶지 않기 때문입니다. 그건 사랑이 주는 힘입니다. 사랑이 깊어갈수록 관심은 커집니다. 그리고 더 사랑이 깊어지면 상대가 싫어하는 행동이나 말을 하지 않으려고 노력합니다. 부모는 자녀와 매일 평생 연애를 해야 한다고 말하고 싶습니다. 부모는 자녀에게, 그리고 자녀는 부모에게 애정과 호감을 갖고 대화를 하고 있는지를 짚어보아야 합니다. 그리고 될 수 있는 한 지적과 간섭은 줄이고 관심을 더 쏟아야 합니다. 간섭은 짧게 관심은 길~~~게 합니다.

자녀의 행동이 당장 걱정되고 못마땅하더라도 일단은 행동이면에서 느꼈을 그리고 느끼고 있는 감정을 충분히 공감한 다음 잘못된 행동을 수정할 수 있도록 가르쳐야 합니다. 그러기 위해서는 자녀가 처음으로 탯줄을 끊고 부모의 품에 안겼을 때의 감동과 '이 또한 다 지나가리라' 라는 희망적 자기 암시로 무장을 해야 합니다. 그리고 반드시 잘 커 줄거다 라는 확신으로 자녀를 향한 사랑의 문을 활짝 열어야 합니다. 그러면 지금까지 자신이 말하는데 중간에 끊고 끼어들며 일방적으로 해결책을 제시하려는 부모에게 받은 좌절감은 회복되고 아이들은 자신의 말을 잘들어 주는 부모를 좋아하게 되며 자신이 사랑의 존재임을 받아들이게 돼 자녀의 자존감은 한없이 높아지게 될 것입니다. 자존감이 높은 아이가 더 행복한 아이입니다. 행복도 경쟁력인 시대입니다. 자녀에게 물질적인 유산을 주는 것 이상으로 더 값진 유산은 자녀와 더불어 행복해하는 부모의 모습을 기억할 수 있도록 행복한 영상을 가슴에 담을 수 있는 유산을 남겨주는 것입니다.

　당신이 자녀의 입장이 되어 부모를 소개한다면 어떻게 소개하시겠습니까?

　실제로 당신의 자녀는 엄마(아빠)를 어떻게 소개할까요?

　당신이 주고자 한 사랑, 자녀도 그 사랑을 받고 있다고 느끼고 있습니까?

　행복한 유산을 위해 지금 당장 당신은 어떤 변화를 시도할 수 있습니까?

　당신은 자녀를 어떻게 느끼고 계십니까?

　자녀와 더 잘 통하는 부모가 좋은 부모입니다. 자식이 있기에 더 많이 웃고 더 많이 박수치는 부모가 행복한 부모입니다. 자녀가 필요할 때면 언제나 달려가 쉬며, 충전을 할 수 있는 베이스캠프가 되어 항상 반갑게 맞이해주는 부모가 따뜻한 부모입니다. 그리고 설렘과 기쁨으로 '네가 곁에 있어 참 좋아'라고 말해주는 부모가 멋진 부모입니다. 이런 부모를 자녀에게 선물해줍니다. 왜냐하면 아이들은 우리로부터 세상에 초대된 귀한 보물이고, 그들은 그 존재자체만으로도 너무 아름답기 때문입니다.

　사춘기 자녀는 기본적으로 두려움을 경험한다고 했습니다. 그리고 자신의 변태(어린이의 허물을 벗고 어른으로의 성숙)를 인정받고 싶어 합니다. 자신도 때로는 통제할 수 없는 행동을 하지만 그럼에도 불구하고 긍정적 의도를 이해받고 싶어 합니다. 그래서 부모는 사춘기 자녀의 감정을 수용한 다음에 행동을 수정시켜주어야 합니다. 사춘기 자녀를 둔 가족의 행복을 위해서 부모는 사춘기 아이들을 무조건 사랑하고 안아주어야 합니다. 이러한 사랑은 자녀를 존중하는 것이며, 신뢰하는 것입니다. 잘못된 행동을 수정하기 전에 사춘기 아이들이 겪는 감정에 공감하고 그들을 수용해줍니다 감정을 수용한 다음 행동을 수정하려면 먼저 부모는 깨어 있어야 합니다. 깨어있어 자신이 현재 느끼는 감정을 인식하고, 그 감정을 자녀가 이해할 수 있도록 표현하며, 서로의 감정을 공감하고 마음에서 재경험해보는 감정이입 능력이 있어야 합니다. 한마디로 공감하는 능력이 필요합니다. 부모가 자녀를 공감할 때 비로소 자녀는 자신의 잘못된 행동을 바로 잡으려는 자발적인 마음이 생기게 될 것입니다. 때문에 부모는 자녀의 행동을 수정하기에 앞서서 자녀의 감정을 수용하려는 노력이 필요합니다.

공감의 말, 감정 단어 조건표

행복한	즐거운	기쁜	안타까운	외로운	우울한
신나는	뿌듯한	평화로운	심심한	짜증나는	담담한
홀가분한	짜릿한	흥분되는	서운한	슬픈	두려움
여유로운	답답한	야릇한	무서운	창피한	당황스러운
안심되는	감격스러운	편안한	걱정스러운	부러운	난감한
힘이 솟는	따뜻한	후련한	피곤한	혼란스러운	부끄러운
기대되는	활기찬	열받는	오싹한	억울한	민망한
두근거리는	흐뭇한	괴로운	어색한	따분한	귀찮은

❀ 사춘기 자녀와의 대화 싸우기 전에 끝내라

사춘기 자녀와의 대화에서 효과를 얻기 위해 목적에 맞는 대화법을 적절하게 활용하는 것은 중요합니다. 목적에 맞는 대화를 하기에 앞서 반드시 기억하고 염두에두고 심사숙고해야 할 것이 사춘기 자녀와의 대화를 위한 3원칙을 기억하고 준수하는 것입니다. 사춘기 자녀와의 대화는 시작은 좋게 했는데 끝은 큰소리를 내거나 서로 격앙된 상태로 대화를 마무리하는 경우가 많습니다. 그러려고 그런 것은 아닌데 이상하게도 대화가 거칠게 끝나는 경우가 있습니다. 이러한 대화의 결과는 속상하고 돌이킬 수 없는 거리감을 갖고 서로에게 상처만 남긴 채 마음을 닫게 해 관계가 멀어져 가게되는 원인이 됩니다.

> 수진 : "아이 씨, 나가라구요."
>
> 엄마 : "뭔 일인지 말을 해야 알지?"
>
> 수진 : "신경 쓰지 말아요. 내가 알아서 할 테니"
>
> 엄마 : "네가 이러고 있는데 내 마음이 편하겠니?"
>
> 수진 : "알았어요. 제발 나가라구요. 생각 좀 하게"
>
> 엄마 : "뭔 생각을 해 네가, 또 자려고 그러지?"
>
> 수진 : "에이 씨 저리 가라구, 안 그래도 골치 아픈데..."
>
> 엄마 : "뭐라고? 지금 너 나한테 에이 씨라고 한 거야?"
>
> (부모-자녀의 전쟁의 서막이 열리고 둘의 싸움은 승자 없이 패자만 남기고 끝이
>
> 납니다. 그러려고 그런게 아니었는데...)

인간 행동의 동기에는 생리적 욕구와 심리적 욕구라는 두 가지 욕구가 작용합니다. 생리적 욕구는 먹고 자는 것과 같은 생리적 충족과 관련된 욕

구인 반면, 심리적 욕구는 타인과의 상호교류를 통해 충족되는 욕구입니다. 사춘기 아이들은 생리적 욕구에도 민감하고 더불어 심리적 욕구에도 민감하여 의미있는 타인으로부터 인정을 받고자 하는 욕구가 강하게 나타납니다. 반항도 사춘기의 인정욕구를 반영한 스트로크(stroke접촉)욕구입니다. 그러나 부모는 간섭하거나 둘러대기 또는 무시하기 등으로 자녀를 향한 스트로크를 제한하고 독점함으로써 자녀를 굴복시켜 권위를 세우려고 합니다. 사춘기 자녀가 부모에게 어떤 스트로크를 받았는지에 따라 기본적인 인생태도를 형성하게 될 뿐 아니라 스트로크가 부족할 때는 성장에 치명적인 영향을 미칠 수 있습니다. 스트로크는 안아주기, 인정해주기, 긍정적인 평가하기와 같은 쾌감을 주는 긍정적 스트로크가 있고, 긍정적 스트로크를 얻고자 하지만 얻지 못할 경우 상대방을 화나게 하거나 상처를 주더라도 관심을 얻고자 하는 부정적인 스트로크가 있습니다. 어쨌든 사춘기 자녀는 부모로부터 부정적 스트로크든 긍정적 스트로크든 스트로크를 채우려고 한다는 것입니다.

사춘기대화의 3원칙

원칙1. 대화의 기본태도를 갖춘다.
원칙2. 바른 말보다 좋은 말을 더 많이 한다.
원칙3. 열린 마음으로 대화를 시작하고 인정으로 마무리 한다.

사춘기 자녀와의 대화에서 부모는 자녀의 스트로크욕구를 이해하고, 긍정적인 스트로크를 제공하기 위해 다음과 같이 말할 수 있습니다.

수진 : "아이씨, 나가라구요."

엄마 : "뭔 일이 있는지 궁금하구나."

수진 : "별일 아니니 그냥 나가세요."

엄마 : "그래? 네가 별일이 아니라니 안심이 된다. 정말 괜찮은 거지?"

수진 : "아 그렇다구요."

엄마 : "알았다 그럼 쉬어라"

과일을 깎아서 부모는 다시 수진이 방을 노크합니다.

엄마 : "수진아 배고플텐데 과일 깎아 왔으니 좀 먹어봐라."

수진 : "..."

엄마 : "수진아, 자니?"

수진 : "응, 머리 아파 죽겠어요. 좀 쉬고 싶어요."

엄마 : "그래, 알았다. 그럼 학원가기 전까지 쉬어라."

학원갈 시간이 되었는데 수진이는 방에서 나오지 않습니다. 엄마는 걱정이 되어 다시 수진이 방으로 가서 노크를 합니다.

엄마 : "수진아, 지금 5시다."

수진 : "..."

엄마 : "수진아, 자니? 이제 그만 일어나야 학원에 가지?"

수진 : "알았어요."

엄마는 안간다고 할 줄 알았는데, 알았다는 수진이 말에 안도의 숨을 내

쉽니다.

엄마 : "그래, 서둘러라"

수진 : "…"

엄마 : "가니?"

수진 : "다녀올게요. 자고 나니 좀 괜찮아졌어요. 아까 깎아 놓은 과일 챙겨
　　　주세요. 학원에 가서 먹을게요."

엄마 : "그래, 조금만 기다려라"

수진 : "서둘러주세요."

엄마 : "응, 늦을까봐 걱정되는구나."

수진이는 엄마 말에 피식 웃는다. 엄마가 싸준 과일도시락을 가방에 넣
는다.

　　　수진 : "다녀올게요. 학원 갔다 와서 말해줄게요. 내가 왜 그랬는지"

이렇게 사춘기 자녀와의 전쟁이 될 뻔 했던 대화가 싸우지 않고 평화롭
게 마무리 되었고 억지로 강요해서 듣고자 하지 않아도 부모가 궁금했던 이
야기를 자녀가 직접 말해주겠다고 하니 부모도 안심이 됩니다. 서로가 주고
받고 싶었던 긍정의 스트로크를 채울 수 있었고 부모와 자녀의 친밀감은 돈
독해졌으며 자녀도 자신의 일상에 집중할 수 있는 평점심을 찾아 심리적으
로 안정될 수 있게 되었습니다. 지혜롭게 대화를 한 부모는 스스로에게 참
잘했다고 격려를 해줍니다. 부모는 뿌듯하고 기분이 좋아지며 안도의 한숨
을 내 쉬게 됩니다.

✿ 마음의 문을 여는 공감 대화법

공감대화는 부모-자녀가 대화를 통해 서로의 생각, 느낌, 의도까지를 공감적으로 이해하고 마음을 열어 소통하는 것을 목적으로 하는 대화입니다. 중립적인 태도를 갖추고 공감적 경청을 하는 것이 공감대화의 첫 단계입니다. 그런 후 부모 자신의 의견도 제대로 전달할 수 있도록 이야기해야 하는 과정이 필요합니다. 마음의 문을 여는 공감대화를 잘하기 위해서는 아는 척하지 말고 끝가지 경청을 하며, 감정을 수용한 다음에 행동을 수정하고, 바른말보다는 좋은말을 더 많이 해 자녀와 싸우지 않고 대화를 마무리하는 것입니다.

[상황] 중학교 3학년인 찬호는 수학문제를 풀다말고 "이렇게 어려운 수학을 왜 배워야 하는지 모르겠어!"하며 투덜댄다.

찬호 : "이렇게 어려운 수학을 왜 배워야 하는지 모르겠어, 씨"
엄마 : "문제가 잘 풀리지 않는가보구나?"
찬호 : "그게 아니라, 쓸모도 없는데 왜 해야 하는지 모르겠다구요"
엄마 : "그래? 공부할 이유를 몰라 답답한가보구나"
찬호 : "엄마는 알아요? 수학안하면 안될까요?"
엄마 : "포기하고 싶을 정도로 힘들다는 거구나"
찬호 : "나는 정말 한다고 하는데 이해도 안되고 성적도 안나오고…"

엄마 : "저런 노력한 만큼 결과가 만족스럽지 못해 안타까운가보구나"

찬호 : "정말 포기하고 싶다구요."

엄마 : "그래, 그럴수도 있겠구나. 해도 안된다고 생각하면 엄마도

　　　그럴 것 같아!"

잠시 침묵이 흐릅니다.

엄마 : "공부가 우리 찬호의 마음을 알아줘야 할 텐데..."

찬호 : (피식 웃는다.)

엄마 : "찬호야, 수학하고 좀 더 친해질 수 있는 방법은 없을까?"

찬호 : "..."

엄마 : "수학이 어렵게 느껴지는 이유는 무엇이라고 생각하니?"

찬호 : "..."

엄마 : "대답하기 곤란한가보구나?"

찬호 : "아니 그게 아니라, 잘 모르겠어요."

엄마 : "저런 그랬구나, 그 정도로 막막하다는 거로구나?"

찬호 : "..."

엄마 : "혹시 방법을 찾으며 해 볼 생각은 있니?"

찬호 : "안하면 어떻게 하겠어요. 뭐라도 해봐야죠"

엄마 : "그래, 우리는 때때로 하고 싶지 않은 것도 하면서 살아야 할 때가

　　　있지, 찬호에게 수학이 그런 건가보구나"

찬호 : "..."

엄마 : "우리 찬호 많이 의젓해졌는데 어쩔 수 없는 것도 받아들일 수 있게

되었구. 고맙다 이렇게 멋지게 커줘서"

찬호 : "뭘 그렇게 까지… 그런 건 아니예요."

엄마 : "쑥스러운가 보구나"

찬호 : "…"

엄마 : "수학과 친해지기 위해 엄마가 어떻게 도우면 좋겠니?"

찬호 : "기초부터 가르쳐주는 과외를 6개월만 했으면 좋겠어요. 선행이 아닌
복습하는 방식으로요. 전 단원을 다하는게 아니라 제게 취약한 단원
중심으로 질문하고 가르쳐 줄 수 있는 선생님이 있었으면 좋겠어요."

엄마 : "그래, 과외를 통해 고등학교 선행을 하기 전에 취약한 단원을 보충하
고 싶다는 말이구나?"

찬호 : "네, 그리 길게 가지는 않을 것 같아요."

엄마 : "그렇구나, 그런 방법이 있었구나. 이 문제를 해결하기 위해 심사숙고
한 모습을 보니…네가 고민하는 동안 엄마가 미리 알아차리지 못한
것이 미안 하기도 하고 이제 다 컸구나 하니 든든하기도 하다."

찬호 : "뭘요. 제가 감사하지요. 엄마는 언제나 절 믿어주시잖아요."

엄마 : "그럼 그렇고 말구. 난 언제나 네 편이란다."

"그래 한 번 알아보자."

찬호 : "감사합니다. 엄마! 열심히 해볼게요."

"그리고 짜증내서 죄송했어요."

마음의 문을 여는 공감대화를 하게 되면 자녀는 자신의 감정을 받아들이
고 공감을 할 수 있게 되며 자신의 감정을 알아차리고 감정을 다스릴 수 있

는 힘이 생겨 자녀 스스로 문제해결을 할 수 있게 됩니다. 부모는 자녀를 조력하는 조력자로서의 역할을 담당하게 되고, 이러한 부모자녀의 신뢰관계 속에서 자녀는 안전한 성장을 하게 될 것입니다.

❀ 생각을 키우는 질문 대화법

사춘기는 인지기능을 하는 뇌발달이 거의 완성에 가깝게 진행되는 시기입니다. 아동기와는 달리 복잡하고 고차원적인 사고가 가능해지는 시기입니다. 그러나 생각이 감정을 통제하는데는 어려움을 겪는 시기이기 때문에 부모는 자녀에게 일방적으로 지시하고 가르치기보다는 스스로 생각하고 깨달아 행동할 수 있도록 도와야 합니다. 그러지 않으면 사춘기 자녀는 엇나가고 소통은 불통이 되어 고통을 겪게 될 것입니다. 그래서 그 어느 시기보다 자녀가 사춘기라면 마음을 여는 대화를 바탕으로 깨닫는 질문대화법이 반드시 필요합니다. 질문은 강력한 힘을 가지고 스스로 설득하고, 상대를 통제할 수 있는 이상적인 방법이지만 모든 질문이 다 효과가 있지는 않습니다. 중립질문, 열린 질문, 긍정 질문, 미래지향적인 질문과 같이 효과적인 질문은 자녀로 하여금 생각하고, 문제를 해결하고, 좀 더 나은 방법을 구상하게 돕고 정보와 지혜를 구할 수 있도록 돕습니다. 그러나 닫힌 질문, 부정질문, 추궁질문과 같은 비효과적인 질문은 오히려 자녀를 방어적으로 만들고, 상처를 줄 뿐 아니라 변명을 하게하고 수치심을 갖게 하면서 통제효과도 별로 없게 됩니다.

[상황] 아들에게 올바른 가치관을 갖고 사는 것의 중요성에 대해 이야기를 해주고 싶어 정기검진을 위해 병원에 가는 길에 아들과 데이트를 하며 나눈 대화입니다. 기차문제라는 딜레마상황에 대한 주제로 이야기를 나누었습니다. 이 문제는 1967년 영국의 철학자 피리파 풋이 철학 학술지에 기고하면서 시작돼 이후 인문학자들 사이에 큰 반향을 일으켰고, 이후 하버드대학교 마이클 샌델교수의 『정의란 무엇인가』에서 다시 거론되면서 유명해진 기차문제입니다.

부모 : "질주하는 기차의 브레이크가 고장 났다. 주행방향선로에는 5명이, 지선에는 1명이 작업을 하고 있으며 그들은 기차를 피할 시간이 없다. 기관사는 기차의 방향을 틀어 5명 대신 1명을 죽이는 선택을 해야할까?"

자녀 : " ... "(한참을 생각합니다)

부모는 자녀가 생각하는 동안에는 충분히 생각할 수 있도록 재촉하지 않고 충분히 기다려주어야 합니다. 성급히 서두르며 답을 하라고 재촉하면 자녀는 대화를 나누고 있다고 생각하기 보다는 취조나 테스트를 당한다고 생각해 대화를 중단하고자 할 수 있습니다. 질문대화에서 질문을 한 후 충분히 기다려준다는 것 이점을 꼭 기억하셔야 합니다.

자녀 : "내 생각에는요. 만약 기차에 사람이 없다면 기차를 선로 밖으로 이탈시킬 것 같아요."

부모 : "그럼 기차운전자가 죽을 텐데?"

자녀 : "꼭 그렇지는 않아요. 탈출하면 되니까요."

부모 : "그럴 수도 있겠네. 그런데 기차가 선로를 이탈하게 하는 건 쉽지 않은데 그 순간 그게 가능하지 않다면 어떻게 하지?"

자녀 : (한 참 생각을 한 후)"선로를 공사하고 있는 사람들이 자신이 가지고 있는 연장들을 활용해 기차의 질주를 막을 수 있어요."

부모 : "기발한데, 그럴 수도 있겠구나. 그런데 기관사가 인부들이 어떻게 그렇게 해줄 거라는 믿음을 전제로 그 상황을 대처할 수 있지?"

자녀 : "그래서 모든 위험상황에 대한 매뉴얼이 잘 작성되고 그 매뉴얼에 따라 교육이 철저히 되어야 하는 거라 생각해요."

부모 : "그렇겠구나. 그래도 이 두 가지의 선택 중에 한 가지를 해야한다면?"

자녀 : "왜 그렇게 해야 하는 거죠?"

자녀는 그 상황에 대해 주어진 답만을 찾아야 한다는 것에 강력한 저항을 보였습니다.

부모 : "그렇겠구나. 그럼 이번에는 이 상황은 어떤지 계속해볼까?"

자녀 : (아이는 신이 난 듯 적극적으로 대화에 참여합니다.) "어디 봐요."

이번에는 같은 상황에서 기관사는 정신을 잃었으며, 지나던 행인이 이를 보고 선로의 방향을 바꾸는 손잡이를 당겼습니다. 주행 선로의 5명은 살았고 지선의 1명은 죽었다. 행인의 선택은 도덕적으로 정당할까하는 문제이다.

자녀 : "5명은 살고 1명은 죽었다는 것으로 봐서는 잘한 것 같지만, 그래도 그 한사람은 죽지 않아도 되는 상황이었는데 그 행인의 선택으로 죽었기 때문에 그 가족들은 억울할 것 같아요. 그리고 그 행인도 그 한

사람이 자신 때문에 죽었다는 생각에 편하지는 않을 것 같은데요."

부모 : "그렇지? 만약 너라면 어떻게 했을 것 같아?"

자녀 : "어렵네요."

부모 : "그렇지! 어른이 된다는 것은 그렇게 절박한 상황에서 최선의 선택을 해야 하고 그 선택에 책임을 져야하는 거지. 너도 그런 어른이 되어 가야 하는데...그런 책임을 배워가는 사춘기, 힘들지?"

자녀 : "...음..., 할 만해요."

부모 : "할 만하다고 받아들여줘서 고맙다. 그리고 잘 해내줘서 장하다."

"이건 마지막 문제인데, 하버드 마이클 셀던 교수가 쓴 책, 일전에 우리나라에 오셔서 강연도 했었는데 기억나니? 그 분이 쓴 『정의란 무엇인가』에 나온 기차문제야. 마저 해볼래?"

자녀 : "네"

부모 : "같은 기차상황에서 이번에는 철로 위 육교를 지나는 행인이 목격을 했어. 행인은 5명을 구하기 위해 철로 앞에 무거운 물체를 떨어뜨려야 한다고 판단했고, 마침 앞에서 있던 뚱보를 밀어 육교 밑으로 떨어뜨려 기차를 세웠데. 작업을 하던 인부 5명은 목숨을 구했고 뚱보는 죽었어. 행인은 정의로운 인물일까?"

자녀 : "그건, 말도 안돼요."

부모 : "왜?"

자녀 : "그건 살인이죠. 누구도 지나가는 행인을 밀어 죽일 수는 없죠. 행인이 그렇게 선택한 것도 아니고"

부모 : "그래도 그냥 두면 5명이 죽었을 텐데"

자녀 : "그래도 그건 사고가 난거지만 행인이 떠민건 살인이잖아요."

부모 : "그렇지? 아주 올바른 기준을 갖고 있구나."

　그 후로 나는 아들과 윤리 · 정의에 대한 이야기를 나눴고 학교생활에서 일어나는 부조리한 문제들과 학생들에게 바른 인성을 지도하기 위해서는 어떤 노력을 할 수 있는지에 대해 이야기를 나누었습니다. '언제 이렇게 성장했을까요? 어리다고 생각했는데, 든든한 청년이 되어가고 있는 사춘기 아들이 대견' 해 입가엔 미소가 머금습니다.

질문대화를 위한 깨닫는 질문입니다.

중립 질문

· 너의 행동에 대해서 어떻게 생각하니?

· 지금 우리가 해결해야 할 문제는 무엇이라고 생각하니?

· 이것이 너와 친구의 관계에 어떤 영향을 끼치니?

· 오늘 숙제는 뭐니?

열린 질문(개방형 질문)

· 그 결과를 얻기 위해서는 어떻게 하는 것이 좋을까?

· 지금처럼 계속 지낸다면 5년 후 너의 모습은 어떤 모습일까?

· 그것에 대해 너의 느낌을 조금 더 이야기 해주겠니?

· 만약 기적이 일어난다면, 무엇으로 기적을 알아볼 수 있을까?

· 오늘 해야 할 일에 대해서 이야기 해줄래?

· 저녁 준비하려고 하는데 뭘 먹고 싶니?

긍정질문

· 어떻게 하면 일이 순조롭게 진행될 수 있겠니?

· 만약 네가 원하는 대학에 간다면 기분이 어떨 것 같니?

· 네가 정말로 원하는 것이 무엇이니?

· 모든 것이 다 가능하다면 넌 무엇을 하고 싶니?

· 네가 살아가면서 해야 한다고 생각하는 일이 무엇이니?

· 다시 시험을 치른다면 어떻게 해보고 싶니?

· 미래의 성공한 네가 오늘의 너에게 해주는 말이 있다면 무엇일까?

행동을 이끄는 코칭 대화법

사춘기 자녀를 키우는 부모로서 지혜를 갖춘 깨어있는 부모가 되기 위한 나의 부모로서의 여정은 움푹파인 구덩이와 함정들로 가득했습니다. 고통과 분노, 절망에도 불구하고 좋은 부모가 되기 위해 계속 노력하려고 했고, 자녀를 사랑하기에 내가 살아 온 것보다 더 나은 희망과 가능성을 자녀에게 전해 주기 위해 오늘, 이 순간에도 끊임없이 노력을 합니다.

그래도 잘 안될 때가 있었고, 그럴 때마다 보이지 않는 길을 헤매이는 장님과도 같이 앞은 캄캄하기만 해 내 자신에 대한 실망감으로 점점 부모 노릇하기가 힘들고 맥이 빠져갔습니다. 그 때 내가 새롭게 만난 것이 코칭이었습니다. 코칭은 개인적인 자원을 찾아 계속해서 성장할 수 있도록 도전하여 할 수 있는 한 개인이 최상의 것을 해낼 수 있도록 돕는 대화시스템입니다. 코칭은 내게 명확한 빛이 되었고, 간단하고 명료한 프로세스와 코칭기술을 익히는 과정에서 숙제로 남아 있던 내 삶의 주제들이 하나씩 해결되어 가는 것을 경험한 나는 코칭의 매력에 푹 빠지게 되었습니다. 코칭을 사랑했고 내 삶에도 내 일에도 그리고 자녀에게도 부모역할에도 코칭을 적용해 나가면서 코칭의 장을 넓혀갔습니다. 그렇게 코칭은 내게 '그럼에도 희망'으로, '그렇게 행복' 하게, 아들과 더불어 같이 '의미 있는 동행' 을 할 수 있는 기회를 선물했습니다.

자녀에게 최고의 코치가 된 당신의 모습을 상상해보세요! 자녀의 숨은 재능과 능력을 발견하고, 이전에 알지 못했던 깊은 수준의 자신감이 꽃 핀

모습을 보고 듣고 느껴보세요. 코칭이 얼마나 효과적인지 알게 될 것입니다. 생각이 멋진 행동으로 펼쳐지고, 멋진 행동이 성공습관으로 만들어진 자녀의 모습을 상상해보세요. 코칭이 그 길을 안내해 줄 것입니다.

코칭대화가 사춘기 자녀의 행동을 이끌어주는데 효과적인 이유는 코칭 대화에는 대화모델이 있다는 것입니다. 코칭대화모델을 따라 대화하면 부모-자녀 사이에는 놀랍고 멋진 관계가 형성되고 자녀가 배우고 성장하는 것을 즐거워하면서도 쉽고 빠르게 배울 수 있는 힘을 줍니다. 코칭대화모델이 제시하는 순서에 따라 대화를 하게 되면 자녀는 자발적인 동기를 바탕으로 자신이 직접 계획하고, 실천해나가면서 이룬 성과들에 성취감을 갖게 돼, 계획한 행동을 지속하게 됩니다. 그리고 무엇보다 반복적인 코칭대화실천은 자녀와 싸우지 않고도 코칭주제에 대해 서로 점검하고 피드백하면서 새롭게 목표를 향해 전진해 나갈 수 있다는 것입니다. 그러한 과정 속에서 부모도 자녀도 동반성장을 이루게 된다는 것이 코칭대화가 갖는 최고의 매력이라고 할 수 있습니다.

[상황] 중2인 수경이는 지금 성적이 말그대로 바닥, 하위권이다. 수업태도도 좋고 학교생활도 별 탈 없이 잘하고 공책에 필기도 열심히 하는데, 이상하게도 성적이 나아질 기미가 안보인다. 변호사인 아빠는 그런 수경이가 도저히 이해가 안되고 매우 못마땅합니다. 엄마는 수경이에게 학원을 권하는 등 수경이 성적향상을 위해 과외라도 받길 원하나, 수경이는 자기 스스로 하겠다고 고집부리며, 엄마의 잔소리가 싫으니까 간섭하지 말고 내버려두라며 엄마의 말을 매우 귀찮아한다. 그러나 엄마는 아빠 앞에서는 눈치

보느라 기가 죽어 방에만 틀어박혀 있는 수경이가 안타깝고 어떻게 도와야
할지 답답하다.

부모 : "수경아, 요즘 공부 때문에 고민이 많지?"
자녀 : "응, 아빠 눈치도 보이고 한다고 하는데 성적도 엉망이고"
부모 : "그래, 많이 속상하겠구나."
자녀 : "어떻게 해야 할지 모르겠어요. 정말"
부모 : "그럼 우리 코칭대화를 해볼까?"
자녀 : "코칭대화가 뭔데요?"
부모 : "하고 싶은 것을 할 수 있도록 돕는 대화야"
자녀 : "네, 해봐요."

부모는 자녀에게 코칭대화를 한다고 말하고 시작할 수 있습니다.
부모 : "지금부터 코칭대화를 할텐데 어떤 주제로 이야기 했으면 하니?"
자녀 : "공부를 해도 성적이 오르지 않는 이유를 모르겠어요. 나는 한다고 하
        는데 이상하게 성적이 오르지 않아요. 도대체 왜 그러는지 알고 싶고
        어떻게 하면 되는지도 알고 싶어요."
부모 : "그렇구나, 코칭대화가 끝났을 때 어떤 결과를 얻으면 만족 할 것 같니?"
자녀 : "음, 이번 시험에서 성적이 오르는 공부방법을 찾으면 만족할 것 같아요."
부모 : "그래, 이번 시험에서 성적이 오르는 공부법에 대해 이야기를 나누고
        싶다는 거구나. 수경아, 성적이 오른다는 것은 수경이에게 어떤 의미
        일까?"

자녀 : "일단 아버지 눈치를 보지 않아도 되구요, 성적이 오르면 기분이 좋잖아요."

부모 : "기분이 좋아지고, 아버지 눈치를 보지 않아도 된다는 거구나. 그러면 생활하는데 있어 네게 달라지는 건 뭐지?"

자녀 : "자신감이 생기게 되겠죠."

부모 : "자신감, 정말 중요한거지. 또 뭐가 달라질 것 같으니?"

자녀 : "내가 하고 싶은 꿈을 이룰 수 있다는 믿음이 생길 것 같아요."

부모 : "그렇구나, 자신감과 미래에 대한 믿음이라. 미래에 대한 믿음으로 자신감을 갖고 네가 원하는 꿈을 이루었다고 생각해볼 수 있겠니?"

자녀 : "네"

부모 : "뭐가 보이니?"

자녀 : "아버지, 엄마가 기뻐하고 있어요. 그래서 나도 기뻐요."

부모 : "너의 모습이 어떤 모습인지 설명해주겠니?"

자녀 : "내 나이는 35세, 나는 디자이너가 되어 있어요. 제가 디자인한 옷을 입고 모델들이 무대에 서있고 나는 마지막에 모델들과 함께 나와 관객들에게 인사를 하고 있어요. 기자들도 많고 유명한 사람들도 많이 있어요. 난 성공했고 사람들이 나에게 일어나서 박수를 쳐주고 있어요."

부모 : "와, 정말 대견하구나. 그런 네 모습을 상상할 때 지금의 기분을 말해보겠니?"

자녀 : "신나요. 날아갈 것같이 기분이 좋고, 내가 자랑스러워요."

부모 : "나도 그렇단다. 우리 수경이가 그렇게 멋진 꿈을 키우고 있다니 대견하고, 감사하단다."

자녀 : "그렇죠? 거기에 엄마도 있어요. 행복해 하시고 있네요. 아빠도…"

부모 : "수경아, 35살의 수경이에게 한마디 해준다면 뭐라고 할래?"

자녀 : "잘했어, 멋지다 수경이"

부모 : "그래, 잘했어, 멋지다 수경이"

수경이가 원하는 미래의 모습을 그려볼 수 있도록 돕고 충분히 느낄 수 있도록 해줍니다. 그러면 수경이의 기분은 좋아지고 문제해결을 위한 긍정의 에너지장이 열리게 돼 내적 동기가 생성되게 됩니다.

부모 : "35살, 자랑스러운 수경이가 지금의 수경이에게 한마디 해준다면 뭐라 말해줄까?"

자녀 : "수경아 걱정마, 넌 해 낼 수 있을 거야, 그러니 힘을 내!!!"

부모 : "그렇구나, 나도 네가 잘 해낼 수 있다고 믿는단다. 자 그럼 성적을 올리기 위해서 무엇을 어떻게 할지에 대해 이야기를 해보자. 지금까지 네가 성적을 올리기 위해 시도해 보았던 방법은 뭐가 있었니?"

자녀 : "나는 사회과목이 좋아요. 그래서 사회과목은 필기를 잘해요. 필기가 잘되었으면 복습하거나 시험공부할 때 도움이 많이 되거든요."

부모 : "그렇지, 또 뭘 시도해봤었니?"

자녀 : "성적이 오르려면 수학이나 과학도 잘해야 해서 해보려고 했는데 그건 쉽지 않더라구요."

부모 : "조금 더 구체적으로 말해주겠니?"

자녀 : "수학이나 과학은 외우는 과목이 아닌지라 이해가 잘안돼요."

부모 : "수경이의 공부강점은 암기과목을 좋아한다는 것과 좋아하지 않은 과

목도 해보려는 노력을 계속하고 있다는 거로구나."

자녀 : "네, 그래도 과학은 수학보다 좀 괜찮아요. 외우는 부분도 있거든요."

부모 : "그래, 그렇구나. 그러면 이번 시험에서 성적을 올리기 위해 어떤 노력을 해보고 싶니?

자녀 : "암기과목과 국·영·수 과목을 번갈아하며 할 수 있도록 계획했을 때 효과적이었어요. 내가 좋아하는 암기과목과 어려운 과목을 번갈아 할 수 있도록 계획을 세워야 겠어요."

부모 : "네 자신에 대한 믿음을 가져 기쁘다. 또 뭘 시도해보고 싶니?"

자녀 : "평균점수를 올리기 위해서 암기과목을 주력으로 해야 하는데 음악을 들으면서 공부하는 습관을 개선해야 할 것 같아요. 시험이 끝나면 듣고 싶은 음악을 마음껏 들을 수 있는 쿠폰을 만들어야 겠어요."

부모 : "그래, 마지막으로 한 가지만 더 찾는다면 뭐가 있을까?"

자녀 : "음...아빠가 날 믿어주셨으면 좋겠어요."

부모 : "그렇구나, 아빠의 응원을 받고 싶다는거구나."

자녀 : "네"

부모 : "그래, 그럼 지금까지 말한 것을 실천하기 위해서 어떻게 했으면 하는지 계획을 세워볼 수 있겠니?"

자녀 : "네"

잠시 후 자녀는 계획표와 다짐을 적어갖고 나옵니다. 그리고 아빠에게 보여주고 응원을 받을 수 있도록 엄마는 협조해 줍니다.

자녀 : "계획을 세웠어요. 보세요."

　　　 1. 마음만 너무 앞서고 실행력이 부족했던 것을 구체적인 시간계획을 세움으로 극복합니다.

　　　 2. 걱정만 하고 계획을 너무 높게 빡빡하게 세워 실천에 옮기기가 버겁다.

　　　 3. 사회과목 성적 향상을 목표로 접근한다.

　　　 4. 하루 적어도 2시간 복습하는 습관 키우기

　　　 5. 조금씩 지속적으로 실행하는게 중요하다.

　　　 6. 계획을 실천하고나면 일주일에 3번 음악듣기를 1시간씩 선물로 준다.

부모 : "이렇게 하면 네가 원하는 결과를 얻을 수 있을 것 같니?"

자녀 : "네"

부모 : "그래, 좀 더 구체적인 계획세우기는 언제쯤 할 수 있을까?"

자녀 : "학원에 갔다 와서 오늘 저녁에 할거예요."

부모 : "그래 그럼 그런 후 다시 이야기 하자. 계획을 세울 때 SMART공식을 활용하면 되는거 알고 있지?"

자녀 : "네"

부모 : "이것을 실천하고자 하는 너의 의지는 몇 점정도 될까? 10점 만점으로 한다면 실행의지점수는 몇 점이니?"

자녀 : "8점이요."

부모 : "그렇구나, 내가 생각하기에는 높은 점수인데. 혹시 22점을 채울 수 있는 일 중에 내가 도울 수 있는 일이 있을까?"

자녀 : "아빠에게 응원받을 수 있도록 엄마도 말씀을 잘 해주세요. 믿고 기다려 보시라구요. 알겠죠?"

부모 : "그래, 그럴게"

"오늘 코칭대화를 나누었는데 소감이 어땠니?"

자녀 : "좋았어요. 일단 힘이 났구요. 생각이 정리된 것 같아요. 그리고 할수 있다는 믿음과 구체적인 계획도 세우고...무엇보다도 내가 직접 세울 수 있었다는게 좋았어요."

부모 : "그랬구나, 나도 너와 이렇게 긴 시간동안 편안하게 대화를 할 수 있어서 너무 좋았다. 그리고 우리 수경이가 많이 컸구나하는 생각에 기뻤어. 고맙다 잘 자라고 있어서."

자녀 : "저도 감사해요. 다음에 또 코칭대화해요."

이렇듯 코칭대화는 부모자녀를 동반성장하는 계기를 마련해 줄 뿐 아니라 부모자녀의 관계를 친밀하고 돈독하게 해주는 효과를 줍니다. 사춘기 자녀를 생각한대로 행동에 옮기도록 돕고 싶다면 코칭대화를 실천해보시기 바랍니다. 배우면 할 수 있습니다. 위의 예시에 따라 연습하면서 코칭대화 역량을 키워나가실 수 있습니다. 그리고 아래에 정리한 순서에 따라 그리고 각 단계에서 활용할 수 있는 질문들을 활용해서 반복해 실시한다면 조금씩 코칭대화역량이 향상될 것입니다.

자녀의 학습코칭을 위해
활용할 수 있는 질문들

· 오늘은 어떤 주제로 이야기를 나눌까?

· 코칭대화가 끝났을 때 어떤 결과를 가져가면 만족할 것 같니?

· 다음 시험에서 네가 달성하고 싶은 목표는 무엇이니?

· 네가 원하는 것을 10점 만점으로 할 때 지금의 상태는 몇 점정도이니?

· 몇 점이 되면 만족할 것 같니?

· 목표가 이루어졌을 때를 상상해보자. 무엇이 보이니, 어떤 소리가 들려?

· 목표를 이루었을 때를 상상하는 지금의 기분은 어떠니?

· 목표를 이룬다는 것은 왜 중요하지?

· 목표를 이룬다면 네게 어떤 변화가 생길까?

· 그 목표를 이루기 위해 지금까지 시도한 것이 있다면 무엇이니?

· 또 어떤 시도를 해볼 수 있을까?

· 과거에 시도했던 방법 중에 성공적인 경험이 있었다면 뭐가 있니?

· 지금까지 찾은 방법들 중에 목표달성을 위해 해볼 수 있는 건 뭘까?

· 그것을 하고자 하는 너의 의지는 몇 점이지?

· 목표를 달성하기 위해 실천할 수 있는 당장의 계획은 무엇이니?

· 내(부모)가 어떻게 너(자녀)를 지원해주길 원하니?

· 네게 기적이 일어났다고 하자. 그 기적이 일어났는지 어떻게 알 수 있지?

· 이 일을 해내기 위해, 네게 힘이 되는 말을 해준다면 뭐라고 하고 싶어?

· 이 일을 해내면 누가 함께 기뻐해줄까?

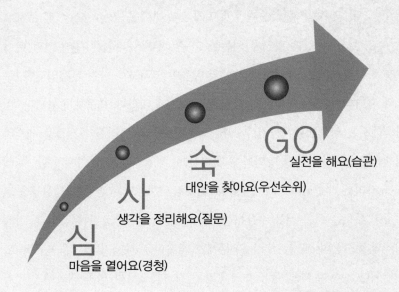

심 마음을 열어요(경청)

사 생각을 정리해요(질문)

숙 대안을 찾아요(우선순위)

GO 실전을 해요(습관)

출처 : KACE부모리더십센터 「1020부모」 매뉴얼

　본 서에서는 KACE LPT프로그램 중 하나인 '사춘기 자녀를 둔 가족의 행복찾기 프로젝트 1020부모'에 실린 '심사숙Go' 코칭대화모델을 소개합니다. 이 '심사숙Go' 대화모델은 심사숙고라는 말이 주는 의미는 사춘기 자녀와 대화를 할 때는 한마디를 하더라도 심사숙고해서 해야 한다는 의미와 더불어 각각의 글자(심·사·숙·Go)가 주는 이미지에 따라 대화프로세스 모듈로 그 순서를 정했습니다. '심사숙Go' 대화모델은 사춘기 자녀가 원하는 목표를 달성하기 위해 마음을 열고, 생각을 키우고, 다양한 대안을 모색한 다음 실현가능한 우선순위의 실행계획을 세워 실천할 수 있도록 지원하는 대화시스템으로 신토불이형 코칭대화모델입니다.

심(心) 부모와 자녀가 편안한 상태에서 대화를 요청하고, 어떤 주제로 이야기할 것인지 의논한 다음, 자녀가 자신에 대해 어떤 이야기를 하든지 정성껏 경청하여 자녀의 마음이 열리도록 하는 단계입니다. 부모와 자녀의 마음이 만나는 과정이 우선되어야 대화가 가능하게 됩니다. 이 단계에서는 일상생활에서 직면하게 되는 문제들과 이러한 문제들을 해결하기 위해 사용하여 왔던 방법들에 대해 서로 허심탄회하게 이야기 할 수 있도록 격려를 해줍니다. 자녀는 불평, 죄책감, 분노 또는 혼란한 감정들을 토로하며 부모는 모든 것을 수용하는 태도로 열린 마음으로 들어줍니다. 감정이입과정을 통해 자녀는 자신의 문제가 혼자만의 문제가 아님을 인식하고, 비난이나 질책이 아닌 수용적 분위기를 경험함으로써 점차 대화에 안정감을 갖게 돼, 부모의 말을 들을 준비가 되게 됩니다. 심(心)의 단계에서는 마음을 여는 공감대화가 효과적입니다.

사(思) 대화의 분위기가 조성되면 좀 더 구체적으로 질문을 하여 자녀가 스스로 생각하도록 도와주는 단계입니다. 깨닫는 질문의 4단계를 미리 준비하고 연습하면 도움이 됩니다. 사춘기 자녀의 뇌발달을 염두에 두고 전두엽이 활성화되도록 도와주는 단계이므로 자녀를 신뢰하고 기다리면서 대화를 이어가는 것이 중요합니다. 이 과정을 통해 지금까지 해왔던 행동을 분석하고 개선할 수 있는 방법을 구체적으로 모색할 수 있도록, 자녀가 스스로 자신의 문제를 이해하고 깨닫도록 돕는 단계입니다. 주로 질문을 통해 이루어집니다. 이 때의 질문은 단답형의 질문이나 잘못을 뉘우치게 하는 반성적인 질문보다는 자신의 의견을 서술할 수 있도록 개방적인 형태의 질문을 하고 긍정적이고 발전적인 방법을 모색할 수 있도록 확장적인 질문을 통해 가능성을 찾는 것이 필요합니다. 사(思)의 단계에서는 생각을 여는 깨닫는 질문대화가 효과적입니다.

숙(熟) 가을의 추수를 앞두고 주렁주렁 열매가 잘 익어가는 것처럼 당면한 문제를 해결할 수 있는 효과적인 대안을 부모자녀가 함께 찾아가는 단계입니다. 전 단계에서 탐색했던 다양한 해결책을 함께 의논하고 평가하여 자녀가 스스로 해결을 위한 방안들 중 우선순위를 세우고 실행계획을 세울 수 있도록 지지하고 격려를 합니다. 이 단계는 실행계획을 세우는 단계이므로 구체적이고 당장 실천할 수 있는 것에서 지속적이고 장기적인 실천항목까지 실행 가능한 계획을 세울 수 있도록 도와주는 것이 필요합니다. 무엇보다도 실행을 통해 성취경험을 할 수 있도록 목표를 쪼개어 계획을 세울 수 있도록 합니다. 자녀 스스로 가장 적절한 방법을 찾아내도록 도와주고 격려해 줍니다. 숙(熟)의 단계에서는 목표설정을 위한 SMART 공식을 활용할 수 있습니다.

고(GO) 스스로 선택한 대안을 실천할 수 있도록 구체적으로 노력하는 단계입니다. 실천을 통해 습관이 만들어지는 단계이므로 실행을 할 수 있도록 인정·축하하는 정서적인 지원뿐 아니라 실행이 잘 이루어 질 수 있도록 환경을 조성하는 것과 같은 물리적인 지원도 필요한 단계입니다. 약속한 것을 이행하나 안하나 지켜보는 감독관으로서의 자세보다는 자녀가 좀 더 잘해낼 수 있도록 응원해주고 적절한 피드백을 해주는 것이 중요합니다. 그러기 위해서는 자녀의 작은 실천이나 변화를 지나치지 말고 발견하고 찾아내어 인정해주는 것이 필요합니다. 그러기 위해서 부모는 늘 자녀에게 관심을 가져야 합니다. 부모가 간섭은 짧게 관심은 길고 지속적으로 보일 때 부모자녀의 관계개선은 물론 파트너십을 통해 부모자녀의 동반성장이 이루어지게 될 것입니다. 고(Go)단계에서는 인정·축하와 피드백기술을 활용할 수 있습니다.

행동을 여는 코칭대화를 위한
4단계 질문법

1단계 : 마음속에서 원하는 것을 탐색하고 욕구와 의지를 묻는 질문

① 진정으로 무엇을 원하는가?

② 지금 '~에 관해' 이야기하고 싶은데 어떤가?

③ 다루고자 하는 주제 혹은 문제는 무엇인가?

④ 대화를 통해 어떤 결과를 원하는가?

⑤ 이 문제가 해결되었다고 어떻게 알 수 있는가?

⑥ 얼마나 이 문제를 해결하고 싶은가?

⑦ 대화가 끝났을 때 어떤 것을 가져가면 만족하겠는가?

2단계 : 주제와 관련해서 현재 상황을 점검하고 대안모색을 하는 질문

① 현재 상황은 구체적으로 어떤가?

② 이 문제에 영향을 준 사람이나 상황은 무엇인가?

③ 이 문제에 대해 당신은 어느 정도의 책임을 갖고 있는가?

④ 이 문제에 대해 지금까지 어떤 행동을 취했는가?

⑤ 그 행동이 효과가 있었는가? 없었다면 무엇을 배웠는가?

⑥ 그래도 잘 대처한 것이 있다면 무엇인가?

⑦ 주변 사람들의 반응은 어떤가?

3단계 : 가능한 대안을 정하고 전략과 행동을 깊이 생각하게 하는 질문

① 이 문제를 해결할 수 있는 방법은 어떤 것들이 있는가?

② 해결책을 생각나는 대로 적어본다면?

③ 당신의 멘토는 이런 상황에서 어떻게 해결하겠는가?

④ 내가 제안하는 해결책을 들어보겠는가?

⑤ 이런 해결책들의 장단점은 무엇인가?

⑥ 어떤 해결책이 가장 적합하다고 생각되는가?

⑦ 최종적으로 선택한 해결책은 무엇인가?

4단계 : 구체적으로 무엇을, 언제, 어떻게 등 실행계획을 묻는 질문

① 선택한 해결책이 원하는 목표에 어느 정도 기여하겠는가?

② 선택한 해결책을 언제 시작해서 언제 마치려고 하는가?

③ 실천하는데 어떤 장애요소가 예상되는가?

④ 외부 및 내부의 장애요소를 제거하기 위해 무엇을 하겠는가?

⑤ 어떤 지원이 필요하고, 그 지원은 언제 누구에게 요청하겠는가?

⑥ 해결책을 실행할 의지를 1~10 사이의 수치로 나타낸다면?

⑦ 목표가 이루어졌을 때 그때 느끼는 감정과 상황을 상상해서 말해본다면?

⑧ 목표가 이루어졌을 때의 당신이 지금의 나에게 들려주는 말이 있다면?

⑨ 누구에게 응원을 받고 싶은가?

⑩ 그 사람에게 듣고 싶은 말은 무엇인가?

✿ 이해한 다음 이해시켜라

모든 사람들이 의사소통을 합니다. 문제는 어떻게 하는가 하는 것이며, 그 결과로서 어떤 일이 일어나는가 하는 것입니다. 부모자녀의 대화에서 소통이 잘되었던 경험이 있을 것입니다. 또 소통이 되지 않고 불통으로 고통을 겪었던 경험도 있을 것입니다. 자신의 경험이 소통인지 고통인지에 따라 몸과 얼굴은 현재의 상황을 말해줄 것입니다. 소통이 아닌 고통의 관계에 있는 부모자녀의 몸은 굳어 있고, 움츠러들어 있거나 구부정하며 습관적으로 이를 악물고 있을 수 있습니다. 얼굴은 뚱한 표정이거나, 슬퍼보이거나, 무표정하고 미간을 찡그리고 있을 수 있습니다. 눈을 아래로 깔거나 사람을 똑바로 쳐다보지 않고, 화가 잔뜩 난 눈빛으로 세상을 노려보고 있을 수 있습니다. 주고받는 말이 없거나 쏟아지는 말마다 독기가 어리고 말속에 뼈가 있어 빈정거리며 목청을 높여 소리를 지르고 있을 수 있습니다. 부모는 자녀에게 무엇을 하고, 무엇을 하지 말라고 말하기에 바빠서 인간적인 관계의 기쁨을 즐기지 못하고 있을 수 있습니다. 한 집에 살면서도 며칠 동안 얼굴을 마주치지 않고 있을 수도 있습니다.

사춘기 부모자녀가 대화를 성공적으로 하려면, '언제' 하는가도 중요합니다. 이는 대화에 상황을 고려해야 한다는 것입니다. 대화에서 상황을 고려해야 한다는 것을 강조한 사람은 가족치료가 사티어입니다. 사티어는 오랜 임상의 경험을 통해 문제를 일으키는 부모자녀관계에서 공통점을 발견하고, 부모자녀간의 불통으로 인한 고통을 덜어 주기 위해, 공통적인 요소를 변화시킴으로써 해결책을 찾을 수 있다고 했습니다. 사티어에 의하면 부모자녀관계에서 문제를 일으키는 관계의 특성은 그렇지 않은 관계에 비해 자신의 감정과 생각을 나타내는 자존감이 낮은 특성을 보이고 있고, 타인과 의미를 나누기 위해 사용하는 의사소통 방식이 직접적이지 않고 모호하며 솔직하지 못하다는 특성을 보인다고 합니다. 그리고 부모자녀간의 규칙이 너무 엄격하고, 인간적이지 못하며, 타협이 불가능하고, 절대로 바꿀 수 없이 경직되어있다고도 했습니다. 또한 부모자녀는 사회와 유대를 맺는 것을 두려워하고, 회유적(회피)이며, 책임을 타인에게 떠넘기는 특성을 보였다고 합니다.

　　사춘기 자녀와 함께 사는 당신 집의 풍경은 어떠십니까? 무기력하고, 절망적이며, 외로운 관계로 끊임없이 막말을 하거나 투덜거리지는 않는지요? 서로가 교환하는 눈빛엔 차갑고, 억압적이며, 지나치게 공손하거나 비밀스럽고 혼란스럽진 않은가요? 더 이상 관심이 없어 남보다 더 남같은 관계는 아닌지요? 부모의 품은 자녀가 다른 어떤 곳에서는 실패를 했을지라도 사랑과 이해와 지지를 받을 수 있는 곳이며, 세상과 좀 더 효과적으로 적응해 나가기 위한 원기를 회복할 수 있게 해주는 곳이며 재충전할 수 있는 곳입니다. 자녀는 부모의 품에서 회복되고, 생동감, 순수함, 정직함 그리고 사랑을 경험하게 됩니다. 세상에서 가장 아름다운 일은 사람을 사랑하는 일입니다. 특히 아름다운 일은 자기를 사랑하고 타인을 사랑하는 일로서 부모가 자녀를 자녀가 부모를 사랑하는 것입니다. 소통의 관계에 있는 부모자녀에게는 사랑이 있습니다. 부모자녀가 사랑의 관계에 있을 때 자녀는 절망 속에서도 희망을 찾을 수 있고 부모는 어둠 속에서도 지혜를 얻을 수 있습니다. 당신도 그러하십니까?

　　어느 책에선가 읽은 이야기를 각색해봅니다. 딸아이가 부모님께 "사는 것이 너무 힘들어서 이제 그만 두 손을 들고 싶다"고 했습니다. 딸아이는 삶의 주제들로 싸우고 투쟁하는데 지쳐있었고 하나의 문제가 해결되는가 싶으면 이어지는 문제가 기다리고 있는 것이 두려웠습니다. 끝이 보이지 않는 터널은 절망이었습니다. 죽고 싶을 만큼 힘들어하는 딸을 보는 부모는 애간장이 녹아내립니다. 절망은 캄캄하고 막막할 수 있습니다. 그러나 이 순간 딸아이가 원하는 것은 죽고 싶을 만큼 힘든 절망을 이겨내고 사는 것 같이 살고픈 소망이 아닐까요? 그렇게 생각하니 부모에게 지혜가 생겨났습니다. 부모는 딸을 데리고 부엌으로 갔습니다. 그리고 냄비 세 개에 물을 붙고 불 위에 얹더니 물이 끓을 때까지 아무 말도 하지 않고 앉아 있습니다. 냄비 세 개엔 달걀, 당근, 커피가 각각 들어 있습니다. 시간이 흘러 물이 끓습니다. 부모는 불은 끄고 당근도 달걀도 꺼내서 찬물에 담갔습니다. 그리고는 딸에게 물었습니다.

"지금 무엇이 보이니?" 부모가 딸아이에게 물었습니다.

"당근과 달걀이요." 딸아이가 말했습니다. 대화는 이어져 갑니다.

"당근을 만져보아라" 딸아이가 당근을 만져보니 부드럽고 물렁거렸습니다.

"달걀의 껍질을 벗겨보아라" 딸아이가 껍데기를 벗기자 달걀은 익어서 단단해져 있었습니다. 마지막으로 부모는 "커피 향을 맡아보고 맛을 보아라" 부모의 말에 딸아이는 "무슨 말을 하고 싶으신 거예요?" 하며 머뭇거립니다.

"이 세 가지 사물이 다 역경에 처하게 되었단다. 끓는 물이 바로 그 역경이지. 그렇지만 세 물질은 전부 다 다르게 반응을 했단다. 당근은 단단하고 강하고 단호했지. 그런데 끓는 물과 만난 다음 부드러워지고 약해졌어. 달걀은 연약했단다. 껍질은 너무 얇아서 안에 들어 있는 내용물을 보호하지 못해 늘 조심스러웠지. 그렇지만 끓는 물을 견디어 내면서 그 안이 단단해 졌어. 그런데 커피는 독특했단다. 커피는 끓는 물에 들어간 다음에 물을 변화시켜 버린거야. 커피는 실제로 고통을 불러온 바로 그 환경인 뜨거운 물을 변화시켰다. 물이 뜨거워 졌을 때 커피는 독특한 향기와 풍미를 낸 것이다. 너는 어느 쪽이냐?", "힘든 일이나 역경이 네 문을 두드릴 때 너는 어떻게 반응하니? 당근이니, 달걀이니, 커피니? 가장 어려울 때 인생의 풍미를 더 낼 수 있다면 아무리 혹독한 환경에서도 우리는 희망을 지닐 수 있지 않을까? 딸아! 너는 소중하단다. 특히 부모인 내게는 아주 특별하고 소중하단다. 잊지 말거라. 네 곁에 내가 있다는 것을..."

대화는 부모자녀의 원만한 관계형성에 중요한 요소입니다. 대화에는 표현방식도 중요하지만 진정성이 더 중요합니다. 부모가 자녀를 한 인격으로 존중하고 성실한 마음으로 대하는 태도와 자녀를 공감해주고, 있는 그대로 수용해주는 의사소통을 통해 자녀도 대화의 기본태도를 갖추고 의사소통법을 배울 수 있도록 부모가 먼저 본이 되어야 합니다. 그러기 위해서 사춘기 자녀와 대활할 때는 이해한 다음 이해시키려는 노력이 필요합니다.

나는 우리 아이가 중학교 때 아들과 대화가 되지않아 고민을 많이 했었습니다. 학교폭력이라는 큰 사건을 치루고 난 후라 아들을 감싸고 무조건 이해하려고 했지만 마음처럼 쉽지는 않았습니다. 음악을 전공하는 아들의 진로문제로 대화가 많이 필요했지만 아들과의 대화는 대체적으로 서로 가슴에 상처만 남기고 끝나기 일쑤였습니다. 그러려고 그런 건 아닌데 내 뜻대로 되지 않는 아이와 자신을 이해해주지 않고 재촉하는 엄마의 지나친 관심과 간섭이 아들은 못마땅해 견딜 수 없었나 봅니다. 서로를 그리워하면서도 서로를 보면 으르렁대며 점점 서로를 불편해 했습니다. 아들과 함께 해야 할 일이 많았고, 아들에게 해주고 싶은 말도 많았는데 서로 앙숙이 되어가는 관계가 안타까웠습니다. 그리고 자꾸 어긋나가는 아들의 방황을 그대로 두고 볼 수 없어 괴로웠습니다. 그 때 알게 된 것이 '토킹스틱' 이었습니다.

토킹스틱은 '이해한 다음 이해시켜라' 라는 것을 실천할 수 있는 좋은 도구였습니다. 다행히 아들과 나는 레슨과 연습실을 오가는 동행을 했기에 자동차라는 작은 공간에 거의 매일 적어도 30분 정도는 같이 있어야 했습니다. 절박한 마음으로 이동하는 30분가량의 시간동안 토킹스틱을 활용해서 대화를 시도했습니다. 먼저 아들에게 토킹스틱이 무엇인지를 소개했고, 이것을 활용하려는 목적을 설명해주었습니다. 아들의 허락을 받은 다음 토킹스틱을

토킹스틱

활용해서 대화를 시도했습니다. 토킹스틱은 아들과 내게 대화에서 서로를 존중한다는 약속이었고 끝까지 듣겠다는 상징으로 작용했습니다.

토킹스틱을 활용한 대화를 할수록 점점 대화의 시간도 길어졌고, 대화하는 횟수도 늘었습니다. 무엇보다도 대화의 끝이 좋았습니다. 아들과의 싸움은 줄고 서로의 진심을 알아가게 되는 계기가 되었습니다. 그렇게 아들과 나는 다시 가까워졌습니다. 아직도 사춘기인 아들과 심각해질 수 있는 주제나 무거운 이야기를 나누어야 할 때면 우리는 토킹스틱을 활용합니다. '소통의 오작교'가 되어준 토킹스틱이 고마웠습니다. 그래서 요즘도 가끔 거실 선반위에 놓인 토킹스틱을 쓰다듬으며 감사를 전하곤 합니다.

토킹스틱은 북미 이로쿼이족이 원으로 둘러 앉아 회의를 할 때 활용하는 커뮤도구이며 진정한 이해를 위한 매우 강력한 도구입니다. '대머리 독수리가, 정교하게 새겨진 1.5m 크기의 지팡이로 사람들이 모일 때에 이 지팡이를 들고 있는 사람에게만 발언이 허용됩니다. 지팡이를 가진 사람이 발언하는 동안에는 그 누구도 끼어들 수 없으며 발언자는 자신의 뜻을 상대가 정확하게 이해했는지를 재차 확인하고 난 다음 지팡이를 넘겨주는 대화법입니다. 한사람씩 돌아가며 이야기하고 듣는 가운데 놀라운 일이 벌어집니다. 부정적인 감정과 논쟁은 사라지고 상호존중의 분위기가 형성되며 창의적인 아이디어가 생겨나고 제3의 대안들이 나오는 시너지효과를 누리게 됩니다. 이것이 토킹스틱이 가진 권위의 힘입니다. 미국원주민 사이에서 수백년 동안 중요한 기능을 해왔고, 벤저민 플랭클린을 비롯한 미국의 선조들은 이로쿼이족의 토킹스틱 정신을 배워서 미국의 의회민주주의를 발전시켰다고도 합니다. 우리나라에는 스티븐코비의 성공하는 사람들의 7번째 습관에서 소개되어 널리 알려지기 시작했습니다. 토킹스틱을 활용하면 논쟁을 민주적으로 해결하거나, 창의적인 통찰을 위한 브레인스토밍을 하고, 문제해결을 위한 대화를 할 때 공감적 경청을 통한 이해와 수용 및 부모자녀 관계 개선을 위해 좋습니다.

집에서도 간단하게 만들어 쓸 수 있습니다. 가족이 함께 모여 토킹스틱을 만들고 대화할 때 사용을 해보시기 바랍니다. 정기적인 가족회의나 가족 대화시간을 통해 토킹스틱을 활용하여 대화를 하다보면 기적같은 사춘기자녀-부모의 관계개선을 체험하게 될 것입니다.

모든 사람에게는
무한한 가능성이 있습니다.
그 사람에게 필요한 해답은
그 사람 내부에 있습니다.
해답을 찾기 위해서는 깨어 있어 지혜로운
파트너가 필요합니다.

사춘기 극복, 코칭이 답이다

행복은 자기만족에서 얻어지는 것이 아니라
가치 있는 일에 충실할 때 얻어지는 것이다.

-핼런 켈러린-

사춘기 극복, 코칭이 답이다

코칭은 쉽고 재미있으면서 성장을 도와줍니다.
코칭이 성장을 도와 줄 수 있는 강력한 힘 중에 하나는 질문을 활용한다는 것과
코칭프로세스와 코칭대화모델이 있다는 것입니다.

코칭(Coaching)은 개인과 조직의 잠재력을 극대화하여 최상의 가치를 실현할 수 있도록 돕는 수평적인 파트너십이며 (한국코치협회,2003), 매일 멋진 삶을 위한 사랑과 지혜의 대화시스템(이소희,2008)을 말합니다. 코칭은 현재의 상태에서 자신이 원하는 목표로의 성장을 향해 자발적인 동기와 자신이 활용할 수 있는 자원을 기초로 더 발전적인 미래로의 여정 속에서 오늘을 행복하게 살아가도록 지원하는 시스템입니다. 코칭은 대화를 기반으로 하기 때문에 인간관계를 다루고 있습니다. 사춘기 자녀를 둔 부모는 자녀와의 대화가 쉽지 않다고들 합니다. 그런데 대화가 잘 안되는 부모자녀의 대화를 관찰해 보면 부모의 말만 길고, 일방

적으로 해결책을 제시하고 따르도록 강요하는 대화패턴을 보입니다. 그러기에 자녀는 부모의 말을 들으려하지 않고 부모와 마주하는 것을 거부하기도 합니다. 즉 사춘기 이전까지 했던 대화법으로는 예민하고 진로를 구체화해야 하는 사춘기 자녀와 소통의 대화를 하기는 어렵습니다. 그래서 사춘기 자녀와 마음을 열고 미래를 향해 나갈 수 있도록 하기 위해서는 코칭적 접근이 절대적으로 필요하다고 봅니다.

코칭은 자신의 정체성을 재확인하고, 자신의 욕구를 효과적으로 충족시킴과 동시에 지속적인 성장을 위한 동력을 얻을 가능성이 매우 높습니다. 코칭은 쉽고 재미있으면서 부모·자녀의 동반 성장을 도와줍니다. 코칭이 성장을 도와 줄 수 있는 강력한 힘 중에 하나는 질문을 활용한다는 것과 코칭프로세스와 코칭대화모델이 있다는 것입니다. 누구라도 쉽게 코칭의 의미와 철학을 바탕으로 태도를 갖추고, 경청, 목표설정, 인정·축하, 피드백과 같은 코칭기술을 활용해 코칭모델이 제시하는 순서에 따라 자녀와 대화를 하면 화기애애하고 의미있는 대화를 좀 더 길게 할 수 있게 됩니다. 일주일에 적어도 1시간 이상 2~3차례 부모와 대화를 하는 사춘기 자녀는 그렇지 않은 아이들보다 행복감이 증가하고, 자아존중감을 향상시키며, 스트레스를 줄여 발달과 학업에 집중할 수 있다고 합니다.

❀ 부모가 달라져야 자녀도 변한다

내 아이가 사는 세상은 건전한가? 내 아이의 학교는 안전한가? 내 아이는 어떤 교육을 받고 있는가? 내 아이가 부당한 대접을 받고 있는 것은 아닐까? 내 아이는 지금 이 순간 행복한 생활을 하고 있는가? 내 아이는 살맛 날까? 내 아이의 미래는 희망적인가? 이 모든 고민에서 '내 아이'와 연결되는 것은 바로 '부모'입니다. 3%로 승부를 내는 작금의 '교육' 앞에 부모들은 무기력해집니다. 확률이 낮은 게임에 오늘도 '교육투자'가 아닌 '교육도박'을 하며 '잘 키웠군요'라는 소리를 갈망하며 희박한 확률에 매달려 매일같이 고통스러운 경쟁과 투쟁으로 '헛수고'를 하고 있지 않나 생각해봐야겠습니다.

부모로 살면서 지금까지 나는 무엇을 향해 질주했고, 앞으로 무엇을 향해 나아가야 할까? 살아보니 중요한 것은 무엇인가? 성적, 명예, 좋은 대학, 좋은 직장, 돈...그 무엇보다도 가장 중요한 것은 바로 '사람'인 것을...교육도박에 현혹되어 사람을 놓치고 있지는 않나 생각해봐야 합니다. 사람다운 사람, 아름다운 향기가 나는 사람, 기분좋은 만남이 되는사람, 더불어 함께 살줄 아는 사람으로 키우기 위해 무엇을 어떻게 할지를 부모는 심사숙고 해야 할 것입니다. 우리의 아이들은 무한한 가능성과 잠재능력을 가진 창의적 존재입니다. 문제에 대한 해답은 자녀안에 있고, 부모는 자녀가 스스로 해결할 수 있도록 도와주는 깨어있어 지혜로운 사람입니다. 부모가 달라지면 자녀도 변합니다. 코치형 부모로의 변신, 부모코칭철학을 바탕으로 실천하고자 합니다.

부모코칭철학

출처 : 마법의 코칭

제1철학 : 모든 사람에게는 무한한 가능성이 있습니다.

제2철학 : 그 사람에게 필요한 해답은 그 사람 내부에 있습니다.

제3철학 : 해답을 찾기 위해서는 파트너가 필요합니다.

모든 사람에게는 무한한 가능성이 있습니다. 떡갈나무는 하나뿐인 뿌리 줄기를 뻗어 물을 찾기 때문에 어린 떡갈나무의 키가 30cm 밖에 되지 않아도 그 뿌리는 1m까지 뻗는다고 합니다. 야생의 도토리에서 싹이나서 자란 어린 떡갈나무는 실제 보이는 나무의 크기보다 눈에 보이지 않는 뿌리가 훨씬 큽니다. 화분에서 싹을 틔운 어린 떡갈나무는 자라면서 뿌리가 화분 바닥에서 엉킵니다. 어린 묘목을 옮겨 심을 때 엉킨 뿌리가 잘려 나가면 이식된 나무는 심각한 성장장애를 겪습니다. 현명한 정원사는 땅 속 깊이 수직으로 구멍을 파서 엉킨 뿌리줄기를 그대로 옮겨 심어줍니다. 어린 나무의 뿌리를 보호한 작은 노력 덕분에 떡깔나무의 굳건한 생존은 확실하게 보장되게 됩니다. 사람들은 보통 눈에 보이는 떡갈나무만 생각하지 눈에 보이지 않는 뿌리줄기에는 별로 신경 쓰지 않는 것 같습니다. 심지어 뿌리의 존재와 목적을 알지 못하는 경우도 많습니다. 우리 눈에 보이는 것이 비록 키가 작은 떡갈나무라 하더라도 그 어린 나무가 뿌리박고 있는 땅 속에는 몇 배의 뿌리가 퍼져있습니다. 눈에 보이지 않는 가능성 덕분에 어린 떡갈나무는 크게 자라날 수 있는 것입니다. 이렇듯 우리의 자녀는 무한한 가능성의 존재임을 믿어야 합니다.

그릇의 크기에 따라 자라나는 코이라는 물고기가 있습니다. 어항에서 키우면 어항에 맞게 아주 작게 자라고, 강물에서 키우면 강물에 맞게 크게 자라는 물고기입니다. 코이 물고기는 원래 크게 자라날 수 있는 가능성을 품은 물고기입니다. 눈에 보이는 작은 크기로만 코이를 본다면 그 만큼만 자라게 될 것입니다. 그러나 코이의 가능성을 보고 좀 더 큰 그릇에 담는다면 코이는 그 이상 크게 될 것입니다. 부모의 작은 품을 벗어나 세상이라는 큰 그릇을 향한 전진을 준비하는 사춘기 자녀의 성장가능성, 믿는 만큼 자라게 될 것입니다.

　　판도라는 나무는 쓰러지고 산불이 나도 뿌리에서 새 생명을 자라게 한다고 합니다. 뿌리 하나가 거대한 숲을 이루며 8만년 동안이나 살아온 지구 최장수 나무숲을 만든 판도는 도끼로 찍고 찍어도 사라지지 않고 다시 자라납니다. 우리의 아이는 눈에 보이는 것이 전부인 아이들이 아닙니다. 부모는 아이들이 품은 이상과 꿈을 보아야 합니다. 무한한 가능성의 존재로서 그들을 볼 때, 자녀는 부모가 믿는 그 이상으로 큰 숲을 만들 것입니다. 그리고 비로소 이 세상에 초대된 커다란 목적을 향해 전진하게 될 것입니다.

　　그 사람에게 필요한 해답은 그 사람 내부에 있습니다. 일본의 공익광고를 본 적이 있습니다. 선생님이 아이들에게 자기가 그리고 싶은 그림을 그리라고 시킵니다. 아이들은 도화지에 자신이 그리고 싶은 그림을 그렸습니다. 그런데 한 아이는 이상하게도 흰 도화지에 검정 크레파스로 온통 검게 색칠만을 합니다. 한 장이 아닌 수 십장을 쉬지 않고 칠하고 또 칠합니다. 오직 검정색으로만 열심히 도화지를 메워 갑니다. 날이 거듭되어 갈수록 이런 아이를 보는 선생님도 의사도 부모도 모두 걱정을 합니다. 문제가 있는 아이라고 생각하고 아이의 심리분석에 들어갑니다. 도대체 이유를 찾을 수 없는 의사들은 난감해 합니다. 그래도 아이의 그림그리기는 멈춰지지 않습니다. 그러다 우연히 그 아이 책상에서 발견한 '퍼즐'(큰 그림을 조각내어 맞추는 놀이감)을 보고 담임선생님은 깨닫습니다. 이 아이는 뭔가 특별한 작품을 만들고 있다는 생각에 이제까지 그려 놓은 도화지를 모아 체육관 마루 바닥에 펼쳐 조각을 맞추기 시작했습니다. 그렇게 맞춰진 퍼즐은 강당 한 복판을 가득 매울 크기의 그림이 되었습니다. 실제 크기의 고래를 그렸던 아이 자신의 삶의 문제를 해결하기 위해 혼신을 다해 노력한 이 아이는 큰 그림을 그리고 있었던 것입니다.

우리의 아이들은 우리가 예측할 수 없는 보다 더 큰 그림을 그리며 한조각 한조각의 퍼즐을 맞추듯이 자기 삶에 충실히 하고 있다는 것을 부모는 알아야 합니다. 작은 편견으로 아이를 나약하게 보거나 부족하게 보고 부모가 나서서 문제를 해결해주고 답을 찾아주려는 헛된 노력을 하지 말아야 합니다. 그 아이에게 필요한 답은 그 아이 내부에 있으니까요. 부모의 관심이 아이를 향하고 있을 때, 아이는 비로소 그 정성에 힘입어 멋지게 해답을 찾아 성장하게 될 것입니다.

해답을 찾기 위해서는 파트너가 필요합니다. 기러기의 비행을 보면 참으로 신기합니다. 기러기들은 따뜻한 곳을 찾아 4만km이상을 날아간다고 합니다. V자 대형을 갖추며 그 먼 여정을 날아갑니다. 앞서 나는 기러기가 힘이 들면 다음 기러기가 앞으로 나가고 또 앞선 기러기가 힘이 들면 또 다른 기러기가 앞을 향하며 서로서로 도와가며 먼 여행을 함께한 기러기떼는 리더십과 파트너십을 갖고 공동체를 이루면서 날아갑니다. 서로의 날개 짓이 방해되지 않을 만큼의 거리를 두고 서로를 격려하며 더불어 날아 비로소 목적지에 다다릅니다. '혼자가면 빨리 가지만 함께 가면 멀리 간다'는 격언이 생각납니다. 우리의 인생도 그런 것 같습니다. 먼 인생길, 많은 문제와 해결과제를 만나게 될 때, 함께 할 파트너가 필요합니다. 좋은 파트너가 필요합니다. 부모는 자녀의 지혜로운 사랑의 파트너이고, 동시에 자녀도 부모의 행복한 동행파트너입니다. 이렇게 부모자녀는 파트너로서 동반성장을 이끌어 내게 됩니다.

✽ 발상의 전환, 패러다임을 바꿔라

패러다임(Paradigm)이란 Thomas Kuhn이 그의 저서 『The Structure of Scientific Revolutions』에서 처음 사용한 말로 과학 활동에서 새로운 개념은 객관적 관찰을 통해 형성되는 것이 아니라, 무언가를 받아들이는 과정에서 형성된다는 것입니다. 다시 말해서 패러다임은 세상을 보는 틀이며, 사고의 틀을 말합니다.

닭이 먼저인가 아니면 달걀이 먼저인가라는 의문 앞에서, 만약 '닭이 먼저'라는 패러다임으로 보면 닭의 출현은 창조입니다. 무에서 유를 창조한 것입니다. 이는 절대적인 힘에 대한 믿음이며 삶의 혁신입니다. 생명의 탄생에 대한 경의요 신비입니다. 또 다른 생명체에 대한 호기심이며 창조에 대한 창의적 시나리오가 만들어지고 마치 퍼즐을 맞추듯이 역사와 과학을 바탕으로 추적조사를 시도할 수 있게 됩니다. 이는 위대한 도전일 것입니다.

　반대로 '달걀이 먼저' 라는 패러다임으로 보면 달걀의 출현은 신화가 될 것입니다. 달걀의 부화과정을 보면 어미닭이 알을 낳고 품을 땐 물도 마시지 않고 먹지도 않으면서 꼬박 21일 정도를 품어야 새로운 생명이 탄생을 한다고 합니다. 그런데 그러한 과정없이 달걀은 어디에선가 나타났으니 신기하고 두렵기까지 합니다. 그리고 스스로 부화해서 생명체가 되었습니다. 지구 말고 또 다른 생명체가 존재하는 우주 속 별나라를 상상해 볼 수도 있습니다. UFO를 타고 하늘에서 떨어진 달걀, 처음엔 스스로 부화해 태어났는데 많은 생명체가 서로 경쟁을 하기 시작하면서 알을 보호하기 위해 품던 것이 이제는 부화를 위한 필수 과정이 되었을 수도 있지 않습니까? 다양한 상상력을 동원해 우리는 달걀의 부화를 추측할 수 있습니다. 신비로운 상상은 신화로 탄생합니다. 이는 즐거운 몰입이 됩니다.

무엇으로 보입니까? 오리로도 보이고 토끼로도 보입니다. 그렇다면 무엇

을 보고 있습니까? 왜 그렇게 보였습니까? 어떻게 생각하고 있습니까? 조금 멀리서 다시 한 번 보세요, 무엇이 보입니까? 뒤집어 보면 어떻게 보일까요? 위에서 내려다보면 무엇이 보일가요? 패러다임은 고정되어 불변하는 것이 아닙니다. 패러다임은 유기적으로 살아 숨 쉬며 끊임없이 변화되어지고 성장되어 질 수 있습니다. 그래서 패러다임은 의식이 성장할수록 전환됩니다. 살면서 위대한 사람을 만나거나 위대함을 경험하게되면 성장을 향한 패러다임이 새롭게 만들어집니다.

영화 '죽은 시인의 사회' 에서 키팅선생님은 학생들에게 기존의 틀을 깨고 새로운 패러다임으로 세상을 보라고 가르칩니다. 학생들을 교실 앞으로 나오게 한 후 교탁 위로 올라가 가슴을 쭉펴고 교실의 보고 싶은 곳을 보라고 지시합니다. 교탁 위에 올라가는 것은 금기시되어 있기에 망설이는 학생들도 있었지만 키팅선생님은 학생들을 독려합니다. 학생들이 교탁 위로 올라가 두 발을 넓게 벌리고 당당히 서서, 교실을 보고싶은대로 보는 것을 경험합니다. 항상 보던 높이에서 본 교실과 교탁 위에 서서 본 교실은 다릅니다. 그건 새로움이며 특별하기도 하고 두렵기도 합니다. 그렇게 학생들은 새로운 세상을 경험하게 되고 입가에 미소를 지으며 한 명씩 책상에서 내려오는 장면이 떠오릅니다. 그들이 그 위에서 무엇을 보았을까요? 그 순간 그들의 가슴을 뛰게한 바로 그것이 무엇이었을까요?

새롭게 다가오는 세상은 새로운 감동을 줍니다. 패러다임 전환은 다시 시작을 알리는 경종과도 같습니다. '다시 시작' 은 '희망' 입니다. 희망은 원하는 방향으로의 변화할 것이라는 믿음에서 자랍니다. 이러한 변화는 죽을 힘을 다하는 노력이 필요하게 되고 강한 의지와 지속적인 노력이 필요합니다. 1954년 1600m달리기에서 신기록이 탄생한 유명한 일화가 있습니다. 지금은 장거리 육상선수 10명 중 8명이 1마일(약1600m)을 4분내 주파를 하고 있지만 그 당시에는 그 누구도 1마일을 4분안에 달리는 것은 불가능한 일이라고 굳게 믿고 있었습니다. 그 불가능에 대해 그 누구도 의심하지 않았고 심지어 의사들은 만약 4분내의 기록을 위해 달리면 인간의 심폐기능에 문제가 생겨 폐가 터지게 될 것이라고 경고를 했습니다. 따라서 '마의 4분 벽'이 만들어지고 누구도 이 기록을 깰 엄두도 내지 못하고 살았습니다. 그러나 로저 베니스터라는 육상선수는 그렇게 생각하지 않았습니다. 그는 4분대를 기록하겠다는 목표를 세웠고 4분의 벽을 깰 수 있다는 강한 믿음으로 그 벽을 깨기 위해 끊임없이 노력을 했습니다. 마침내 그는 새로운 기록을 달성했고, 마의 4분벽은 허물어졌습니다. 이후 1마일을 4분 내에 주파할 수 있었던 이유에 대해서 묻자 로저 베니스터는 내가 이제야 기록을 깬 이유는 "나의 심폐기능이 1마일을 4분 내에 주파하는 속도를 감당하지 못한 것이 아니라, 그동안 나 자신이 1마일을 4분 내에 주파하지 못한다고 믿었기 때문이다"라고 말했다고 합니다.

　로저 베니스터의 도전은 누군가의 꿈이 되었고, 누군가의 새로운 도전이 되었습니다. '할 수 있다'는 패러다임과 '할 수 없다'는 패러다임은 큰 차이를 만들어 냅니다. 사춘기는 도전하고 시행착오를 하며 모험하는 시기입니다. 자신이 정해 놓은 관념적 한계를 깨고, 새롭게 도전하는 삶을 살아야 합니다. 그러기 위해서는 자신에 대한 확신이 중요합니다. 이러한 확신은 1차적으로 부모로부터 물려받는다는 사실을 부모는 잊어서는 안 됩니다.

오늘 당신은 당신의 사춘기 자녀에게 가능성의 길로 인도하셨나요?

아니면 불가능의 길로 인도하셨나요?

계속해서 당신의 자녀가 그 길로 간다면 자녀의 미래는 어떤 모습일가요?

자녀의 미래모습 만족하시나요?

만약 가능하다면 무엇을 새롭게 시도해 보고 싶습니까?

자녀의 성장을 위해 부모는 패러다임을 변화시키고 상위로 전환하는 것이 필요합니다. 다음의 두 경우의 부모를 살펴보겠습니다. 두 경우 모두 부모는 자녀를 훌륭히 키워내겠다는 목표를 세웁니다. 한 부모는 자녀를 훌륭히 키우기 위해서 다른 사람과 비교하고 다른 사람보다 좀 더 특별하기를 소망하며 남과 비교를 합니다. 남과 비교를 하면 할수록 자녀의 부족한 부분만 보이네요. 부모는 조급해지고 자녀의 약점을 끊임없이 채우기 위해 애를 씁니다. 부모의 노력에도 불구하고 자녀는 점점 더 부족한 점이 많아지는 것 같고 뒤쳐져서 미래가 걱정됩니다. 설상가상으로 자녀가 나이를 먹어감에 따라 부모는 자녀와 부딪치고 갈등이 증폭됩니다. 자녀를 부정의 패러다임으로 보는 부모는 간섭하고, 명령하고, 지적하고, 비난하며 자녀를 향한 잔소리가 늘게 마련입니다.

또한 부모의 경우는 똑같이 자녀를 훌륭히 키우겠다는 목표를 세운 부모이지만 자녀의 성장에 집중하고 작은 변화에도 기뻐하며 자녀가 더욱 안전하고 기쁘게 성장발전할 수 있도록 끊임없이 자녀를 관찰하고 지원합니다. 자녀는 부모의 울타리에서 안전하고 건전한 경험을 쌓아가며 자신의 한계를 만나고 자신의 한계를 뛰어넘는 도전을 실천해 갑니다. 자녀를 긍정의 패러다임으로 보는 부모는 간섭보다는 관심을 더 쏟습니다. 그리고 지적보다는 칭찬과 지지를 아끼지 않습니다. 자녀와 소통이 잘 이루어지고, 자녀가 성장·발달할 수 있도록 가장 열렬한 파트너로서, 응원자로서 기뻐하며 서로의 신뢰로운 환경을 구축해 나가게 됩니다. 사춘기 부모의 패러다임으로 당신은 무엇을 선택하고 계십니까?

❀ 사춘기를 코칭하라

코칭Coaching은 정확히 무엇일까요? 코칭은 다른 사람에게 힘을 부여해 주는 것입니다. 코칭은 우리 아이가 경쟁에서 이기도록 준비시키는 것이 아니라 부모와 자녀가 서로 윈윈win-win할 수 있는 방법을 찾는데 초점을 맞추고 있습니다. 그리고 질문을 통해 그 해답을 찾도록 돕고 찾은 답에 의미를 부여하며 가능케 합니다. 그래서 부모가 자녀에 대한 시각을 긍정적인 패러다임으로 전환한다는 것은 부모자녀 행복한 성공과 동반성장을 위해 중요합니다.

나는 부모노릇 잘하고 있는 걸까?

이 상황에서 이렇게 하는 것이 내 아이에게 가장 최선일까?

나는 얼마나 자주 자녀가 올바른 일을 하고 있다는 것을 알아차리나?

미소와 칭찬으로 자녀가 한 일에 대해 보상을 해주나?

자녀에게 좋은 질문을 하나?

자녀에게 최고의 코치는 누구일까?

자녀를 키우는 동안 늘 나는 '나는 좋은 엄마인가?' 그리고 '어떻게 하면 내 아이가 나의 가장 좋은 점을 닮고, 내가 잘못한 것을 용서할 수 있을까?' 하는 질문의 답을 찾으려고 했고 그 답이 궁금했습니다. 어느날 아들이 자신의 진로문제를 나와 상의하면서 "엄마는 나에게 영감을 주세요."라는 말을 했을 때 뿌듯함으로 벅찬 감동을 느꼈던 것처럼 "나는 엄마처럼 되고 싶어요.", "부모님이 내게 가르쳐주신 거예요.", "내가 우리 부모님의 아들, 딸이라는 것이 자랑스럽고 감사합니다."라는 말을 또 듣고 싶습니다. 가능할까요?

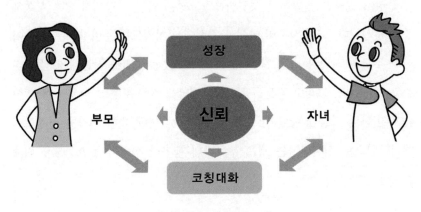

부모-자녀 신뢰관계 도식

부모가 가질 수 있는 가장 큰 한계는 자신에 대한 믿음의 부족입니다. 스스로를 생각하는 방식과 세상에 자신을 소개하는 방법은 우리가 삶에서 원하는 것을 얻는데 상당한 영향을 줍니다. 부모코칭은 부모자녀의 신뢰를 바탕으로 합니다. 신뢰란 상대의 생각과 행동을 믿고 따라갈 수 있는 힘으로

써 부모는 자녀가 항상 의미있는 삶을 추구하고자 노력할 뿐 아니라, 잠재능력과 계발 가능성이 있다는 것을 믿는 것입니다. 자녀 또한 부모는 자신을 위해 진정으로 응원자의 역할을 한다는 것에 대해 인정하고 받아주어야 합니다. 부모자녀가 동반성장의 관계를 구축해 나갈 때 실패할 가능성은 줄어들고 그만큼 성공할 가능성이 높아집니다.

부모코칭은 긍정적이고 중립적인 태도를 바탕으로 의사소통을 합니다. 코칭은 소통하는 케뮤니케이션 시스템이며, 오늘 보다 더 나은 내일의 삶을 추구하는 미래지향적인 방향성을 가진 성장의 도구입니다. 따라서 사용하는 언어는 비언어를 포함하여 긍정적인 방향성을 가져야 하며, 주관적인 판단을 강요하는 것을 배제한 중립적인 태도를 취해야 목적과 목표를 달성할 수 있게 됩니다. 코치형 부모의 힘은 부모자녀 어느 한 쪽에 치우쳐 있는 것이 아닌 부모자녀 모두 헌신하고 조화를 이루려는 자세를 갖출 때, 부모코칭은 성공적으로 마무리되게 될 것입니다.

부모자녀의 행복한 동반성장을 위한 사춘기코칭의 성공을 결정하는 단 하나의 비밀은 바로 '자존감' 입니다. 자존감은 자신의 가치에 대한 종합적인 평가로 자신을 귀중하고 쓸모있는 사람, 괜찮은 사람 또는 능력있는 사람이라고 신뢰하며 가치를 인정하고 사랑하는 마음입니다. 자존감은 자신의 능력이나 노력에 의한 성과를 통해 맛보는 일시적인 만족감인 자부심이나 다른 사람과의 비교를 통해 자신을 인정하려는 자존심과는 차원이 다른 심리상태입니다. 자존감은 자녀를 성장시키는 가장 중요한 요소로서 신념이고, 태도이며, 감정입니다. 자존감은 행동을 통해서 나타나는 것으로 인생 초기부터 형성되며 부모의 양육태도나 인정, 다른 사람과의 상호작용의 경험, 학교나 사회의 평가나 피드백 등에 영향을 받습니다.

자존감은 자기 자신에게 가치를 부여하고 자기 자신을 귀히 여김과 사랑, 그리고 진정성을 가지고 대할 수 있는 능력으로 배려, 사랑, 존중, 성실, 정직, 책임감, 정열, 너그러움 그리고 성취 능력 모두는 자아 존중감이 높은 아이들로부터 나오는 것입니다. 자존감이 높다는 것은 자신이 가득 차있다고 느끼는 것이며, 무엇이든 해낼 수 있다는 자기 확신에 찬 믿음입니다. 자존감이 높은 사람은 스스로에 대해 만족해하고, 자신의 삶을 즐겁고 활력이 넘치게 한 다른 사람과도 좋은 관계를 형성할 수 있습니다. 아이들은 자신이 가치가 있다고 느낄 때, 생기가 넘쳐 사람들과 어우러지고 그 안에서 자신의 자리를 찾게 됩니다. 반면 자신의 가치가 낮다고 느끼는 아이일수록, 다른 사람을 의심하고, 헐뜯고 경시하며, 짓밟고 올라서려는데 집착하면서 사람들로부터 격리되어져 갑니다. 이런 아이들은 자신을 가두고 숨길 회피의 방을 만들고, 담을 쌓아가면서도 그러한 사실을 부인하는 형태로 자신을 방어하려고만 합니다. 주로 많이 혼나는 아이들, 지적을 많이 당한 아이들, 미움받는 아이들, 작은 것이라도 성공한 경험이 적은 아이들의 자존감은 낮아집니다. 자존감이 낮아지고 악순환의 메커니즘이 반복되면 될수록 아이들은 더욱 더 자기 방어적 행동을 하게 되며, 자기 자신의 존재와 모든 것을 부정하게 되면서 무기력해져 갑니다. 불신과 소외를 증폭시키고 그 결과로 아이들은 자신의 벽으로부터 압박당하고 눈을 멀게 해 자기 자신을 싫어하며 새로운 도전과 시도도 하지 않게 됩니다.

자존감을 높이기 위해서는 자녀가 관심을 끄는 행동을 할 때 기꺼이 관심과 격려를 해주고, 작은 성과나 변화를 찾아 인정하고 칭찬함으로써 부모

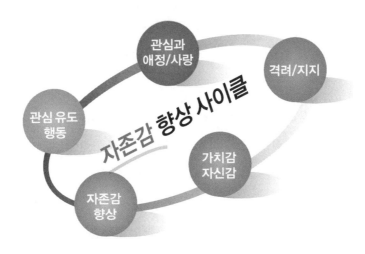

자존감 향상매카니즘

자녀가 함께 기뻐하는 기회를 많이 경험할 수 있도록 해주는 것입니다. 이를 위해서 부모는 자녀를 한 개인으로 존중하는 태도가 필요합니다. 자녀를 존중하는 태도란 자녀를 한 인격으로 인정한다는 뜻입니다. 자녀가 어떤 가치있는 일을 하거나, 어떤 능력을 갖추고 있기 때문에 존중하는 것이 아니라 존재 자체를 존중한다는 것을 뜻합니다.

자녀를 존중하는 태도를 나타내는 방법 중의 하나는 자녀의 이야기에 귀를 기울이고 자녀에게 따뜻한 사랑을 주는 것입니다. 진정한 의미의 관심, 신뢰감, 사랑을 나타낼 때 부모는 진정으로 자녀를 존중하게 됩니다. 또 다른 방법은 부모가 우월한 입장에서 자녀를 보는 것이 아니라, 자녀의 눈높이에 맞게 자녀의 행동, 느낌, 생각을 있는 그대로 수용하는 자세로 자녀를 보는 것입니다. '네가 곁에 있어 참 좋다' 라는 부모의 마음이 자녀에게 전달되어질 때 자녀는 존중받고 있다고 느끼게 될 것입니다.

❀ 목적이 이끄는 삶으로 안내하라

목적이 이끄는 삶은 더 단순한 삶의 방식과 분별있는 계획을 가지도록 합니다. 따라서 목적이 있고, 초점이 맞춰진 삶만큼 강력한 것은 없으며, 이보다도 더 축복된 삶은 없다고 릭 워렌은 말합니다.

별똥별이 떨어질 때 소원을 빌면 그 소원은 이루어진다는 말이 있습니다. 그런데 그건 당연한 말 같습니다. 별똥별인 유성은 언제 어디서 떨어질지 예측을 하기도 힘들 뿐 아니라 별똥별만 떨어질 때를 기다리며 하늘만 쳐다보며 사는 사람은 거의 없습니다. 우연히 길을 가다 또는 멈춰서서 하늘을 보다 느닷없이 별똥별이 떨어지는 것을 보게 됩니다. 별똥별이 떨어지는 속도는 거의 찰나에 가깝습니다. 언제 떨어질지도 모르고, 어디서 떨어질지도 예측할 수 없으며 순식간에 떨어지는 별똥별에게 소원을 빌었다는 것은 늘 그 소원을 가슴에 세기고 기원하며 꿈을 키워나갔다는 것을 말해주고 있지 않을까요. 별똥별에게 소원을 빌어 이루어진 꿈은 간절함과 절박함이 주는 선물이라 할 수 있습니다.

힐튼 호텔의 창업자 콘라드 힐튼은 세계 170여 개국에 240여개의 호텔을 소유한 호텔왕입니다. 가난한 목수의 아들로 태어난 힐튼은 어려서부터 양쪽 주머니에 돈이 떨어지지 않는 삶을 살겠다는 꿈을 꾸었다고 합니다. 그래서 어려서부터 돈 되는 일이라면 뭐든지 다했습니다. 그러다 20대 초반 호텔에 취업해 벨보이로 일하면서 호텔왕의 꿈을 꾸었다고 합니다. 힐튼은 호텔을 짓겠다는 꿈을 하루도 잊은 적이 없었고 가장 잘 보이는 곳에 자신이 짓고 싶은 호텔의 사진을 걸어두고 그 의지와 각오를 다지고 또 다졌다고 합니다. 그래서 30살 즈음 비로소 첫 호텔을 사게 되었고, 그렇게 시작된 호텔의 꿈은 오늘 날 호텔왕을 탄생하게 했으며 힐튼이 이룬 꿈은 누군가의 꿈이 되었습니다. 후세의 사람들이 힐튼에게 어떻게 그렇게 호텔왕이 될 수 있었는지 그 비결을 말해달라는 말에 힐튼은 다음과 같이 말을 했다고 합니다. "가정형편, 학벌보다 더 중요한 것은 꿈과 그것을 이루기 위해 꾸준히 노력하는 것입니다. 처음엔 나보다 학벌도 더 좋고, 가정형편도 더 좋은 사람들도 나와 같은 꿈을 꾸었습니다. 그러나 혼신을 다해 성공한 자신의 모습을 그린 사람은 나 하나뿐이었습니다." 그리고 "자신의 가치는 자신이 만드는 틀에 의해 결정됩니다. 많은 사람들이 실패하는 이유는 자기능력을 과소평가하기 때문입니다. 자기가 가지지 않은 재능을 부러워하지 말고 자기가 가진 재능을 발견하는 꿈꾸는 능력이 필요하다"고 했습니다.

콘라드 힐튼이 말하는 꿈꾸는 능력

· 자신만의 특별한 재능을 찾아라.
· 큰 꿈을 가지고 크게 생각하고 크게 행동하라.
· 과거에 대한 집착을 버리고 미련을 갖지말라.
· 걱정거리가 생기면 걱정할 시간에 문제를 해결하는데 집중하라.
· 항상 다른 사람을 존경하고 멸시하지 말라.
· 정직한 사람이 되라.
· 물질의 노예가 되지마라.
· 자신이 살고 있는 세계에 책임감을 느껴라.   출처: Be My Guest

꿈이란 무엇일까요? 꿈이란 실현하고 싶은 희망이며 인생이라는 여행을 떠나기 위한 지도와 나침반이라고도 합니다. 또 꿈은 가슴을 뛰는 삶을 살도록 이끌어주는 강력한 삶의 에너지이며 사명이라고 할 수 있습니다. 꿈은 하고 싶은 것과 해야 할 것의 교차점이며, 머리로만 생각하는 것이 아니라 가슴으로 느끼고 손으로 적고 발로 뛰는게 바로 꿈입니다.

초원에서 사냥개 한 마리가 영양을 쫓고 있습니다. 하지만 아무리 달려도 영양을 따라잡을 수가 없자 결국 사냥개는 바닥에 엎드려 거친 숨을 몰아쉬며 영양에게 물어보았습니다. "이봐, 실력으로 따지면 내가 너보다 빠른데 왜 난 너를 따라잡지 못하는 거지?" 영양이 말하길 "그건 아마 우리의 목적이 다르기 때문일 거예요"라고 했습니다. 사냥개는 이해할 수 가 없어서 물었습니다. "목적? 무슨 목적" 그러자 영양이 대답을 해주었습니다. "달리는 목적 말이예요. 당신은 임무를 완성하고 당신 주인의 눈에 들기 위해 달렸겠지만 나는 내 목숨을 부지하기 위해 달렸거든요." 이렇듯 꿈은 '그럼에도 불구하고' 달릴 수 있게 하는 삶의 꺼지지 않는 엔진입니다.

꿈을 이루는 방법

꿈꾸는 것 이상으로 꿈을 이루게 하는 것도 중요합니다. 그러나 아이들은 꿈만 꾸면 꿈이 이루어진다고 생각하기도 하지요. 우리가 먹는 밥한그릇이 식탁위에 오르기까지는 7근의 땀과 88번의 손길로 만들어진 것이라고 합니다. 꿈을 이룬다는 것은 인내와 뚝심 그리고 땀의 결실임을 반드시 알아야 합니다. 꿈이 있는 곳에 열정이 있고, 열정이 있는 곳에 도전이 있습니다. 도전이 있는 곳에 우리의 아름다운 미래가 있습니다. 목표를 세우면 목표가 나를 이끕니다. 꿈은 삶의 목표입니다. 미래를 향한 목표가 꿈입니다. 미래는 아직 오지 않은 것이 아니라 아직 만들지 못한 것입니다. 미래를 향한 힘찬 전진, 행복한 진로를 위한 조감도가 바로 꿈입니다.

아이들이 꾸는 꿈의 방향은 어떠한가요? 경제학자 메러디스는 뛰어난 인재들만 모인 집단에서 오히려 성과가 낮게 나타났다는 결과를 통해 아폴로 신드롬을 발표했었습니다. 성과를 내기 위해서는 여러 분야가 모여 하모니를 이루어야 할 것입니다, 마치 오케스트라의 100여개의 악기가 모여 아름다운 소리를 내듯이 말입니다. 오케스트라를 구성하는 악기는 크건 작건, 인기가 있건 없건, 꼭 필요한 만큼의 소리를 내기 위해 노력합니다. 그러기 위해서는 필요한 악기가 다 구성되어야 하지요. 한 방향의 목적을 향한 어우러짐이 아름다운 작품을 만들어내는 것처럼 꿈도 마찬가지입니다.

오랫동안 꿈을 그리는 사람은 그 꿈에 닮아간다는 말이 있습니다. 꿈을 실현시키기 위해서는 일단 꿈이 있어야 합니다. 꿈을 적으면 목표가 되고, 목표를 잘게 나누면 계획이 되고, 계획을 실행하면 꿈이 현실이 된다고 합니다. 당신은 부모가 되길 소망했고, 좋은 부모됨을 꿈꾸었습니다. 꿈꾸는 미래는 성공적인 미래이고, 성공적인 삶을 산 사람은 앞으로 나아가다 실패를 할지라도 절대로 물러서지 않는 사람이기 때문에 반드시 해내고야 말 것입니다. 생각이 바뀌면 행동이 바뀌고 행동이 바뀌면 운명이 바뀐다고 합니다.

비행기를 만든 라이트 형제가 비행을 위해 날개를 만드는데 실패한 수가 147번이고, 과학자 에디슨이 전구에 불을 켜기 위해 필라멘트를 완성시키는데 실패한 수가 805번이었다고 합니다. 캔터키후라이드치킨의 커넬이 60세에 자신이 개발한 햄버거 레시피를 들고 투자자를 만나 거절당한 수가 1008번이라고 들었습니다. 자신의 나이가 아직 60이 안되었고, 지금까지 무언가를 이루기 위해 실패한 수가 적어도 1008번이 아니라면 아직 늦지 않았습니다.

꿈을 꾸십시오. 꿈꾸는 사람만이 꿈을 이룰 수 있습니다. 몇 년째 관심을 가지고 뚝심있게 추진하고 있는 삶의 프로젝트가 있다면 참으로 멋진 삶이 아니겠는지요.

당신의 꿈은 무엇입니까?

20년 후, 부모-자녀의 모습을 상상하며, 소망하는 것을 이야기해 본다면 무어라 말하고 싶습니까?

20년 후 당신이 상상하는 부모-자녀의 모습에 만족하십니까?

만족한 모습이 되기 위해 부모-자녀사이에는 어떤 일이 일어나야 할까요?

20년 후, 소망을 이룬 당신에게 해주고 싶은 말은 무엇입니까?

20년 후 꿈을 이룬 당신이 지금의 당신에게 해주고 싶은 말이 있다면 무엇입니까?

라는 질문에 천천히 답을 해보십시오. 그러면 당신이 원하는 것과 원해야 하는 것의 교차점에서 당신의 꿈과 소망을 발견하게 되실 것입니다. 뚝심있게 추진하는 멋진 삶의 프로젝트 중 하나가 바로 '부모'라고 생각합니다. 목적있는 삶을 통해 자녀의 차이를 만들어 내는 부모가 이 시대를 사는 코치형부모입니다. 강점을 알면 성공이 보인다는 말이 있습니다. 코치형 부모는 자녀의 강점에 주목하고 강점으로 차이를 만들어 냅니다.

❀ 강점으로 인생을 디자인하라

　토끼와 거북이 이야기를 아실 것입니다. 토끼와 거북이는 산꼭대기에 오르는 경주를 했고 예상 밖으로 거북이가 토끼를 이겼습니다. 왜 그랬을까요? 토끼는 거북이를 이기는게 목표였고 거북이는 자신을 이기는 것이 목적이었기 때문이라고 합니다. 그래서 토끼는 늦게 오는 거북이를 보고 안심을 하게 되고 낮잠을 잘 수 있는 여유를 갖게 되었습니다. 그러나 거북이는 토끼를 이기려하지 않고 자신이 해낼 수 있는지를 시험하려 했고 그래서 경주의 경쟁자를 자기 자신으로 세웠던 건 아닐까합니다. 그리고 자신의 강점인 '끈기와 인내심'을 자원으로 활용했습니다. 그렇다면 이 경주는 해보나마나 거북이가 승자입니다. 왜냐하면 거북이의 목적은 바로 거북이였기 때문입니다. 그래서 토끼의 승패와 상관없이 거북이는 늘 이기는 경주를 할 수 있다는 것입니다.

　이야기를 덧붙여보겠습니다. 몇 년후 거북이는 토끼에게 경주를 신청했습니다. 이번에는 높은 산을 넘는 경주였습니다. 토끼는 자신이 이길 것을 확신하고 있었습니다. 왜냐면 두 번 다시는 거북이를 상대로 그런 바보같은 실수를 하지 않을 것이라고 다짐을 했기 때문입니다. 그래서 토끼는 거북이의 제안을 흥쾌히 허락을 하고 명예회복에 나섰습니다. 그런데 결과는 또 거북이가 이겼습니다. 어찌된 걸까요? 그건 바로 토끼는 그동안 자신의 약점을 찾아 보완하는데 주력을 했고, 거북이는 자신의 또 다른 강점을 찾아 계발을 했기 때문입니다. 거북이는 자신에게 인내와 끈기라는 강점이 있음을 알았고 더불어 자신이 잘 구를 수 있다는 강점도 있다는 것을 알았습니다. 그래서 밤낮으로 아주 열심히 구르기 연습을 했던 것입니다. 그래서 오르기에 약점을 가진 거북이지만 내려오기에 있어서는 구르기 달인의 강점으로 자신을 특성화시켰던 것입니다. 그래서 거북이는 토기를 또 이기게 된다는 이야기입니다. 재미있지 않습니까? 있을 법한 이야기라고 생각합니다.

스티브 잡스는 말했습니다. "이 경제학을 하는 바보새끼들아 부자들이 돈벌게 나눠라. 그리고 그 돈을 사회에 환원하도록 해라"라고 했다고 합니다. 인간은 누구나 자신이 갖고있는 잠재능력을 최대한 발견하고 계발하여 자아실현을 이룸으로써 행복하고 만족스러운 인생을 살아가길 원합니다. 세상에는 많은 사람들이 있고 많은 특성이 공존합니다. 저마다 비슷한 듯 다른 모습으로 자신의 삶을 디자인하고 원하는 모습으로 만들어가며 살아가고 있습니다. 어떤 피아니스트는 10손가락으로 피아노를 쳐서 훌륭한 연주를 하는 사람이 있는가 하면 어떤 피아니스트는 4손가락으로 피아노를 쳐도 훌륭한 연주를 하는 사람이 있습니다. 없는 것(약점)에 집중을 하면 결코 해낼 수 없었던 일이나 있는 것(강점)에 집중을 했기에 가능한 기적을 만들어 내기도 합니다. 그것을 증명해준 사람이 바로 피아니스트 희야입니다.

우리는 남이 가진 것을 부러워하며 자신이 가지지 못한 것에 실망하고 투덜대며 사는 시간이 많은 것 같습니다. 그리고 남들과 끝없이 비교하며 자신을 할퀴어댑니다. 그런데 어이없게도 우린 남이가진 그의 특별한 강점과 내가 갖지못한 나의 약점을 비교하고 있다는 것입니다. 비교가 가능하지 않은 것을 비교하며 백전백패하며 약점을 보완하고자 안간힘을 쓰는 것 같아 안타깝습니다. 그러면서 잘하지 못하는 자신을 책망하고 부끄러워하며 열등감을 쌓아갑니다. 한 번 생각해보아야 할 문제입니다. 약점이 강점이 되기까지 걸리는 시간과 노력, 강점이 특별한 강점으로 계발될 수 있게 투자하는 시간과 노력, 어떤 것이 더 효율적인 투자일까요? 두 말할 것 없이 강점에 집중해야 한다는 답을 얻을 것입니다.

세상에는 수많은 색이 존재합니다. 원한다면 원하는대로 색을 만들어 낼 수 있습니다. 그러한 무수한 색을 만들어 내는 기본 색은 빨강, 파랑, 노랑이라고 합니다. 이들은 색의 삼원색이라 불리우며 예술과 생활을 디자인하는데 활용됩니다. 한두 가지 색이 섞이면 새로운 색이 탄생되고 그 색은 다른 색과 차별되는 빛을 뽐내게 됩니다. 강점도 마찬가지입니다. 자신이 갖고 있는 여러 개의 강점들이 한두 개 또는 그 이상으로 짝을 이루면 새로운 강점이 창조됩니다. 이것은 자기 안에서 최강의 강점이 되며 남과 다른 자기만의 특별한 강점이 될 것입니다. 이것이 성공이고 이것이 승리라고 생각합니다. 그러므로 자신의 강점으로 삶을 디자인한다면 자신이 원하는 모습으로 살아남을 것이고 살아남은 사람이 진정한 챔피언이 될 것입니다.

나는 20년 가까이 아이들을 가르치고 상담치료 그리고 코칭을 하면서 문제를 가졌다고 하는 아이도 만났고 그렇지 않은 아이들도 만났습니다. 그러면서 느낀 것은 '문제는 타고 나는 것이 아니라 만들어지는 것' 임을 알게 되었습니다. 즉, 능력은 타고나지만 무기력은 만들어진다는 것입니다. 지금 보여주는 언행을 볼 때, 문제를 가진 아이는 걱정스럽고 그 문제를 치료해 주지 않으면 그 아이의 미래가 걱정될 뿐 아니라 사회의 골칫거리로 남아 속썩일까봐 경계합니다. 그러나 그럼에도 불구하고 그 아이들의 10년 혹은 20년 후의 미래를 두고 보면 그들 또한 모두 훌륭한 성인으로 자랄 수 있다는 점을 놓치지 말아야 합니다.

어른들도 사춘기라는 그 시절을 지내왔지만 우리의 현재가 그 때의 걱정과 염려대로 펼쳐졌습니까? 많은 사람들이 '아니다' 라고 말할 것입니다. 자신의 경우가 아니더라도 우린 주변에서 많은 사례를 통해 그것이 진실이라는 것을 알고 있습니다. 그 실례로 학교에 부적응했던 아이였지만 훌륭한 사회인으로 성장한 모습을 보이거나 대한민국의 학교에서 쫓겨 가듯 타국으로 유학을 간 아이들 중에는 그곳에서 놀라운 적응력을 보이며 자신의 능력을 발휘하여 그 사회로부터 인정받고 성장한 모습을 보기도 합니다. 여기서 우리는 무엇이 그들을 다르게 만들었는지를 살펴볼 필요가 있습니다.

낙오자라는 낙인을 찍고 살아가는 사춘기아이들과의 만남에서 그들이 공통적으로 들려주는 이야기는 바로 학교나 가정 그리고 사회에서 자신의 진가를 인정받지 못했다는 것입니다. 요즘 아이들은 대부분 학교를 다니면 다닐수록 자신이 열등하고 느낀답니다. 이제 우리는 결단을 해야 합니다. 부모와 교사들이 아이들을 이해하는 방식을 바꾸려는 노력에 동참을 해야 합니다. 세상이 변하고 있습니다. 그것도 아주 빠른 속도로 변화하고 있습니다. 아이들이 성공하기를 바란다면 부모와 학교도 같이 변해야 할 것입니다. 아이들에게 가장 필요한 것은 바로 가족과 학교가 아이들의 강점에 보이는 무조건적인 믿음입니다. 그리고 아이들은 바로 자기 강점이 무엇인지를 아는 것입니다. 교육은 바람직한 변화를 추구하는 것이 목표입니다. 그러기 위해서는 부모나 교사도 변화를 향한 노력을 해야 할 것이며, 아이들에게 '왜', '누가', '무엇을', '어떻게' 라는 질문에 답을 주어야 합니다. 그런 의미에서 강점 계발은 교육환경을 개혁하려는 모든 노력을 통합한 요소라 할 수 있습니다. 더 이상 아이들은 '너는 약점 투성이다' 라는 약점을 무기로 배움에 끌어 들여서는 안 될 것입니다. 그러면 그럴수록 아이들은 점점 더 숨통이 막혀가고 점점 더 강하게 배움과 성장을 거부하게 될지 모릅니다.

다시 한 번 강조하고자 합니다. 성공하고 싶다면 그리고 행복하고 싶다면 자신의 강점에 집중하여 자기만의 장점을 계발하고 자신만의 작품을 만들어야 한다는 것을요. 그리고 자신의 역량을 더 확장시키고 확대시켜 더 많은 사람을 이롭게 할 수 있도록 공헌해야 한다는 것도 더불어 강조하고자 합니다. 그 해답과 키는 바로 더 이상 아이들의 약점에 집중하지 말고 강점에 초점을 맞추어 발견하도록 돕고 계발시켜 나갈 수 있게 해야 한다는 것입니다.

❀ 자녀안에 잠든 거인을 깨워라

당신이 생각하는 창의적인 사람은 누구입니까?를 1000명에게 물었더니 5위가 아인슈타인, 4위가 세종대왕, 3위가 빌게이츠, 2위가 에디슨, 1위는 스티브잡스였다고 합니다. 당신은 누구라고 생각하십니까? 그리고 왜 그렇게 생각하십니까? 이러한 질문을 당신의 자녀와 이야기를 나눈 적이 있습니까? 스티브 잡스가 1위인 이유는 융합적 사고를 실현했기 때문이라고 합니다. 다시 말해서 엮어서 만들고 삶을 편하고 즐겁게 향유할 수 있도록 집요함과 호기심을 갖고 몰입함으로써 즐거움을 창조할 수 있는 것이 곧 창의라는 것입니다. 무에서 유를 창조하는 것보다 유에서 '와우'를 창조할 수 있는 사람이 창의적인 사람이라는 것입니다. 이는 강점을 활용할 때 극대화할 수 있습니다. 왜냐하면 강점은 몰입을 하게하는 강력한 에너지이기 때문입니다.

강점을 계발하기 위해서는 강점을 발견해야 합니다. 강점을 발견하는 방법은 여러 가지가 있습니다. 생애분석을 통해하는 법, 가족이라는 거울에 비춰 DNA강점코드를 발견하는 방법, 자신도 모르게 빠져드는 일에 대한 경험을 찾아보는 방법, 그리고 강점척도를 활용하는 방법, 자기보고식 체크리스방법 등이 있습니다. 여기서는 자기보고식 체크리스방법을 활용, 대표적인 강점요소 24가지를 선별하여 활용하도록 해보겠습니다. 다음의 강점표를 활용해서 자신이 살아 온 경험과 생각 그리고 관찰결과를 반추해 볼 때, 자신과 자녀의 강점이라고 생각하는 요소 5개씩을 찾아보십시오. 자신의 대표강점과 자녀의 대표강점이 같을 수도 있고 다를 수도 있습니다. 개의치 않으셔도 됩니다. 내 속으로 낳은 자식일지라도 기질적 특성은 다 다를 수 있기 때문입니다. 다만 부모와 자녀의 대표강점이 다르다는 것이 관계를 방해하는 요소로 작용되지 않도록 주의하기만 하면 됩니다.

창의성	통찰력	열정	공정성	겸손	사회성
긍정성	관계성	책임감	사랑	감상력	공감
신중함	지혜	용기	인내	친절	감사
리더십	자기조절	전략	성취	진정성	유머

　예를 들어 부모는 자기조절과 성실이 대표강점인 반면 자녀의 대표강점은 창의성과 긍정성이라고 해보겠습니다. 부모는 자녀의 자유분방하고 도전적인 특성으로 충동적이며 완성도가 떨어지는 결과나 엉뚱한 행동이 못마땅할 수 있습니다. 왜냐하면 부모의 강점은 약속을 지키고 계획에 따라 우선순위를 세우고 그 일을 해낼 수 있도록 만족지연할 수 있는 능력이 자녀보다는 탁월하기 때문에 자신과 다른 자녀를 이해하고 수용한다는 것은 쉽지 않기 때문입니다. 그래서 부모는 자신의 탁월성을 바탕으로 자녀에게 가르치려고 하고 부모가 세워 놓은 삶의 틀을 강요하려는 경향을 보일 수 있습니다. 이러한 부모의 관여를 자녀는 간섭과 참견으로 받아들여 듣기 싫어하거나 관계하기 꺼려할 수 있기 때문에 부모자녀의 갈등이 증폭되는 원인이 되기도 합니다. 때문에 부모는 자신의 강점을 긍정적으로 활용하도록 노력해야 합니다.

　일의 성과는 목표를 어떻게 설정하고 어떤 자원을 활용하느냐에 따라 많이 달라집니다. 누구나 손쉬운 노력으로 달성할 수 있는 시시한 목표와 잠재능력을 최대한 끌어 올려야만 달성할 수 있는 목표는 시작부터 차이가 납니다. 애초에 계획했던 것보다 탁월한 성과를 거두었다면 자신의 강점과 능력이 최고로 발휘된 것으로 볼 수 있습니다. 기대치를 훨씬 뛰어넘는 성과를 원한다면 강점을 활용하여야 합니다. 강점은 우리안에 잠자는 거인과도 같이 거대하고 위대합니다. 코칭을 활용하면 자녀안에 잠자는 거인을 깨울 수 있습니다. 효과적인 강점코칭을 위해 우리는 다음과 같은 코칭기술을 활용할 수 있습니다.

잠든 거인을 깨우는 코칭기술 1. 목표설정기술

흔히 각자의 마음의 그릇에 따라 걸맞은 행운이 준비되어 있다고 합니다. 머릿속에 그리는대로 실현될 가능성이 높아진다는 의미일 것입니다. 삶의 목표는 이렇듯 엄청난 잠재력을 이끌어내는 요인이 됩니다. 또 살아갈 의지를 심어주고 삶의 목적과 의미를 부여해줍니다. 그리고 어떠한 어려움에도 희망을 빚어 꺼지지 않게 만드는 위력을 가지고 있습니다. 그러므로 목표는 삶에 더 집중하게 하며, 역경과 고난 속에서도 인내하게 만듭니다. 삶의 목표가 얼마나 중요한지 하버드 연구에서도 밝혔습니다. 1953년 졸업생들에게 삶의 야망이 무엇인지를 묻는 설문조사를 했습니다. 당시 특정한 목표를 가진 학생이 3%밖에 되지 않았다고 합니다. 그후 25년간 추적연구를 한 결과 목표를 가진 3%의 졸업생이 나머지 97%보다 더 안정된 결혼생활을 유지하고 건강을 유지하면서 행복한 삶을 살고 있었다고 합니다. 코칭기술에서 말하는 목표설정은 현재 자신의 삶에서 꼭 해야하는 중요한 일, 급한 일은 아니지만 중요한 일, 선택적으로 해도 되고 안해도 되는 일로 나누어 정리할 수 있습니다. 목표설정은 자기 스스로 설정하고 구체적이고 명확하게 그리고 체계적으로 설정해야 합니다. 자신의 능력과 여건을 고려해 의미 있고 가치있는 목표를 설정해야 합니다. 이를 위해 코칭에서는 George T. Doran의 'SMART' 공식을 활용합니다.

Specific 구체적인 : 목표는 구체적일수록 성공가능성이 높습니다.
Measurable 측정 가능한 : 목표는 측정 가능할수록 목표달성 여부를 명확하게 알 수 있습니다.
Action Oriented 행동지향적인 : 목표는 어떻게 행동할 것인지가 포함 되어야 합니다.
Realistic 현실적인 : 목표는 너무 높거나 너무 쉽게 오를 수 있어서는 안되며 현실 가능적이어야 합니다.
Timely 마감기한 : 목표는 적시성과 달성기한이 있어야 합니다.

잠든 거인을 깨우는 코칭기술 2. 피드백기술

피드백의 사전적 의미는 '어떤 행동의 결과가 처음 목적에 부합되는 것인가를 확인하는 것으로 되먹임' 이란 뜻을 갖고 있습니다. 사람들에게는 보다 나은 삶이나 훌륭한 성과달성을 위해 끊임없는 피드백이 필요합니다. 그러나 대부분은 피드백을 하는데 인색하거나 무지한데, 이는 피드백을 할 때 상대방이 피드백으로 인해 불편한 마음을 가지게 될까하는 염려로 인한 불편감 때문입니다. 망설이다 결국 피드백시기를 놓치게 됩니다. 그래서 피드백을 해주는 사람은 중립적 태도를 바탕으로 해야 하며, 피드백을 받는 사람도 건강한 수용의 태도를 가져야 합니다. 코칭기술에서 말하는 피드백은 크게 칭찬과 같이 자녀에게 강력한 에너지를 주고 좋은 감정을 상승케 하여 더 많은 것을 이끌어 낼 수 있도록 돕는 긍정적 피드백과 다음에는 더 잘할 수 있는 에너지와 방법을 공유하는 발전적 피드백을 활용합니다.

자녀 : "이번 시험을 망쳤어요."

부모 : "시험결과가 만족스럽지 않아 속상하겠구나. 이번 시험을 통해 볼 때 아쉬운 결과가 나온 이유는 무엇이라고 생각하니?"

자녀 : "너무 짧게 시험공부를 했다는 거예요."

부모 : "그렇구나. 만약 다음 시험에서 좀 더 만족할 만한 결과를 얻기위해 네가 시도해야 할 것 있다면 무엇이 있니?"

자녀 : "이번에는 15일 작전계획을 새웠는데 30일 작전을 세워야 겠어요."

부모 : "그래, 나도 좋은 방법이라고 생각해. 한 가지만 더 찾는다면 또 뭐가 있을까?"

자녀 : "음..."

부모 : "네가 원한다면, 공신들의 3·3·3공부비법에 대해서 설명해주고 싶은데 들어보겠니?"

잠든 거인을 깨우는 코칭기술 3. 인정축하기술

인간은 누구나 인정받고 싶은 욕구가 있습니다. 헤르츠베이크의 요인이론에서도 인간의 행동에 영향을 미치는 요인으로 동기요인을 제시하고 있는데 인간의 행동을 유발하는 동기요인 안에 인정이 포함되어 있습니다. 그리고 브레이튼 보원은 『인정과 보상의 기술』에서 인정은 개인뿐 아니라 그가 속한 조직으로 하여금 놀라운 에너지를 이끌어 내는 힘이 있다고 했습니다. 코칭기술에서 말하는 인정하기는 '승인에 해당하는 인정'과 '격려에 해당하는 인정'이 있습니다. 승인이든 격려든 인정은 말그대로 용기를 북돋아 주는 것입니다.

자녀 : "오늘 정말 힘들었어요. 영어단어 500개를 외운다는 것은 쉬운일이 아니예요."

부모 : "정말 힘들었겠구나. 진심으로 축하한다. 네가 갖고 있는 도전과 끈기가 그러한 성과를 가져왔다는 것을 나는 잘알고 있단다."

자녀 : "도전과 끈기라고 할 수 없어요. 누구나 그런 상황이면 다하는 걸요."

부모 : "그럴 수도 있겠지. 누구나 다할 수도 있겠지. 그렇다고해서 다 그런 결과를 가져오는 건 아닐 거야! 그런 점에서 보면 해냈다는 것은 정말 축하할 만한 거라 생각해. 그렇게해 낼 수 있었던 네 안의 힘이 있다는건 즐거운 일이지, 앞으로도 넌 잘 해낼거야"

이러한 경우 자녀는 부모의 견해를 받아들이면서 인식변화와 성장을 도모할 수 있을 것입니다.

자신의 강점이 발휘될 수 있는 일을 매일매일 할 수 있다면 얼마나 행복하고 보람된 하루하루를 보낼 수 있을까요? 그러기 위해서는 자신을 있는 그대로 수용하는 태도가 필요합니다. 자신을 수용할 수 있는 사람은 일반적으로 모든 사람을 수용할 줄 아는 사람입니다. 누군가 진실로 자신을 받아준다면 우리는 매우 안정된 느낌을 가질 수 있을 것입니다. 자녀가 불안한 정서를 극복하고 자기 일에 몰입할 수 있도록 강점을 발견하고 계발할 수 있도록 돕기 위해서 부모는 자녀를 허용이 아닌 수용을 해야 합니다. 자녀를 수용한다함은 자녀의 행동에 간섭하지 않음으로써 자녀의 행동을 인정하는 것을 말하며, 자녀가 말하지 않은 말 이면의 소리에 경청함으로써 자녀의 말의 의미까지 이해하고 받아들이는 것을 말합니다. 그리고 자녀가 느끼는 부정적인 감정조차도 옳고 그름을 따지지 않고 그대로 공감하는 것을 말합니다. 부모의 수용적인 태도는 자녀로부터 스스로의 가치를 인정하게 돕고, 자녀가 스스로 문제해결 방안을 모색할 수 있게 하며, 부모와 함께 하는 시간에서 안정적이고 평안함을 느끼게 도와 불안감을 뛰어넘어 자신의 가치를 인정하게 해 줍니다.

행복한 창의 · 인성 인재로 키워라

자녀를 어떻게 키울 것인가하는 문제는 모든 부모에게 풀어도 풀어도 끝이 없는 숙제입니다. 2013년 교육부 정책의 핵심키워드는 '꿈과 끼를 살리는 행복교육' 입니다. 행복교육은 창의성과 인성을 토대로 미래사회에 필요한 핵심역량을 키우는 것입니다. 올바른 인성과 도덕적 판단력을 바탕으로 새로운 가치를 성공적으로 창출해내고 함께 행복하게 살 줄 아는 창의인성 인재로 육성하는 것을 목표로 교육계는 움직이고 있습니다. 2014년도말 당시 국회본회의에 출석한 국회의원 199명의 만장일치로 인성교육진흥법이 통과되었고 2015년도 7월부터 전국12,000개의 초 · 중 · 고에서 인성교육을 의무화할 것입니다. "인성교육이 미래를 좌우한다"는 황우여 교육부장관의 말처럼 인성교육이 우리에게 얼마나 중요한 과제인지는 모두가 절감하고 있습니다.

2013년도 경희대에서 실시한 인성지수 조사결과에 따르면 우리나라 중2 학생 중 절반정도인 45.6%가 인정이 미흡한 수준으로 나타났고, 그 중 특히, 정의 · 정직 · 배려 등의 인성수준이 미흡하게 나타났다고 합니다. 이는 측은지심, 시비지심, 사양지심, 수오지심과 같은 인간 본성에서 우러나오는 마음씨를 바탕으로 한 인성이 붕괴되고 있음을 보여주는 결과이며, 이 결과를 통해 볼 때 사춘기 아이들의 인성실태는 매우 위태롭다는 것입니다. 그럼에도 인성교육을 하지 않는 가정과 학교, 나아가 이를 묵인하는 사회, 양심이 무너진 어른들의 세계를 통해 아이들도 양심을 잃어버리고 무언가 잘못된 일을 하고서도 마음에서 일어나는 찜찜함을 그냥 대수롭지않게 넘겨버리는 아이들, 자신의 그릇된 행동에 대해서 정직하게 반성하고 용서를 구하기보다는 변명하고 탓하면서 혼자만 살겠다며 빠져나가려고만 하는 교활함으로 양심을 잃어가는 건 아닌가 두렵습니다.

교실에서 타인을 이해하고 존중하는 것을 배우고 실천한다는 아이들이 불과 15.9%밖에 되지 않는 부끄러운 교육현실 속에서 교실에서 필요한 질서와 규칙을 배우지도 실천하지도 않는 아이들이 늘고있는 상황에서, 인성교육을 강조하는 교육정책이 펼쳐진다는 것은 박수받을 만한 바람직한 일이라 생각합니다. 배려 · 존중 · 정의 · 양심 · 뚝심 · 협동의 덕목을 갖춘 창의인성인재로 자라날 수 있도록 가정에서도 인성교육을 실천해야 할 것입니다. 행복을 찾는 인성교육을 통해 작은것에 감사하는 태도를 갖춘 배려를 실천하는 아이들이 있는 곳 그곳이 바로 가정이 될 수 있도록 부모는 먼저 행복을 실천해야 합니다.

· 누군가 "행복하십니까?" 하고 묻는다면 무어라 답하실 수 있을까요?
· 만족할만한 행복의 상태를 10점 만점으로 놓고 볼 때,
  현재 당신의 행복은 몇 점입니까?
· 만약 10점이 아니라면 몇 점 정도를 높이고 싶습니까?
  그러면 만족하시겠습니까?
· 원하는 점수만큼 행복해졌을 때 당신에겐 어떤 변화가 생길까요?
· 그러한 변화가 당신의 삶에는 어떤 의미가 있습니까?
· 원하는 점수만큼 조금 더 행복해지기 위해 당신은
  무엇을 할 수 있을까요?
· 당신이 할 수 있는 일을 3가지만 찾는다면 무엇이 있을까요?

누구나 행복을 원합니다. 그런데 사람들은 행복이 무엇인지 선뜻 말하지 못합니다. 더구나 행복을 확신하는 사람도 많지 않습니다. 그럼에도 불구하고 최근에는 긍정심리학을 중심으로 행복에 관한 과학적 탐구가 활발하게 이루어지면서 행복에 대한 전 지구인의 관심이 뜨겁게 달아오르고 있는 것만은 사실입니다.

'너 자신을 알라' 로 잘 알려진 소크라테스는 진정한 행복은 자기성찰과 이성적 사유를 통해 얻을 수 있는 것이라고 믿었으며, 모든 인간은 행복을 추구하는 존재라고 생각했습니다. 플라톤은 행복한 삶을 살기 위한 조건으

로 적당히 모자란 가운데 부족한 부분을 채우기 위해 노력하는 것을 진정한 행복으로 보았습니다.

2009년 6월 일명 '그랜트 연구'라는 흥미로운 연구는 우리에게 행복한 삶이란 무엇인가에 대한 중요한 도전을 주었습니다. 이 연구는 하버드생을 대상으로 72년에 걸쳐 추적한 연구로, 1973년 2학년이었던 남학생 268명의 인생사례를 분석했습니다. 주요 연구자였던 조지 베일런트 교수는 이 연구를 통해 "삶에 가장 중요한 것은 인간관계이며, 행복은 결국 사랑이라고 결론지었습니다. 연구결과에 의하면 47세까지 형성된 인간관계가 이후 생애를 결정하는 가장 중요한 변수였으며, 행복하게 늙어가는데 필요한 요소로 고통에 적응하는 성숙한 자세, 교육, 안정적인 결혼, 금주, 금연, 운동, 적당한 체중유지의 중요성을 찾아냈습니다. 그 중에서도 가장 으뜸으로 꼽는 요소가 바로 '고통에 적응하는 성숙한 자세'로, 마음의 근력이 강화된 사람일수록 더 행복하게 살 수 있고 마음의 근력은 역경을 통해서 학습되고 연습되어지는 것이라고 설명했습니다.

좋은 대학을 보내기 위해 모든 것을 다 희생하는 부모 밑에서, 투자한만큼 만족스럽지 못한 결과를 내는 무능력한 성적표 때문에 괴로워하는 아이들, 그것을 안타까워하면서 조금만 더 노력하라며 채찍질하는 부모. '헛 돈 쓰는 것으로 만들어가는' 학벌과 스펙으로 부모와 자녀는 얼마나 더 행복해질 수 있을까요? 우리는 누구나 오늘을 살기 때문에 내일의 행복을 쫓는 삶에서는 절대로 행복은 없습니다.

　　행복의 시제는 현재 진행형이지 절대로 미래형이 아니라는 것을 알고 지금 이순간 행복하기위해 지금을 살아야 한다는 것을 꼭 기억했으면 합니다.

　　우리의 사춘기 자녀가 살아가는 오늘, 그 자리에서 아이들은 행복해하고 있습니까? 그리고 부모도 행복하게 살지 않고 있음에도 불구하고 자녀에게 행복을 선물하려고 하고 있지는 않습니까? 부모는 가진 것만을 줄 수 있고, 준 것만이 오롯이 부모의 것임을 알아야 합니다. 다시 말해, 부모가 행복할 때 비로소 자녀에게 행복한 삶을 사는 법을 유산으로 남겨줄 수 있다는 것입니다. 그러기 위해서는 진정한 나를 만나야 하며, 또한 더불어 함께하는 너를 만나 우리로 이어져야 합니다.

　　어떤 인류학자가 아프리카 반투족의 아이들에게 게임을 하자고 제안했습니다. 그는 근처나무에 아이들이 좋아하는 음식을 매달아 놓고 가장먼저 도착한 사람이 그것을 다 먹을 수 있다고 알리고는 "시작"을 외쳤습니다. 그런데 아이들은 아무도 뛰어가지 않았답니다. 모두 손을 잡고 다같이 가서 음식을 함께 먹었다고 합니다. 인류학자는 아이들에게 이해할 수 없다는듯이 "가장 먼저가면 다 차지할 수 있는데 왜 모두 함께 뛰어갔지?" 라고 물었습니다. 그러자 아이들은 "우분트(UBUNTU)"라고 외치며 "다른 사람이 모두

슬픈데 어떻게 한 명만 행복해 질 수 있나요?" 라고 대답했답니다. "우분트" 란 반투족 말로 "네가 있기에 내가있다(I am because you are)"라는 뜻을 지닌 말이랍니다. (출처 : 우리가 함께하는 이유 중에서)

'네가 있기에 내가 있다 I am because you are', 우!분!트. 모두가 이런 마음으로 산다면 세상은 어떻게 달라질 수 있을까요? 우리 아이들의 행복지수는 어떤 결과를 낳게 될까요? 적어도 나보다 못한 사람을 밟고 서서 그 자리가 높다고 뽐내며 우쭐하기만 하지는 않을 겁니다. 물이 위대한 이유는 낮은 곳으로 흐르기 때문이라고 합니다. 그러나 낮은 곳으로 흐르는 물은 결국 큰 바다를 향해 간다는 것을 아이들이 알도록 부모는 가르쳐야 합니다.

부모는 사추기 · 자녀는 사춘기 그 교차점에 서있는 부모자녀가 더불어 행복하려면 비움으로서 곧 채움이 실현되어야 할 것입니다. 그리고 일상에서의 행복을 찾으려는 노력을 할 때 우리는 매일매일 조금 더 행복한 삶을 살 수 있게 될 것입니다. 행복을 찾는 삶을 위해 비움으로 채움을 실천하고 매일 행복할 수 있는 삶의 환경으로 재설정할 수 있는 행복인성모델 (RESET)을 소개합니다. 각각의 모듈을 살펴보고 재정비하여 좀 더 행복하게 사는 모습을 아이들에게 보일 수 있는 부모가 되길 소망해봅니다.

Re-creation
Education
Strength
Enjoy
Thanks

Re-creation (창조 · 재창조) 새롭고, 독창적이고, 유용한 것을 만들어 내는 능력' 또는 '전통적인 사고방식을 벗어나서 새로운 관계를 창출하거나, 비일상적인 아이디어를 산출하는 능력' 등 패러다임의 전환을 통해 세상을 새롭게 보고 새롭게 시도하고 새롭게 창조해내는 것입니다. 창조는 의식적 사고, 노력뿐만 아니라 무의식적인 사고와 통찰의 영향을 받아 일어나기도 합니다. 창의성은 비판적 사고, 창의적 사고, 초인지적 사고, 의사결정 사고 등과 같이 여러 가지 사고 유형의 하나로 간주되기도 하고, 모든 사고 유형이 총체적으로 결합되어 나타나는 가장 고차적인 사고능력으로 간주되기도 합니다. Re-creation은 통섭의 태도를 유지하며 매일매일 같은 날을 매일매일 다르게 사는 특별한 행복을 만들어 내는 힘입니다.

Education (배움 · 깨달음) '배우고 때로 익히니 이어찌 기쁘지 아니한가 ' 라는 말이 있습니다. 알아간다는 것은 깨우쳐가는 것이고 깨우쳐간다는 것은 삶에 향기를 낸다는 것입니다. 그러나 배움은 단순하지만은 않습니다. 때로는 뼈를 깎는 고통을 통해 비로소 알게 되는 것들도 있습니다. 상처가 깊을수록 그 향기가 오래가는 모과처럼 살면서 만나는 다양한 상처가 잘아물어 향기를 낸다면 그건 곧 훈장이 될 것입니다. 그래서 배움은 지식으로 멈추는 것이 아닌 깨달음으로 지혜를 얻는 배움이 될 수 있도록 배우고 익혀 삶에 적용되어야 합니다. 아는 것이 많은데 지혜가 없으면 독선을 낳지만 많이 아는 것에 지혜가 더해지면 생명수가 될 것입니다. 왜냐하면 참 배움은 의식의 성장을 가져다주기 때문입니다. 의식이 성장한 사람의 영향력은 더 많은 사람들에게 선한 영향력을 끼치고 삶에 진정한 의미를 부여하게 되어 더 멋진 삶을 향한 힘찬 정진을 하게 될 것입니다. 아는 것과 알아야 할 것이 만나는 그곳에 진정한 배움이 있고 그 배움이 삶의 변화를 가져다 줄 때 그럼에도 불구하고 우리는 행복해 질 수 있다고 생각합니다. Educatio은 평생학습의 실천이며 아름다운 삶을 사는 힘입니다.

Strength (강점 · 긍정성)은 단순한 성공을 넘어서 반복적이고 일관되게 자신이 하고자하는 것을 처리하는 능력으로 자신이 잘할 수 있는 것, 좋아하는 것, 오래할 수 있는 것의 교차점에 있는 기질적 특성입니다. 강점은 고도의 만족감과 보람을 주는 행동, 생각 그리고 느낌의 패턴을 말합니다. 긍정심리학자 마틴셀리그만은 자신에게 내제된 대표 강점을 발견하면 '진정 나다움'을 느낄 수 있고 자신의 사명과 비전을 정할 때 매우 유용하다고 했습니다. 미국의 철학자 에머슨도 진정자신이 좋아하는 일에 열심히 몰입하여 하면 진정한 행복을 느낄 수 있고, 이러한 내 안에 숨쉬는 거인을 깨우는 힘 또한 강점을 활용한 몰입이라고 했습니다. 신이 부여하지 않는, 자신에게 조금 밖에 없는 것을 채우려하기 보다는 먼저 신이 선물한 나만의 강력한 자원인 강점을 찾아 개발하는 태도를 갖추어야 합니다. Strength는 행복의 파이를 키워 풍요롭고 의미 있는 삶을 살기 위한 내안에 강력하게 숨쉬는 힘입니다.

Enjoy (재미 · 즐거움) 아는 사람, 좋아하는 사람, 그리고 즐기는 사람 중에 최강자는 즐기는 사람이라고 합니다. 그리고 즐겁기 때문에 웃는 것이 아니라 웃기 때문에 즐겁다는 말도 있습니다. 그리고 삼척동자도 다 아는 '피할 수 없다면 즐겨라' 라는 말도 다같은 의미로 통용되는 삶을 즐기는 자세를 말하고 있습니다. 웃는 근육을 쓰기만 해도 우리의 뇌는 즐겁고 재미있다고 착각하게 된다고 합니다. 그리고 '웃는 낯에는 침 못 뱉는다' 는 속담도 있습니다. 찡그리고 사는 삶 보다는 웃으며 사는 삶에 더 많이 집중해야 합니다. '어쩜 그럴 수가 있지' 로 일관하는 삶은 꼬이지만 '그럴 수도 있지' 하는 긍정성을 바탕으로 지금-이 순간을 즐긴다면 삶은 한결 더 살맛나게 될 것입니다. Enjoy는 신바람나는 순간의 삶에 몰입하게 하는 힘입니다.

Thanks (감사 · 고마움) '아침에 눈을 뜨면 가장 먼저 한 사람에게라도 기쁨을 전하자' 는 프랭클린의 말처럼 오늘도 어김없이 아침에 눈을 뜰 수 있다는 것에 감사합니다. 사춘기 자녀를 키우는 부모로서 '아무 일 없는 날' 이 더 많다는 것에 참으로 감사합니다. 먹고 싶은 것이 있고, 가고 싶은 곳이 있으며, 더불어 해야 할 일을 하고 있기에 감사합니다. 헬렌 켈러는 말했습니다. "봄이 오면 벚나무 가지를 손으로 더듬어 봅니다. 벚나무 등걸 속으로 흐르는 물을 손끝으로 느낄 수 있습니다. 여러분은 이 놀라운 기적을 그냥 지나쳐 버리고 맙니다. 여러분이 하루에 한 시간씩만이라도 장님이 되거나 귀머거리가 될 수 있다면 저 벚나무의 꽃과 저 나뭇가지 위를 날아다니는 새의 울음소리를 들을 수 있다는 사소한 기쁨이야말로 최고의 은혜임을 깨닫게 될 것입니다."
나는 누군가에겐 기적같은 일상이 내게는 사소한 것으로 느낄 수 있을
만큼 '당연한 것' 이라는게 참으로 감사합니다. 그리고 내가 나여서, 네
가 너여서, 우리가 함께해서 진심으로 감사합니다. 매일 3개씩의 감사
를 찾아 기록해보십시오. 그리고 매일 세 사람에게 감사함을 전하는 날
을 만들어 보시기 바랍니다. 그러면 당신의 삶에서 기적이 일어날 것입
니다. Thanks는 기적같은 행복을 만드는 마법의 힘입니다.

부모코칭은 부모자녀의 신뢰를

바탕으로 합니다.

신뢰란 상대의 생각과 행동을

믿고 따라갈 수 있는 힘으로써 부모는

자녀가 항상 의미 있는 삶을 추구하고자

노력할 뿐 아니라, 잠재능력과 계발 가능성이

있다는 것을 믿는 것입니다.

부록

코칭하는 부모로
거듭나기

코칭은 다른 사람에게 힘을 부여해 주는 것입니다.
코칭은 우리 아이가 경쟁에서 이기도록 준비시키는 것이 아니라
부모와 자녀가 서로 윈윈 할 수 있는 방법을
찾는 데 초점을 맞추고 있습니다.

An g r y
Y o u n g m o m
Hungry

코칭하는 부모로 거듭나기

일상에서 겪는 주된 사례를 활용해 코칭을 위한 질문 귀띔을 드려봅니다.

코칭은 다른 사람에게 긍정의 힘, 실천의 힘을 부여해 주는 것으로 자발적인 동기를 생성하게 돕고 그럼에도 해 낼 수 있는 역량을 키워주는 강력한 에너지를 담은 의사소통 시스템입니다.

부모 코칭은 자녀가 경쟁에서 이기도록 준비시키는 것이 아니라 부모-자녀가 서로 윈윈할 수 있는 방법을 찾는데 초점을 맞추고 있습니다. 그래서 부모 코칭은 부모-자녀의 신뢰를 바탕으로 합니다.

신뢰란 상대의 생각과 행동을 믿고 따라갈 수 있는 힘으로써 부모는 자녀가 항상 의미 있는 삶을 추구하고자 노력할 뿐 아니라, 무한한 잠재능력을 갖고 있고 끊임없이 개발할 가능성이 있는 것을 믿는 것입니다.

일상에서 겪는 주된 사례를 활용해 코칭을 위한 질문 귀띔을 드려봅니다. 코칭하는 부모로 거듭날 수 있도록 마음과 눈에서 독기를 빼고 평정심을 유지하고 제공되는 질문을 활용해 자녀와 소통을 시도해보시기 바랍니다.

사춘기 부모로 사는 법 '앵그리 영 헝그리 맘' 이후 사춘기자녀를 둔 가족의 다양한 사례를 기초로 코칭하는 부모의 역량에 대한 안내와 코칭으로 극복할 수 있는 사춘기 코칭북을 발간해 사춘기 자녀에게 한 발짝 더 다가가려는 부모님들의 노력에 응원하며 행복한 동행을 실천하려고 합니다. 앞으로도 많은 응원과 성원을 부탁드립니다.

01 | 늦잠 자는 아이 때문에 하루도 조용할 날 없는 우리 집

중학생인 아들아이는 아침이면 눈을 뜨지 못합니다. 알람을 몇 개나 맞추고 5분단위로 알람이 울려도 전혀 듣지를 못하는지 잠을 자고 있습니다. 어쩌다가 시간 맞춰 일어나도 엎치락뒤치락 결국에는 또 지각입니다. 그리고는 버스가 늦게 와서 지각했다고 투덜댑니다. 10분만 일찍 나가도 지각은 안할 텐데 하는 생각에 짜증나고 화가 납니다. 매일 아침 등교전쟁을 치르는 나는 지칩니다. 그래서 한 마디 하면 알아서 할 테니 놔두라고 큰소리를 칩니다. 그러나 결국 아이는 늦고 나는 등교하는 아들의 뒤통수에 잔소리를 퍼 붙고야 아침 등교전쟁도 끝이 납니다. 계속 깨워줘야 할지 아니면 지각을 하든 말든 내 버려둬야 할지, 끝나지 않을 것 같은 등교전쟁 어떻게 해야 할까요?

〈 코칭귀띔

1. 현재 정말로 실망스런 것이 무엇인가요?
2. 자녀가 지각한다는 것은 부모에게 어떤 의미가 있나요?
3. 만약 모든 게 가능하다면 어떻게 하고 싶으신가요?
4. 당신은 그것을 얼마나 간절히 원하시나요?
5. 아직도 그 방법을 시도하지 못 하는 이유는 무엇인가요?
6. 당신이 원하는 것을 얻기 위해 방해되는 요소는 무엇이 있나요?
7. 당신이 해 낼 수 있도록 누가 도울 수 있나요?

02 | 기대만큼 자녀가 따라 주지 않아 속이 상합니다

우리 아이는 어릴 때부터 똘똘하고 야무진 아이라는 소리를 많이 들었습니다. 그리고 초등학교 다니면서부터는 공부도 제법 잘 하고 주어진 일도 잘해냈었어요. 그래서 나는 우리 아이는 무엇을 해도 잘 해낼 수 있을 것이란 믿음이 있었습니다. 그런데 요즘은 조금만 더 열심히 하면 잘 할 수 있는데도 놀려고만 하고 노력을 안 하는 것 같아서 너무 속상해요. 그렇다고 그냥 두고 볼 수만 없어 자꾸 해라해라 잔소리를 하니까 아이는 점점 더 짜증을 내며 나랑은 눈도 안 마주치려고 해요. 이렇게 아이에게 부담 주는 것이 오히려 역효과가 될 것이라는 걱정은 되지만 그래도 손을 놓고 가만있잖니 불안하기만 합니다. 조금만 노력해준다면 더 잘할 수 있을 텐데, 어떻게 하면 내 아이가 예전처럼 잘할 수 있게 될까요?

《 코칭귀띔

1. 자녀는 부모에게 어떤 존재입니까?
2. 부모는 자녀에게 어떤 존재입니까?
3. 당신은 당신의 자녀에게 어떤 부모이십니까?
4. 자녀교육을 위한 부부의 가치관은 어떠하십니까?
5. 현재 무엇이 진짜 문제입니까?
6. 부모의 기대가 자녀에 대한 욕심이라면 무엇을 내려놓을 수 있습니까?
7. 부모로서 당신의 경쟁력은 무엇입니까?

03 | 거울공주 우리아이, 부모는 괴로워!

중학교 2학년 딸아이의 엄마입니다. 사춘기라서 외모에 신경을 쓰는 나이가 됐다는 것은 이해하지만 공부보다는 외모를 가꾸는 것에 더 신경을 쓰는 것 같아 속상합니다. 아침에도 머리 감고 샤워하느라 밥도 못 먹고 가고, 인터넷으로 유행하는 옷을 쇼핑하고 화장품을 구입해 바르느라 늘 거울을 들고 삽니다. 비비크림을 바르는 정도가 아니라 아예 진한 색조화장을 하고 다닐 때도 있어 걱정입니다. 중학생인데 그러지 말라고 하면 못생긴 외모를 엄마가 물려줬으니깐 성형을 해달라고 화를 냅니다. 나보다 더 예쁘게 생긴 애들도 다 성형을 한다며 자기도 성형을 해달라고 보챕니다. 성형을 할 때 하더라도 지금은 안 된다는 궁색한 말로 변명했지만 반복되는 외모문제 때문에 골치가 아픕니다. 딸아이의 거울을 내다버리고 싶은 심정입니다. 내 딸이라서가 아니라 정말 예쁘기만 한데 뭐가 문제인지 모르겠습니다.

〈 코칭귀띔

1. 진정으로 부모를 괴롭게 하는 것이 무엇이라고 생각하시나요?
2. 거울에게 물어본다면, 예쁜 사람은 어떤 사람이라고 대답할까요?
3. 딸아이가 진정으로 하고 싶은 말은 무엇일까요?
4. 그 말에 귀 기울여 준다면 당신의 자녀에게는 어떤 일이 생기게 될까요?
5. 당신의 자녀는 어떨 때, 자신이 살아 있다는 느낌이 들까요?
6. 그것을 부모에게 인정받는 다는 것은 자녀에게 어떤 의미일까요?
7. 내면의 아름다움은 어떤 것이 있으며 드러내는 방법은 무엇입니까?

04 | 자위, 그냥 두고 봐도 되나요?

다른 엄마들 이야기를 들어보면 요즘 아이들은 발육이 빨라서 몽정이나 자위 또는 성행위까지도 한다는 이야기를 합니다. 설마 했는데...우리 아이가 중학생이 되더니 성에 대해 궁금해 하네요. 그런 아이를 보면 당황스러워요. 이성에 대해 호기심도 생긴 것 같고 여자 친구가 있었으면 좋겠다고 얘기도 했데요. 아이가 성에 대해 관심을 가지고 질문할 때 어떻게 이야기 해주어야 할지 난감해요. 얼마 전에는 아빠와 목욕탕 다녀오다가 자신의 성기가 너무 작은 것 같다고 심각하게 이야기도 했답니다. 학교화장실에서 친구들 것과 비교해봤는데 자기가 제일 작은 것 같다며...이런 문제에 대해 어떻게 이야기 해주어야 하는지 고민스러워요. 그리고 아이 방에서 나는 시큼한 냄새, 아이가 자위를 하는 것 같은데 그냥 두고 봐도 되나요?

《 코칭귀띔

1. 당신은 언제 성에 대한 호기심이나 관심이 생겼습니까?
2. 당신은 사춘기 때 성에 관한 지식을 어떤 경로로 배웠습니까?
3. 배우자와 자녀의 성교육에 대한 이야기를 어떻게 하고 계십니까?
4. 자녀의 성에 관한 질문 중 대답하기 곤란했던 질문은 무엇입니까?
5. 그 질문이 당신을 곤란하게 한 이유는 무엇입니까?
6. 다시 같은 질문을 받는 다면 어떻게 답변을 할 것 같습니까?
7. 성행위교육이 아닌 생명존중교육을 위해 당신은 어떤 준비를 하셨나요?

05 | 이성친구가 생겼나 봐요.
그냥 두고 볼 수는 없는데, 불안합니다.

요즘 들어 부쩍 옷 투정을 하기도 하고 멋도 부리는 것이 이성친구가 생긴 것 같아서 넌지시 물어봤더니 아이는 절대 아니라고 이야기해요. 아니라고 하니 마음이 좀 놓이기는 하지만 막상 이성친구가 생겼다고 하면 어떻게 해야 할 지 걱정이에요. 아직은 고등학생이라 이성친구를 사귀는 것은 반대거든요. 요즘 학교엄마들 만나서 얘기를 들어보면 애들 이성친구하고 같이 밥도 먹고 한다는데 나는 싫습니다. 만약 반대한다고 하면 아이가 시대에 뒤떨어진 고리타분한 엄마라고 할 것 같고 그렇다고 이성친구를 사귀게 둘 수는 없고 아무래도 이성친구가 생긴 것 같은데 어떻게 처신을 해야 할지 답답합니다.

《 코칭귀띔

1. 이성친구와 친구 어떻게 구별할 수 있습니까?
2. 사춘기의 이성교제에 대해서 어떤 소리를 들었습니까?
3. 걱정스러운 부분에 대한 대처방법이나 해결대안을 어떻게 세우고 있나요?
4. 자녀의 이성교제가 자녀에게 주는 유익점이 있다면 무엇이 있을까요?
5. 건전한 이성교제라는 것은 무엇을 말합니까?
6. 만약 자녀가 건전한 이성교제를 한다면, 당신에게는 어떤 일이 생길가요?
7. 당신이 생각하는 부모역할 효능감은 10점 만점에 몇 점이신가요?

자기주도학습을 위한 학습코칭

아이가 중학교 3학년이 되더니 드디어 공부를 하겠다고 마음을 먹었어요. 안다니던 학원도 다니고 나름 열심히 공부를 했는데 이번 중간고사에서 평소 성적과는 별 차이가 나지 않아 아이의 실망이 큽니다. 본인은 열심히 공부해서 성적이 많이 오를 것이라고 기대 했었나본데...성적은 한 번에 오르지 않는다고 이야기 해주고 격려도 해 줬지만... 해도 성적이 오르지 않는 아이를 보는 나도 너무 안타깝습니다. 학원도 빠지지 않고 열심히 다니는데 성적이 오르지 않습니다. 아이는 공부가 체질이 아닌 것 같다고 이젠 공부는 안하겠다고 하는데...그렇다고 딱히 잘하는 특기가 있는 것도 아니고...아이가 기죽을까봐 내색도 못하겠고...안타까운 우리아이 좀 도와주세요.

《코칭귀띔

1. 현재 자녀의 학업수준은 어떻습니까?
2. 어떻게 하면 실제로 학습에서 만족할 만한 성과를 낼 수 있을 까요?
3. 자녀의 공부 방법은 구체적으로 어떻습니까?
4. 학습의 여러 요소 중에서 자녀가 보완해야 할 부분은 무엇입니까?
5. 지금까지 자녀가 학습에서 성취했던 경험이 있다면 어떤 것이 있습니까?
6. 하나만 더 찾는다면 어떤 것이 있습니까?
7. 자녀의 학습 성공경험을 현재 학습에 활용한다면 어떤 변화가 생길까요?

07 이루어진 꿈 위한 진로코칭

우리 아이는 하고 싶은 일이 너무너무 많대요. 이것을 해도 재밌고 저것을 해도 재미있고 뭐든지 잘 한다고 해요. 옆에서 보면 처음에는 흥미를 가지고 잘 해내는 것 같기는 한데 조금 시간이 지나면 실증을 잘 내고 또 다른 흥밋거리를 찾아요. 학교가 자유학기제를 하기 때문에 직업체험도 하고 뭐 여러 가지 활동도 한다고 하면서 다 재미있고 잘할 수 있기 때문에 뭐든지 할 수 있다며 큰소리를 치지만 부모입장에서는 허황되어 보이기만 합니다. 어떻게 하면 정말 잘 할 수 있는 일을 찾게 해줄 수 있을까요? 제가 봐도 우리 아이는 반짝이는 아이디어가 있긴 해도 뚝심이나 끈기가 부족한데…꿈을 이루려면 오기도 있어야 할 텐데… 부모로서 어떤 도움을 줘야할지 알고 싶습니다.

〈 코칭귀띔

1. 당신의 꿈은 무엇입니까?
2. 그 꿈을 이루기 위해 무엇을 어떻게 반복적으로 하고 있습니까?
3. 그 경험은 인생을 살아가는데 어떤 도움이 되었습니까?
4. 자녀가 진정으로 하고 싶어 하는 일은 무엇입니까?
5. 20년 후 당신의 자녀는 어디서 누구와 무엇을 하고 있습니까?
6. 꿈을 이루기 위한 자녀의 강점역량은 무엇입니까?
7. 자녀의 이루어진 꿈을 위해 부모가 해 줄 수 있는 지원은 무엇입니까?

08 │ 나는 무엇을 잘 할 수 있는가?
　　　강점코칭

아이의　강점이 무엇이냐고 물으면 답하기가 쉽지 않습니다. 요즘은
　　　　어디를 가나 자녀의 강점에 집중해야 한다고 하는 데요 도
대체 강점이 무엇이고 그것을 어떻게 찾아야 하는지 궁금합니다. 장점이 강
점인지 아니면 칭찬을 많이 하라는 건지 잘 모르겠습니다. 그래서 아이에게
네 강점이 무엇이냐고 물어 보았지만 아이도 대답을 잘하지는 못합니다. 아
이의 강점을 찾아주고 개발시켜 주고 싶은데 어떻게 해야 하는 건지 알려주
세요?

〈 코칭귀띔

1. 당신이 하기 좋아하는 일은 무엇입니까?
2. 당신이 잘 할 수 있는 일은 무엇입니까?
3. 좋아하고 잘 할 수 있는 일 중에 오래도록 할 수 있는 일은 무엇입니까?
4. 살아오면서 자녀의 대견하고 자랑스럽고 뿌듯했던 경험을 말해보세요?
5. 당신의 이야기 속에서 자녀의 강점(성공유전자) 3가지를 찾아보세요?
6. 어떻게 하면 자녀의 강점을 조금 더 강화시켜 줄 수 있을까요?
7. 강점이 강화된다면 당신의 아이에게는 어떤 변화가 생기게 될까요?

09 관심은 길게 간섭은 짧게, 부모코칭

관심은 어떤 것에 마음이 끌려 신경을 쓰거나 주의를 기울이는 행위를 말합니다. 그렇다면 과연 자녀에게 관심이 있다면 부모는 무엇을 어떻게 할 수 있을까요? 관심은 자녀사랑의 출발입니다. 모든 부모는 자녀에 대해서 지대한 관심을 갖고 있습니다. 그러나 고민했다는 사실만으로 자식에게 관심이 있고 사랑한다고 생각합니다. 관심은 고민하고 생각하는 것만으로 전달되는 것이 아닙니다. 관심과 사랑에 대한 당신의 생각을 행동으로 했는가를 점검해애 합니다. 다시 말해서 부모가 자녀에게 관심을 갖고 있다는 것을 자녀가 알 수 있도록 표현해야 한다는 것입니다. 그러기 위해서는 관심은 길게 간섭은 짧게 하는 노력이 필요합니다.

〈 코칭귀띔

1. 자녀가 잘하는 것과 좀더 보완해야 할 것은 무엇인가요?
2. 자녀의 성품/습관/학업을 위해 자녀에게 필요한 것은 무엇입니까?
3. 현재 자녀가 처한 어려움이 무엇입니까?
4. 자녀에게 해줄 수 있는 적절한 동기부여 방법은 무엇입니까?
5. 당신이 자녀에게 관심이 있다는 것을 어떻게 자녀에게 알릴 수 있습니까?
6. 당신이 최근 일주일 동안 자녀에게 가장 많이 했던 말은 무엇입니까?
7. 당신은 자녀를 위해 어떤 노력을 얼마나 반복적으로 하고 있습니까?

10 | 부모-자녀의 성격을 알면 보이는 소통의 길, 성격코칭

너 자신을 알면 너의 길도 알게 될 것이요. 너의 길을 알면 힘을 얻게 될 것이다. 힘을 알면 영혼을 보게 될 것이요. 영혼을 보면 참 사람을 볼 수 있을 것이다라는 말이 있습니다. 이는 부모가 부모자신의 성격을 알고 이해하고 받아들일 수 있는가 하는 것에 대한 화두이고 부모가 자신을 받아들이는 것을 선행한 후 자녀를 있는 그대로 수용할 수 있는 힘을 갖고 있는가 하는 것에 대한 질문이라고 할 수 있습니다. 당신은 당신에 대해 얼마나 아십니까? 그리고 자녀의 성격적 특성에 대해 얼마나 아십니까? 성격은 선천적 및 후천적 요인에 의해 형성된 개인의 일관되고 지속적인 특성이기 때문에 같은 행동이라 하더라도 성격유형에 따라 동기는 다를 수 있습니다. 또한 성격특성은 누가 더 우월하고 더 열등하지 않기에 부모-자녀의 Win-Win 시너지를 창출하기 위해서는 성격을 알고 이해하고 받아들이는 것이 필요합니다.

《코칭귀띔

1. 부모와 자녀의 성격적 장점은 무엇입니까?
2. 부모와 자녀의 성격적 약점은 무엇입니까?
3. 부모-자녀의 상호작용에서 성격적 걸림돌은 무엇입니까?
4. 당신은 어떤 말을 들으며 힘이 솟습니까?
5. 자녀는 어떤 말을 들었을 때 힘이 솟습니까?
6. 서로의 다름을 인정하고 수용한다면 어떤 변화가 생기게 될까요?
7. 지금, 부모-자녀의 성격궁합을 맞추기 위해 어떤 노력을 할 수 있나요?

사춘기에게 의미 있는 어른들과
함께 공감할 수 있는 이야기

드디어 탈고를 합니다.

출산의 고통과 맞먹는 힘든 작업이었습니다.

책을 펴 낸 선배 분들이 정말 대단하다는 생각을 하게 되었습니다.

기쁘고 설레여집니다.

글을 쓰고 책으로 엮으며 꿈을 꾸면 이루어진다는 기적을 체험했습니다.

한 권의 책이지만 여기에는 많은 부모와 자녀의 이야기가 담겨 있습니다. 사춘기 부모로 사는 법이라는 부제를 달고 '앵그리 영 헝그리 맘'으로 옷을 입고 세상의 빛을 봅니다. 사춘기자녀를 둔 부모를 만나며 나누었던 이야기들과 공감특강주제들을 활용해서 부모님들과 가족들이 함께 읽을 수 있고 같이 대화를 나눌 수 있는 이야기들을 진솔하게 담으려고 했습니다. 책 제목을 짓는 과정에서, 내용을 교정하고 수정하는 과정에서, 또 깨닫고 성장을 경험합니다. 세상은 결코 혼자서 사는 곳이 아니라 더불어 함께 할 때 더 아름답다는 것을요.

나보다 더 기뻐하고 뿌듯해하며 끝까지 교정을 위해 읽고 또 읽어준 남편,

사춘기의 시각에서 사춘기의 감성으로 조언을 아끼지 않았던 아들, 책에 이름을 붙여준 사랑스런 내 동생 이진경교수, 그리고 나와 함께 공부하는 학생들, 깨어있어 지혜로운 부모의 길을 동행하는 수강생들과 부모교육 전문가분들, 부모학습 실무를 담당하시는 분들 모두 아낌없이 기대해주시고 격려해주시며 아이디어도 주셨습니다. 많은 분들의 관심과 사랑 덕분에 글 쓰는 2년의 여정이 행복했습니다. 용기가 났습니다. 그리고 또 성장을 했습니다.

사춘기 부모로 사는 법 '앵그리 영 헝그리 맘'이, 이 시대를 사는 부모와 사춘기 자녀에게 공감으로 깨닫고, 동반성장할 수 있는 지침이 되어 건강한 가정·행복한 가족을 만들고 세우는데 조금 이라도 도움이 되었으면 하는 기대와 사춘기 부모-자녀의 관계회복과 사춘기 인성교육을 위한 지침서가 되기를 소망하며 탈고를 합니다.

"사춘기자녀와 오늘도 전쟁을 치루고 있는 부모에게 선물하면 딱 좋은 책"
"사춘기자녀에게 좀 더 다가가고 싶은 부모에게 선물하면 정말 좋은 책"
"사춘기자녀를 둔 며느리에게 선물하면 사랑받는 시부모님이 되는 책"
"사춘기부모로 사는 방법을 알고 싶은 모든 분들에게 추천하고 싶은 책"
"도대체 왜 그러는지 사춘기 자녀에 대한 특성과 지도방법을 몰랐던 분들에게 명쾌한 해답을 주는 책"
"사춘기부모라면 또 사춘기부모가 될 사람이라면 꼭 읽어야 하는 책"

"아내에게 선물하면 밥상이 달라지게 하는 마법 같은 책"

"부모라면 누구나 읽어야할 필독서"

"아버지도 꼭 읽어야 할 책"

"사춘기를 알게 해주고, 사춘기와 소통하는 방법을 일상의 이야기로 풀어 재미있고, 정보가 있고, 지혜를 갖게 해주는 책"

"사춘기부모의 교과서"라고 호평을 해주신 지인 분들께 감사를 전합니다.

사춘기자녀를 둔 부모가 들려주는 공감특강이야기, 사춘기부모로 사는 법 '앵그리 영 헝그리 맘'에게 해냈다는 기쁨으로 세상의 빛을 선물합니다.

2015년 5월 22일

행복 그리고 동행, 저자 이준숙Dream

사 랑 스 러 운 우 리 자 녀 에 게 선 물 하 세 요

꽃을 꺾지 마세요

당신만을 위해 피어난 게 아니랍니다

| 덕일 德一 저 |

신간
안내

"법신의 뜻은
'Let it be!' 입니다"
(있는 그대로 두어라)

법신의 세계, 즉 우주질서에서는 삼라만상
이 모두 존재가치가 있으며 고루 평등하고
서로를 구속하지 않는 상태가 됩니다. 생물
이든 무생물이든 서로 어울려 살아가되 서
열을 매기거나 다른 것을 구속하지 않습니
다. 자연 그대로의 상태가 법신의 세계이며, 그런 법신의
세상을 이해하는 마음이 불성佛性입니다. 우주가 형성되
고 진화하고 있듯이 그 불성 그대로 삼라만상이 질서에
의해 그물에 걸리지 않고 나아가도록 하는 것이 법신부처
님의 뜻입니다.   -본문 중에서

도서출판 **프로방스**
변형 신국판 | 반양장 | 296쪽 | 컬러
정가 15,000원

저자 **덕일 德一 권영택**
대한불교진각종 종의회 의장, 보원심인당 주교 정사
대구 달서경찰서 경승실장

프로방스

경기도 고양시 일산동구 백석2동 1301-2 넥스빌오피스텔 904호
이동전화 010-**3939-9290** 전화 031-**925-5366~7**
이메일 provence70@naver.com

도서출판 프로방스 주요 도서목록

김현용 · 이원선 공저
192면/15,800원

금융산업은 정보의 비대칭에서 오는 우위를 한동안 누려온 것이 사실이다. 그러나 숨겨진 비용과 투자 위험, 세금과 대한 과장된 공포 마케팅에 대해 현명한 금융 소비자들이 알아채기 시작했다. 재무설계사는 여전히 정보의 사각지대에 놓인 이들이 더 이상 시행착오를 겪지 않게 하기 위해 존재해야 한다. 필자는 소비자들에게 현명해지기 위해서 좋은 재무설계사를 찾고, 그들을 적극적으로 활용하라고 조언한다. 이 책을 통해 일반인들은 현명한 금융소비자가 될 수 있는 안목을, 재무설계사 지망생들은 재무설계사의 세계를 미리 엿볼 기회를 갖게 될 것이다.

정동훈 이상호 지음
264면/값 15,000원

이 책은, 뿌리가 사과나무인데 노력하면 감을 얻을 것이라고 말하지 않는다. 먼저 내뿌리가 무엇인지 발견하도록 안내 할 것이다. 당신의 삶에서 가장 소중한 것이 무엇이고 그것을 실현시키는데 재정관리의 초점을 맞추도록 도울 것이다.

이우각 지음
296면/값 13,000원

이 한 권의 책이 많은 이들의 생각과 인생을 바꿔 먼 훗일 자신의 성공과 이웃의 자랑거리를 차곡차곡 쌓아놓게 되기를 진심으로 바란다. 먼 길을 걷는 데는 단 한 켤레의 신발이면 족하다. 어둡고 무서운 긴동굴을 무사히 빠져나가려면 무엇보다도 등불이 필요하다. 이 한 권의 책이 먼길을 걷는 신발이 되고 동굴을 통과하는 등불이 되기를 바란다. 그리고 우리시대의 '아픈' 십대, '아픈' 청춘들에게도 무지개 곱게 뜬 높은 하늘이 멋들어지게, 희망차게 펼쳐지기를 진심으로 바란다.

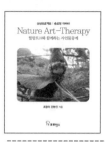

조창이 안현진 지음
240면/값 20,000원

이 책은 휴양림에서 즐기는 일반적인 숲체험 내용을 바탕으로 엮었습니다. 최근들어 어디든 숲을 찾는 이들이 많아졌습니다. 산림청에서는 산림휴양서비스의 일환으로 산림치유 프로그램 등 다양한 산림문화로 숲을 찾는 이들에게 즐거움을 주고 있습니다.

이영주 지음
224면 / 값 15,000원

이 교재는 재무설계를 시도하면서 많은 고민을 하고 있는 재무설계사들에게 보다 쉽게 보다 간편한 방법으로 재무설계를 실행할 수 있도록 도움을 주기 위해 만들었다. 재무설계 프로세스 6단계를 원칙대로 준수하면서도 재무설계 교재들의 이론적이고 딱딱한 내용이 아닌 현장에서 바로 적용할 수 있는 생생한 내용들을 담았다. 필자가 5년여 동안 재무설계 상담을 하면서 경험한 내용들을 바탕으로 '어떻게 하면 고객을 상담 테이블에 앉힐까?', '어떻게 하면 고객의 마음을 움직여서 재무설계를 실행하도록 할까?'에 대한 실제적인 답을 제시하고자 했다.

김현용 지음
400면 / 값 18,000원

재무상담실에선 어떤 이야기가 오고 갈까? 내 동료는 재무상담을 통해 어떤 고민을 털어놓을까? 재무설계사는 그런 고민들을 어떻게 풀어갈까? 저금리, 고령화의 화두를 뛰어 넘어, 구체적인 재무상담 사례를 통해 이 시대를 살아가는 우리 자신의 생생한 고민들이 이 한 권에 담겨 있다. 또한 4년에 걸친 오프라인 수업을 통해 검증된 재무설계학교 최신 수업내용의 일부도 살짝 공개한다. 한국FP협회가 주관하는 'Best Financial Planning Contest'의 2011년 수상자인 저자와 함께, 재무상담의 실제 현장을 엿보는 소중한 경험을 통해 독자들 한 분 한 분이 '현명한 금융소비자'로 거듭날 수 있기를 기대해본다.